普通高等教育“十二五”规划教材

工程制图习题集

王春莲　杨月新　主　编
方亦元　副主编

·北京·

本习题集与化学工业出版社出版的《工程制图》(王春莲、杨月新主编)教材配套使用。

主要内容包括：制图的基本知识与技能，点、直线和平面的投影，立体的投影及表面交线，轴测图，组合体，机件常用的表达方法，标准件与常用件，零件图，装配图，计算机绘图及部分习题参考答案。

本习题集是根据教育部制定的《工程图学课程教学基本要求》，在总结《工程制图》课程教学经验及改革成果的基础上编写而成。适合高等院校机械类、近机类和其他各专业使用，也可供工程技术人员参考。

图书在版编目(CIP)数据

工程制图习题集/王春莲，杨月新主编. —北京：化学工业出版社，2014.7(2019.8重印)

普通高等教育“十二五”规划教材

ISBN 978-7-122-20552-0

Ⅰ.工…　Ⅱ.①王…②杨　Ⅲ.①工程制图-高等学校-习题集　Ⅳ.①TB23-44

中国版本图书馆CIP数据核字(2014)第087014号

责任编辑：王听讲　　装帧设计：张　辉

责任校对：宋　夏

出版发行：化学工业出版社(北京市东城区青年湖南街13号　邮政编码100011)

印　　装：大厂聚鑫印刷有限责任公司

787mm×1092mm　1/16　印张10　字数246千字　2019年8月北京第1版第3次印刷

购书咨询：010-64518888　　售后服务：010-64518899

网　　址：http://www.cip.com.cn

凡购买本书，如有缺损质量问题，本社销售中心负责调换。

定　　价：22.00元

前　言

本习题集与化学工业出版社出版的《工程制图》(王春莲、杨月新主编) 教材配套使用，也可供学习工程制图人员单独使用。

我们在编写本习题集的过程中，根据教育部制定的《工程图学课程教学基本要求》，认真贯彻“够用为度、培养技能、重在应用”的编写原则。

本习题集的主要特点如下。

1. 贯彻《工程图学课程教学基本要求》，加强基础理论，注重能力培养。

2. 习题集内容的设置顺序与配套教材一致，并有部分习题的参考答案，题量和难易程度具有选择性，便于教师根据教学需要进行取舍。

3. 练习题目多样化，由浅入深，由易到难，循序渐进，有利于培养学生分析问题和解决问题的能力。

4. 执行最新的《技术制图》与《机械制图》国家标准。

本习题集由辽宁科技学院王春莲、杨月新主编，辽宁科技学院方亦元担任副主编。参加本习题集编写的有杨月新 (第1、3章及第3章参考答案)、王春莲 (第2、4、5、6、9章及第2章、第4～9章参考答案)、方亦元 (第7、8章)、辽宁科技学院马艳萍 (第10章)。

由于编者水平有限，本习题集中难免存在不足之处，敬请读者批评指正。

编者

2014年4月

目　录

第 1 章　制图的基本知识与技能

1-1　字体练习（一）　　班级　　姓名　　学号

1. 汉字练习

机械制图工程材料比例数量零件装配键销齿轮螺纹

斜锥度直径孔深均布旋转视图明细技术要求其它倒圆角端表面铸造

1-1 字体练习（二）

班级　　姓名　　学号

2. 字母和数字练习

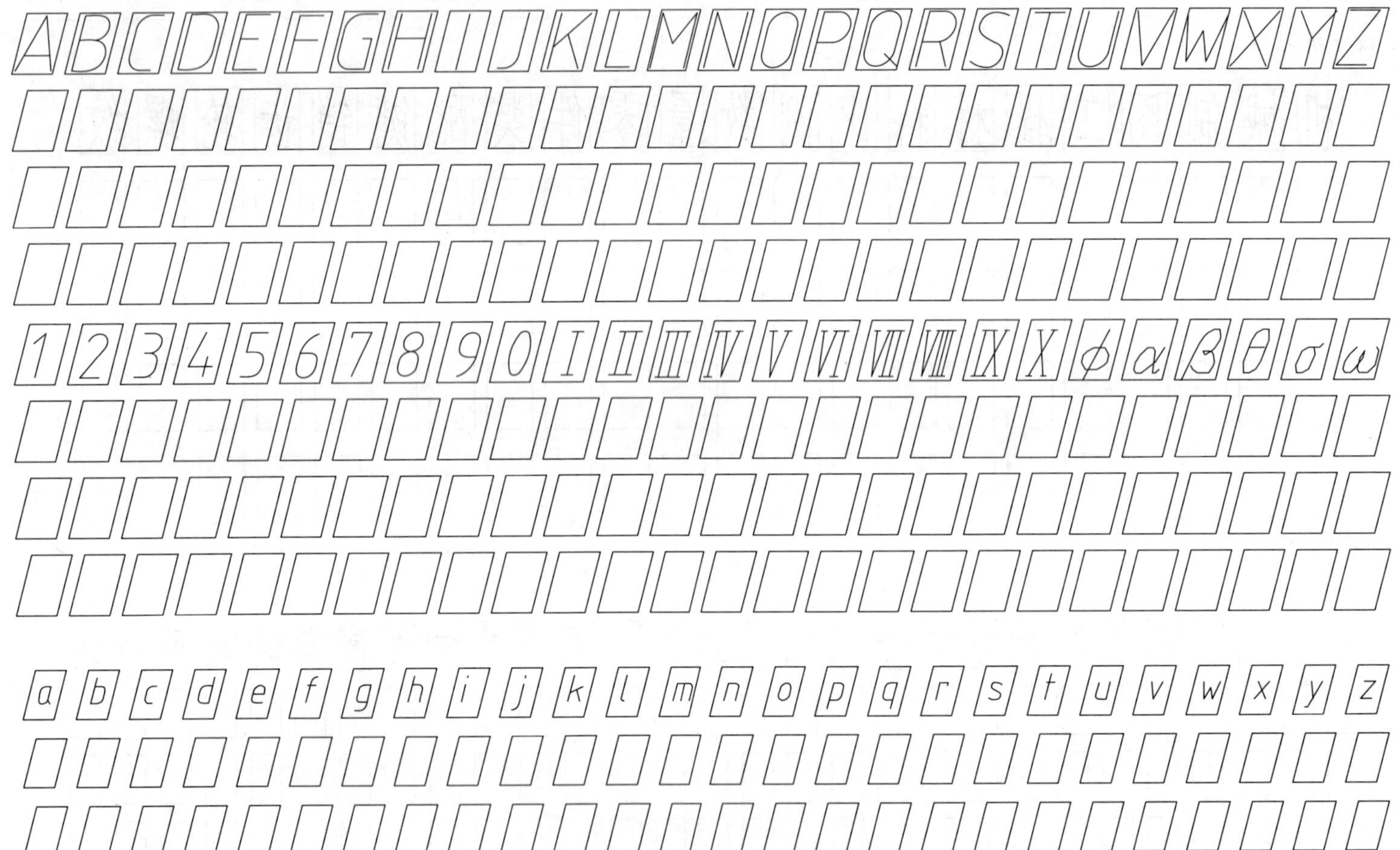

1-2 线型、等分圆周及斜度、锥度标注练习　　班级　　姓名　　学号

1. 在指定位置画出对应的图线

2. 按小图形的图形及尺寸，在下面规定位置画出正多边形。

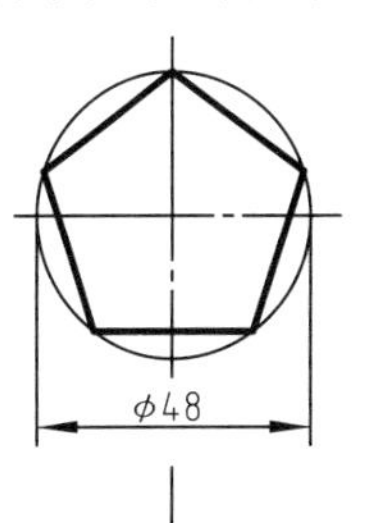

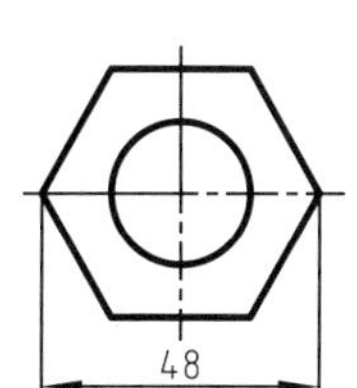

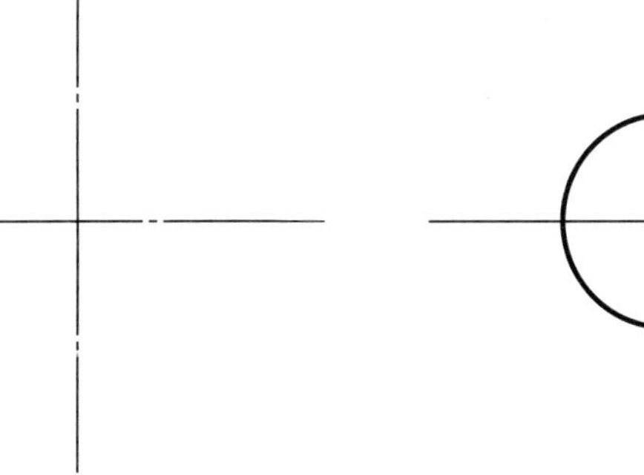

3. 标注锥度、斜度（数值从图中量取、圆整）

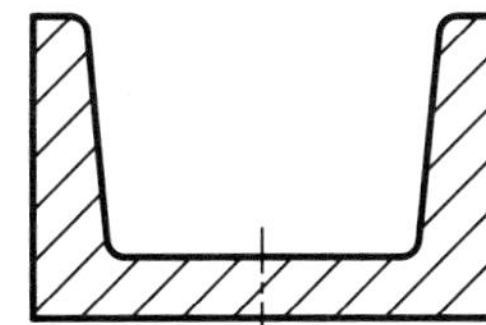

1-3　尺寸标注

班级　　　　姓名　　　　学号

1. 分析上图尺寸注法的错误，并在下图正确标注尺寸。

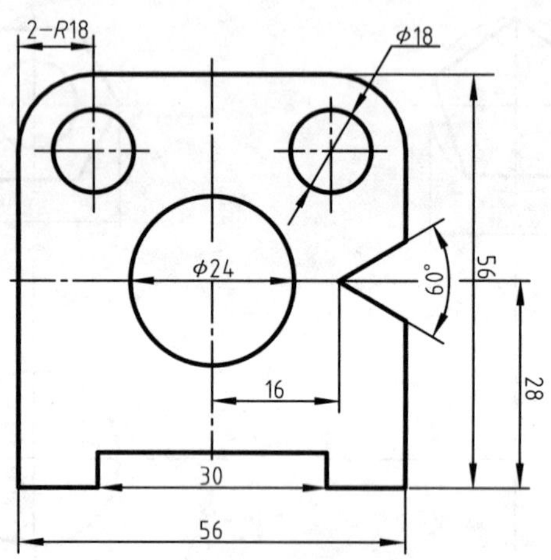

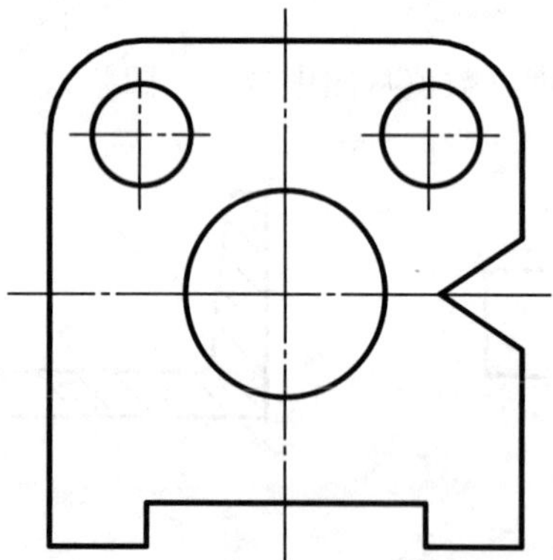

2. 标注下列各平面图形的尺寸（数值按 1∶1 从图上量取整数）。

（1）

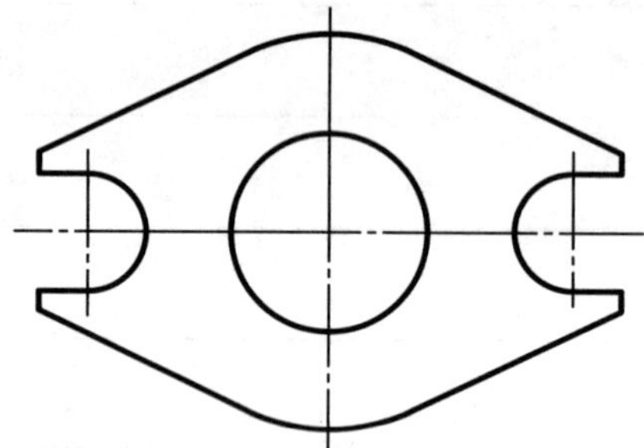

（2）

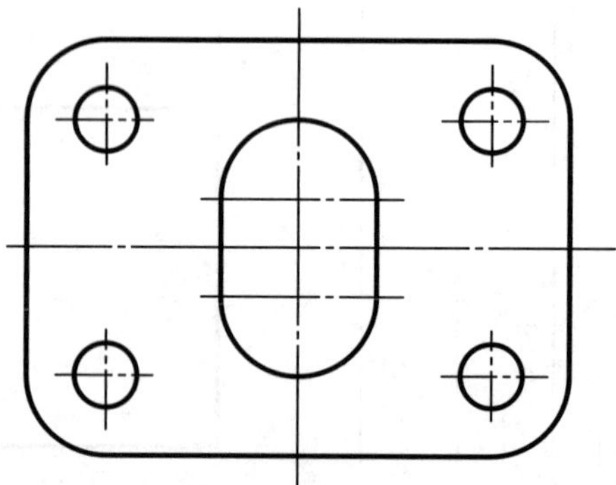

1-4 圆弧连接

班级　　　　姓名　　　　学号

1. 圆弧连接

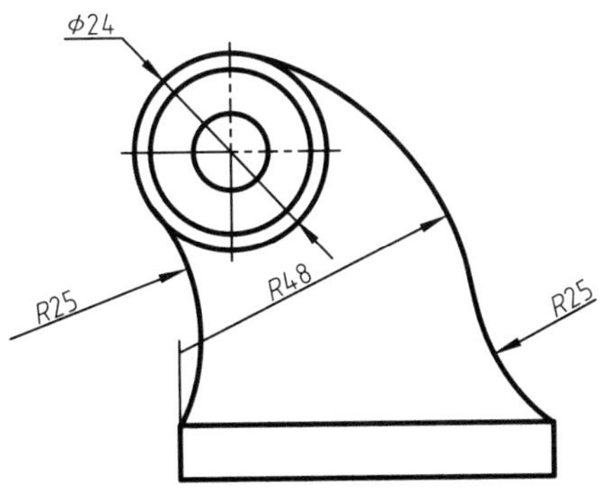

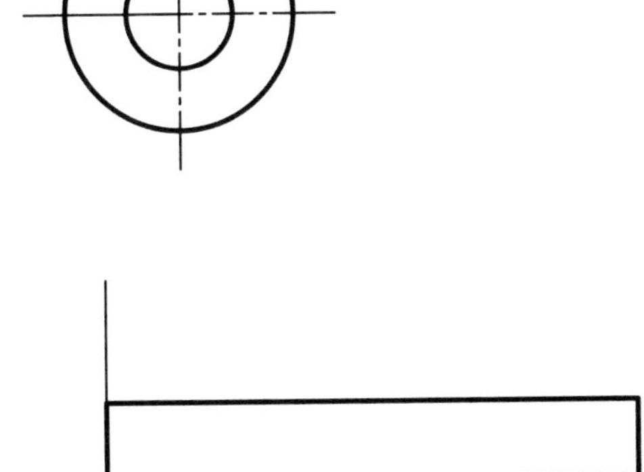

2. 圆弧连接

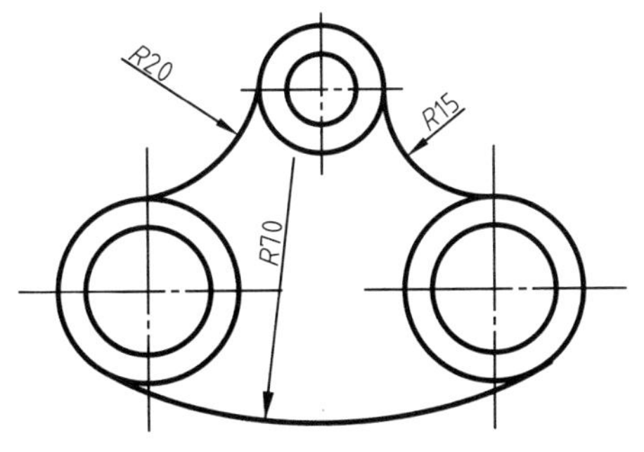

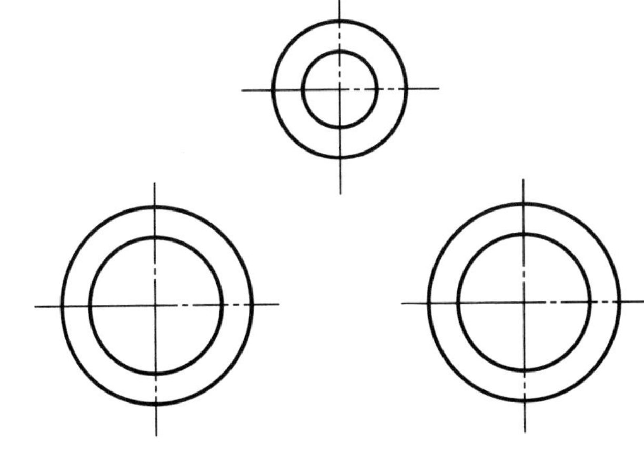

1-5　平面图形练习（一）

班级　　　　姓名　　　　学号

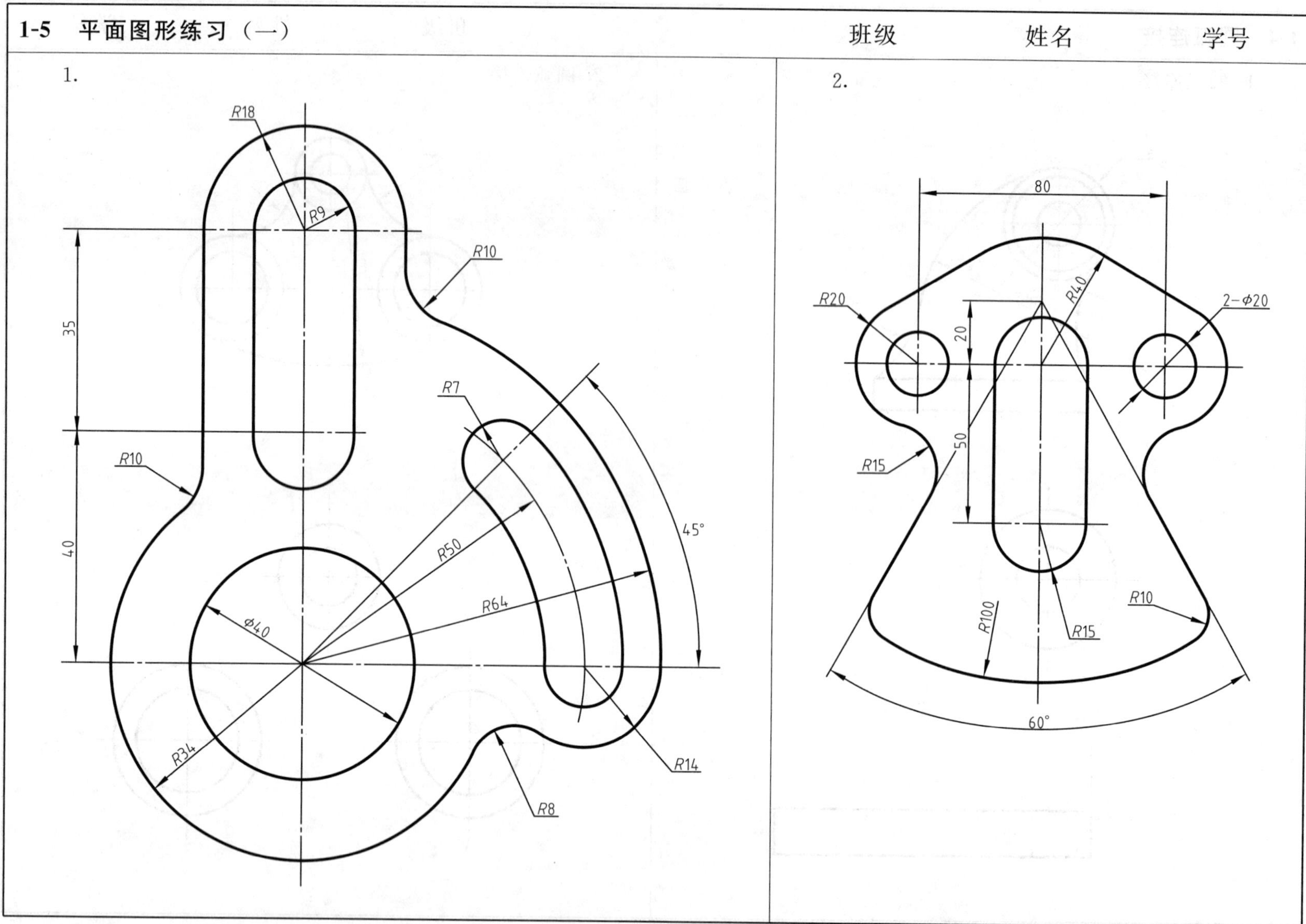

1-5 平面图形练习（二）

班级　　姓名　　学号

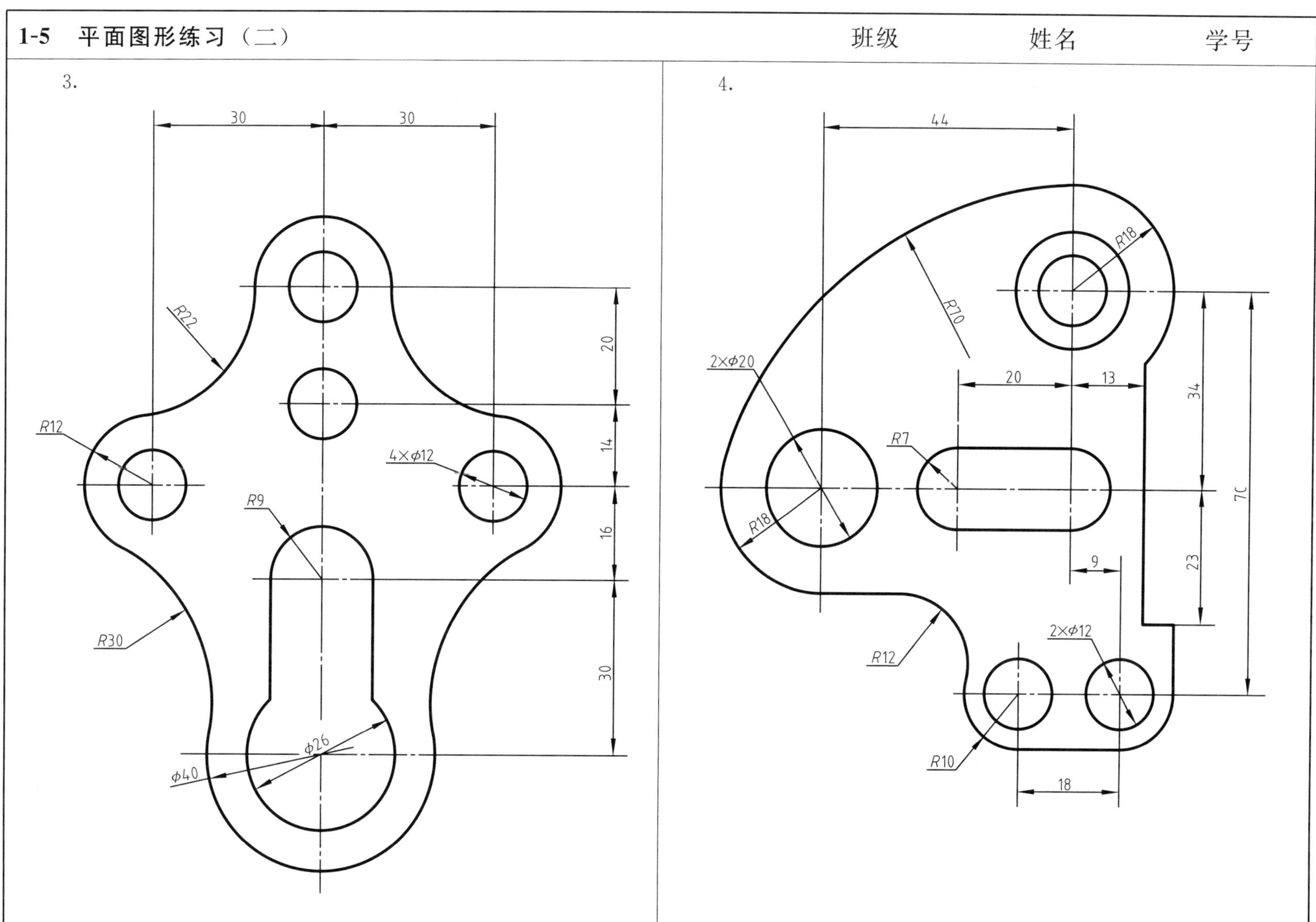

第 2 章　点、直线和平面的投影

2-1　点的投影（一）

班级　　　　姓名　　　　学号

1. 依据直观图作出各点的三面投影（坐标值从图中量取）。

2. 已知点 A（20，25，30），B（25，15，0），C（15，0，10），作出其三面投影。

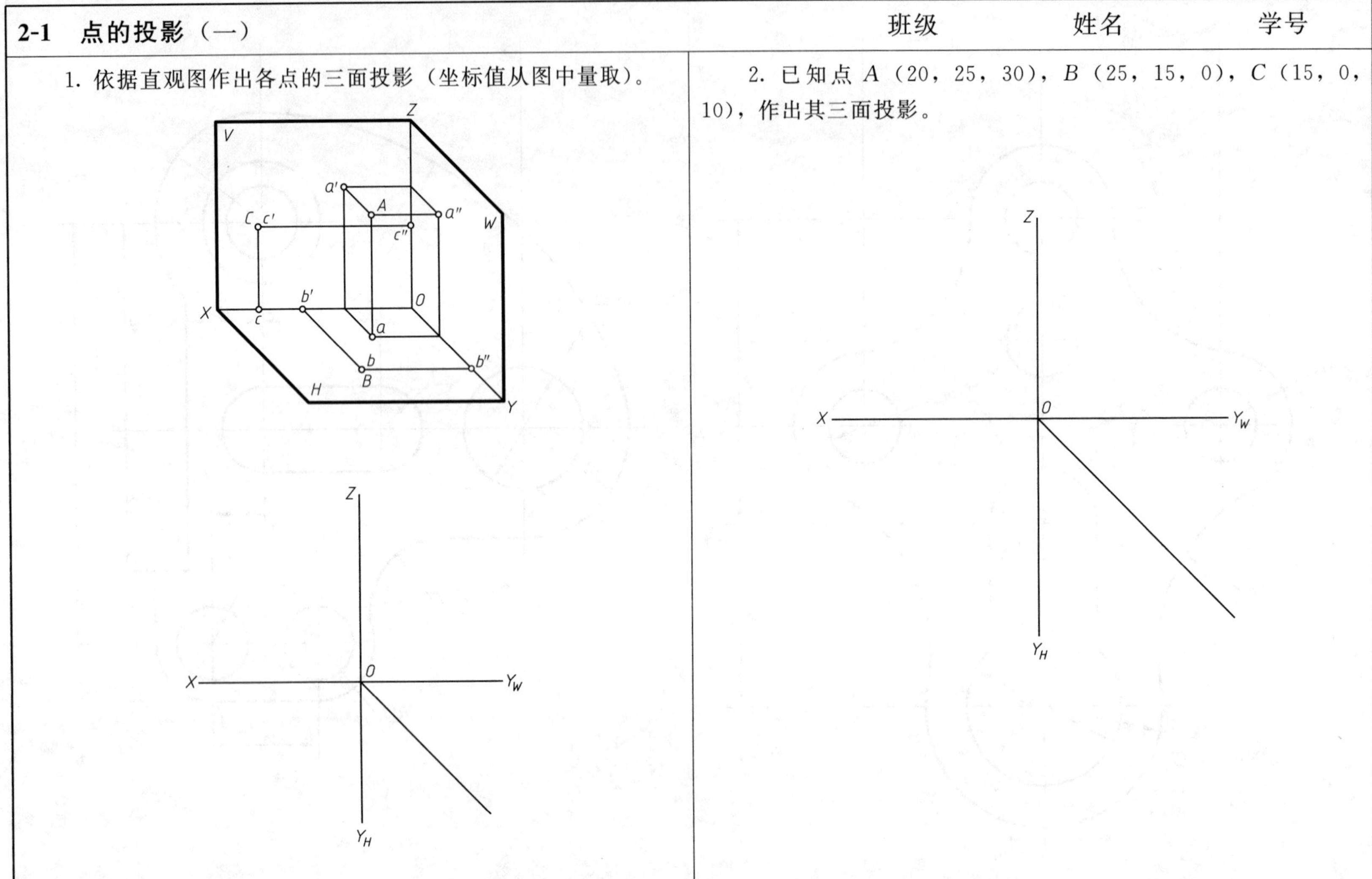

2-1　点的投影（二）　　班级　　姓名　　学号

3. 已知各点的两面投影。求作第三投影。

4. 已知点 B 距点 A 为 20mm，点 C 与点 A 是对 V 面的重影点；点 D 在点 A 的正上方 10mm。求各点的三面投影。并判断可见性。

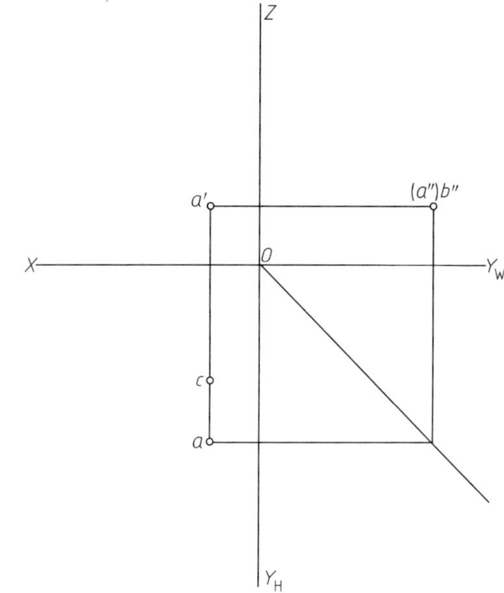

5. 已知点 B 在点 A 的正前方 10mm。点 C 在点 A 的左方 20mm、后方 15mm、上方 25mm，求作点 B、C 的三面投影。

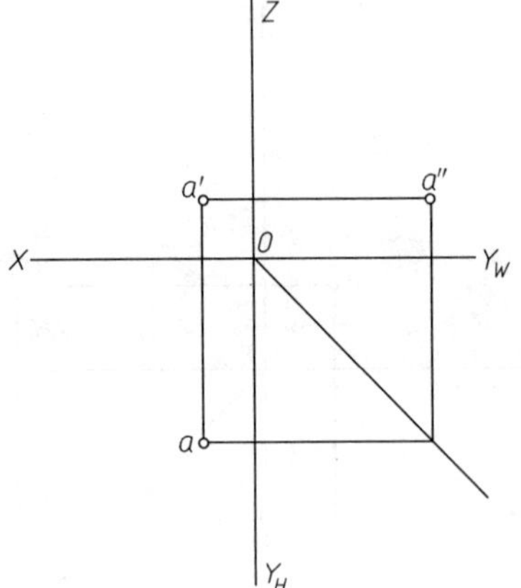

6. 判断下列各重影点的相对位置，并填空：

(1) 点 A 在点 B 的________方________ mm。

(2) 点 D 在点 C 的________方________ mm。

(3) 点 F 在点 E 的________方________ mm，且该两点都在________面上。

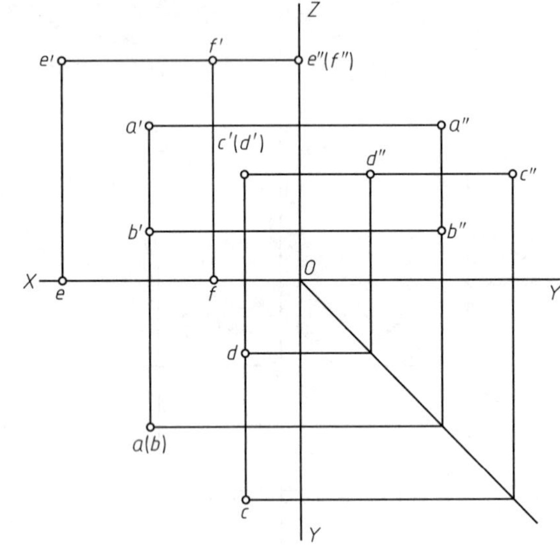

2-2 直线的投影（一） 班级 姓名 学号

1. 作出下列直线的第三投影，并判断其与投影面的相对位置。

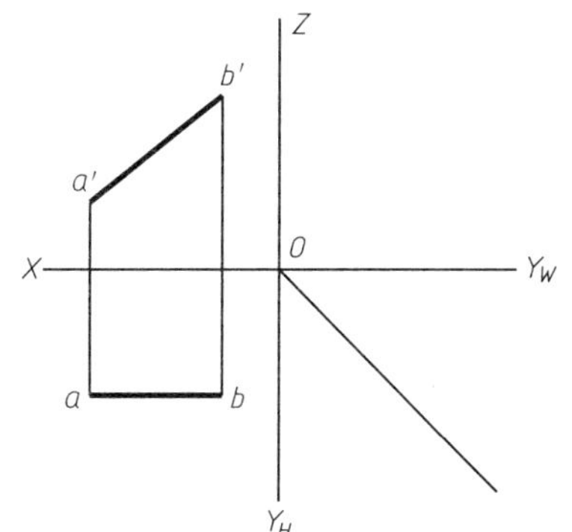

AB 是________

c' c'' k'' d' d'' Z X O Y_W Y_H

CD 是________

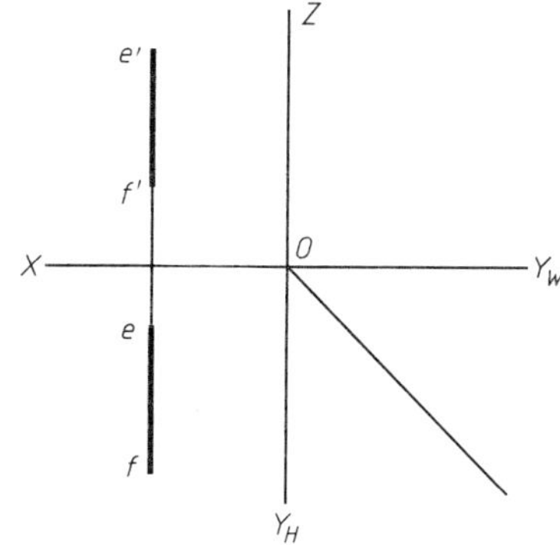

EF 是________

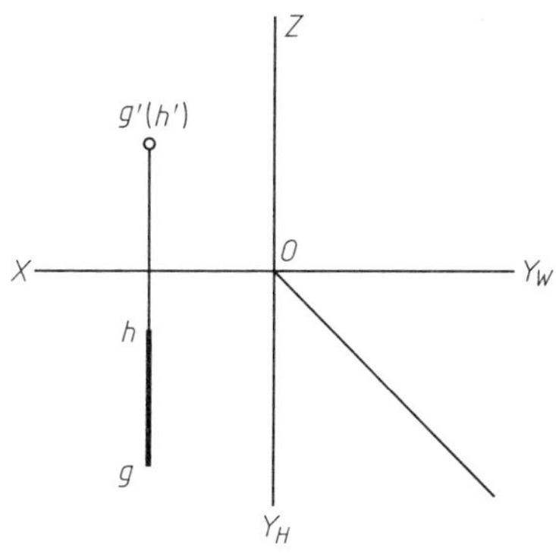

GH 是________

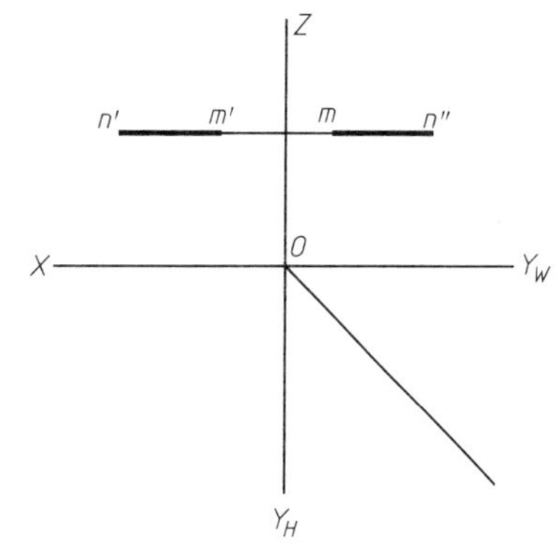

MN 是________

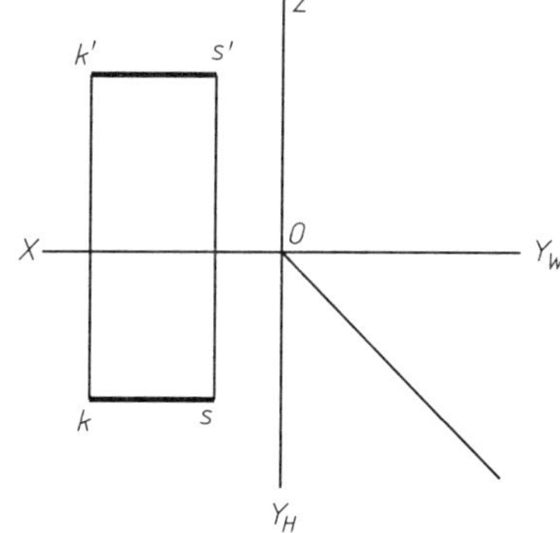

KS 是________

2-2 直线的投影（二）　　班级　　姓名　　学号

2. 已知直线 $AB=30\text{mm}$，AB 平行 H 面，且与 V 面的夹角为 30 度，点 B 在 A 的左前方，求直线 AB 的三面投影。

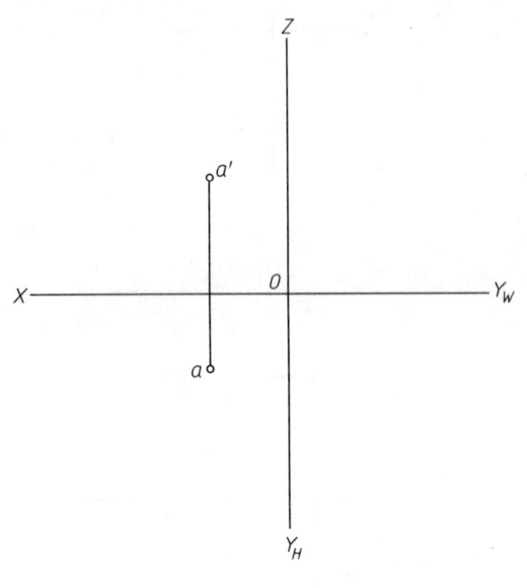

3. 已知直线 $AB=30\text{mm}$，AB 为铅垂线，点 B 在点 A 的上方，求直线 AB 的三面投影。

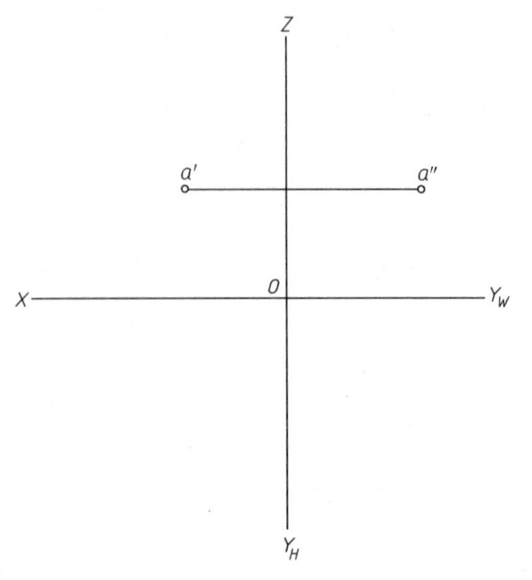

2-2　直线的投影（三）

班级　　　　姓名　　　　学号

4. 已知直线 EF 的端点 E 距 H 面的 10mm，且与 H 面的夹角为 30 度，求 V、W 两面投影。

5. 已知点 C 在线段 AB 上，且 $AC:CB=2:1$，求作点 C 的投影。

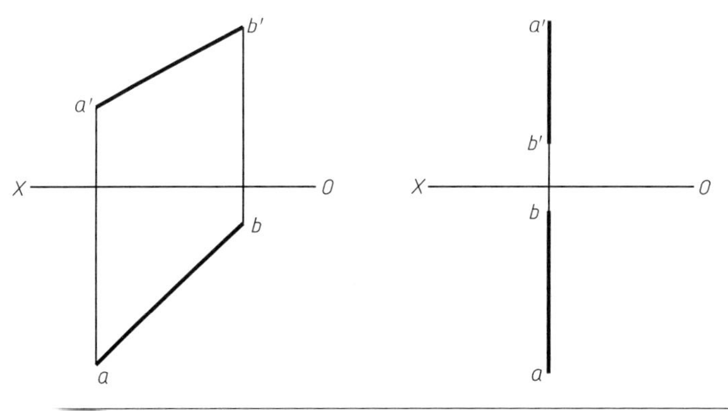

6. 点 K 在直线 AB 上，且距 H 面为 16mm，求点 K 的两面投影。

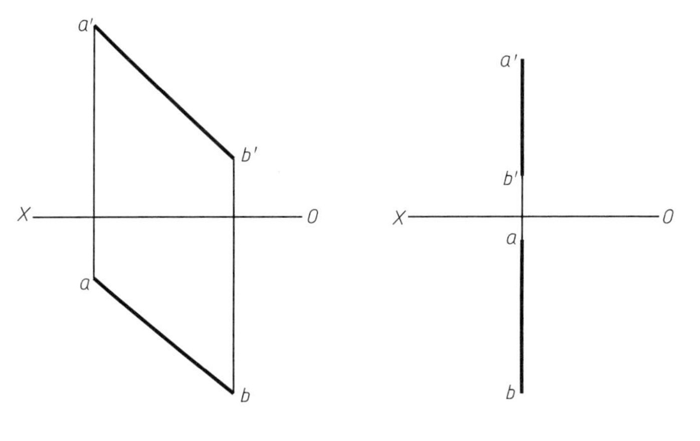

7. 判断两直线的相对位置，并填空：

AB 与 CD 是________线；AB 与 EF 是________线；

CD 与 EF 是________线；GH 与 KL 是________线；

GH 与 MN 是________线；KL 与 MN 是________线。

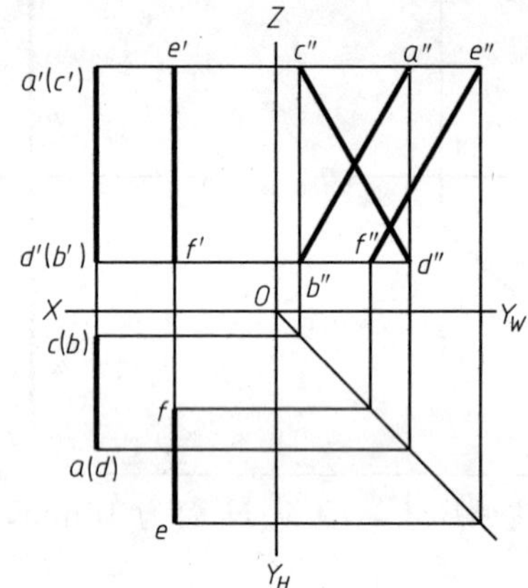

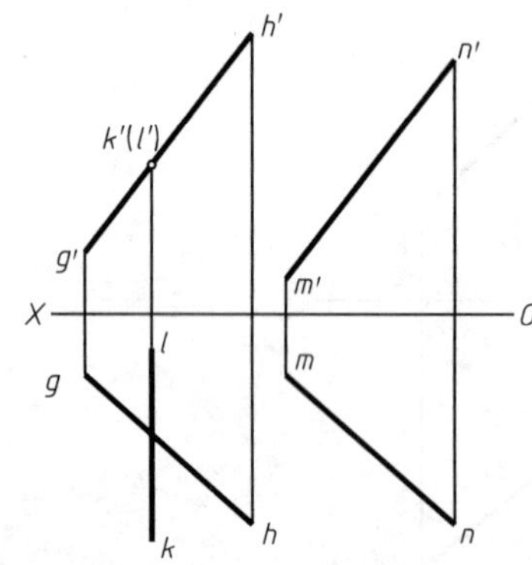

8. 作正平线 EF，使其与直线 AB、CD 均相交，且距 V 面 20mm。

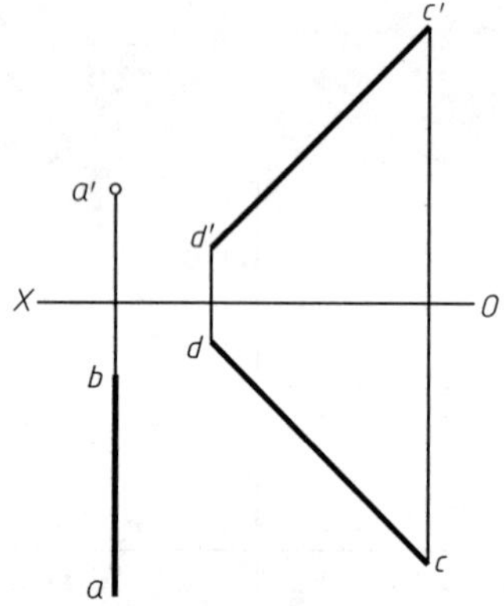

9. 求两直线 AB、CD 重影点的投影，并判断可见性。

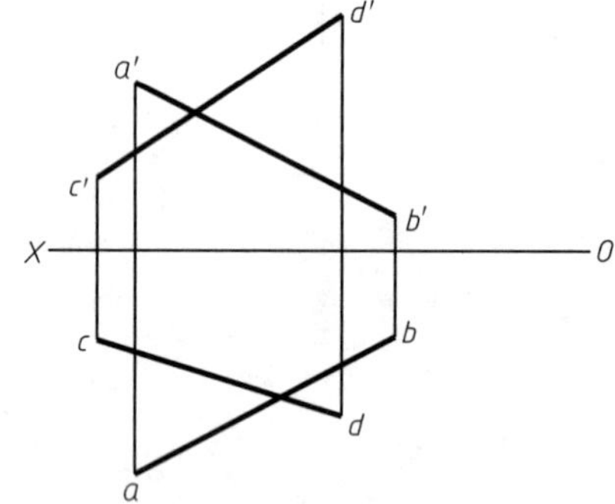

1. 作出下列平面图形的第三投影，完成面上点 K 的三面投影，并判别平面对投影面的相对位置。

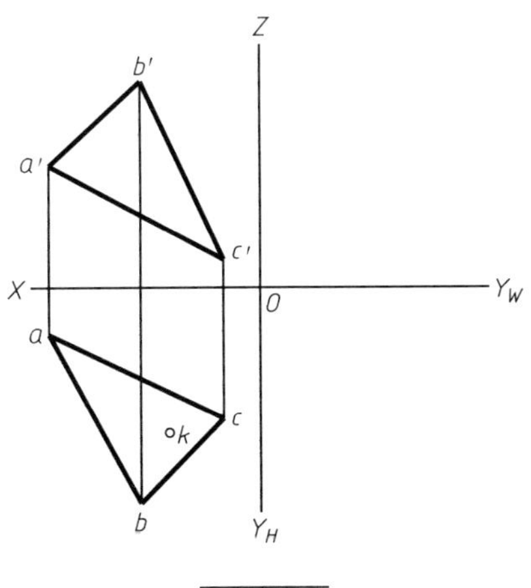

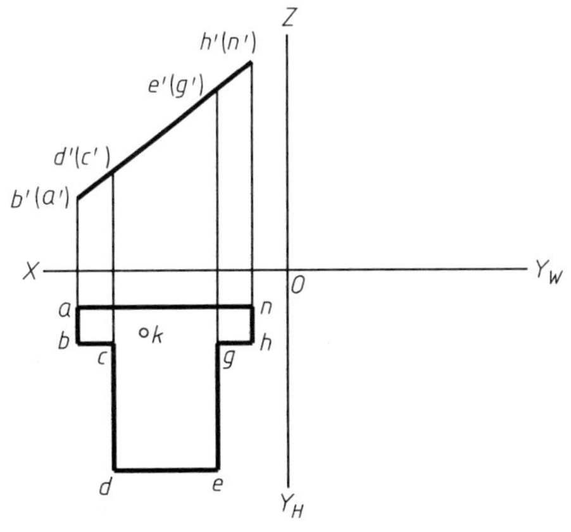

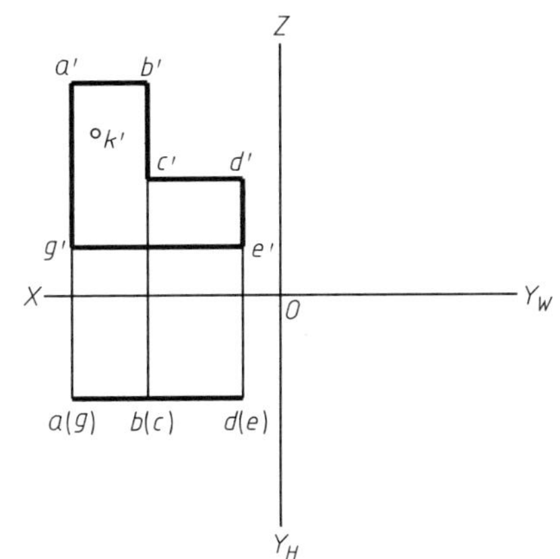

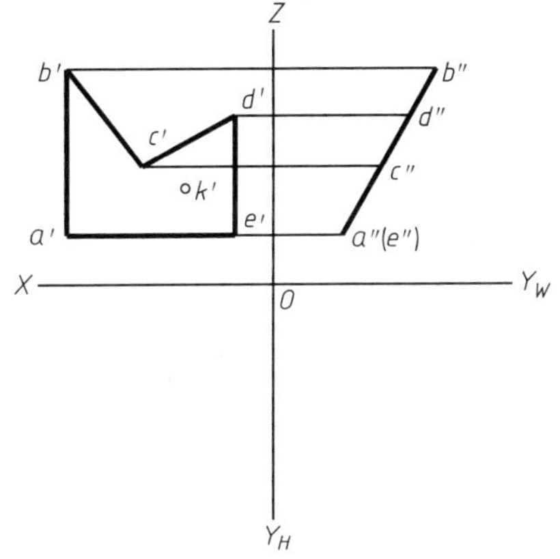

2. 作图判断点 K 是否属于给定平面。

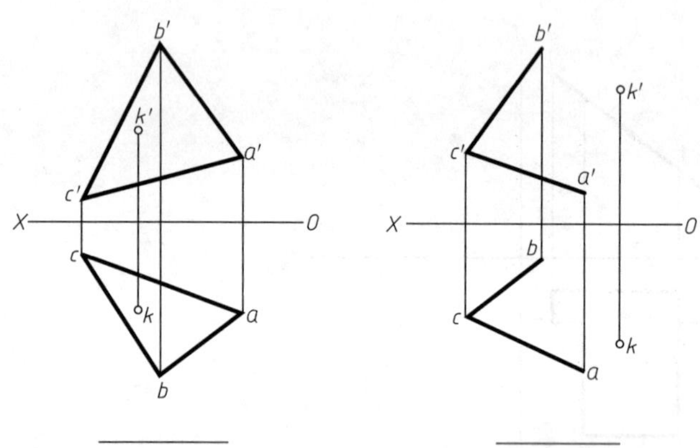

3. 直线 EF 在三角形 ABC 上，求其水平投影。

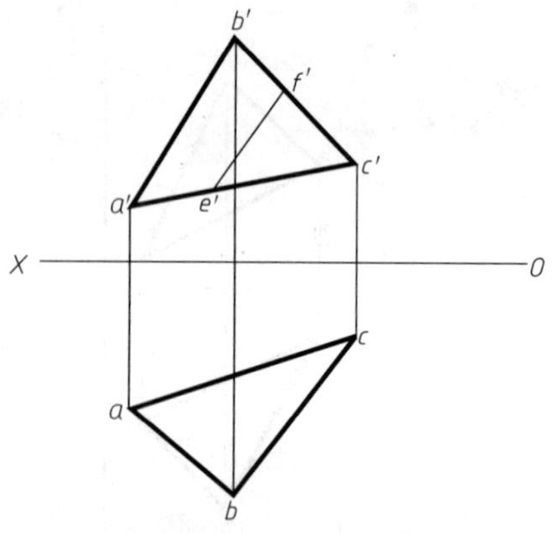

4. 在 ABC 平面上，过 C 点正平线 CD，过点 B 作水平线 BE。

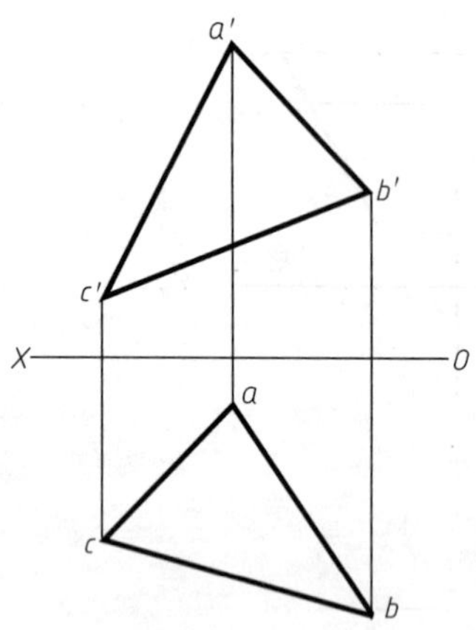

5. 求作 $ABCD$ 平面上 EFG 的水平投影。

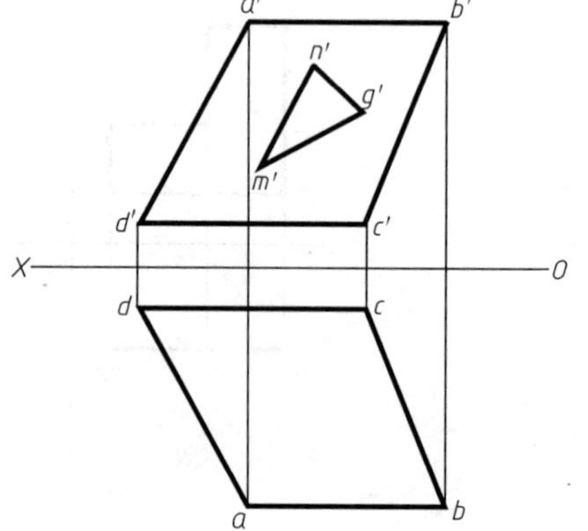

6. 完成平面图形 $ABCDE$ 的正面投影。

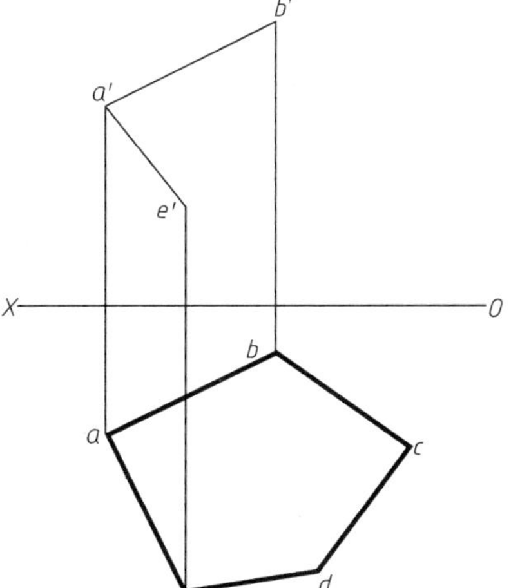

7. 在平面 ADC 上取点 K 距 V 面 14mm，距 H 面 20mm。

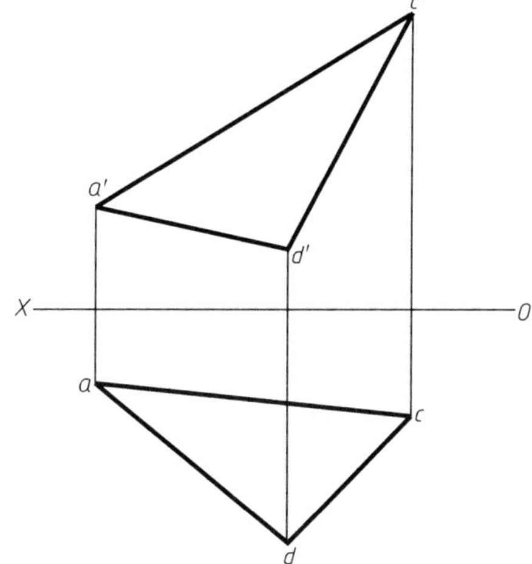

第 3 章　立体的投影及表面交线

3-1　将正确的主、左视图的图号填入相应立体图及俯视图的圆圈内　　班级　　　　姓名　　　　学号

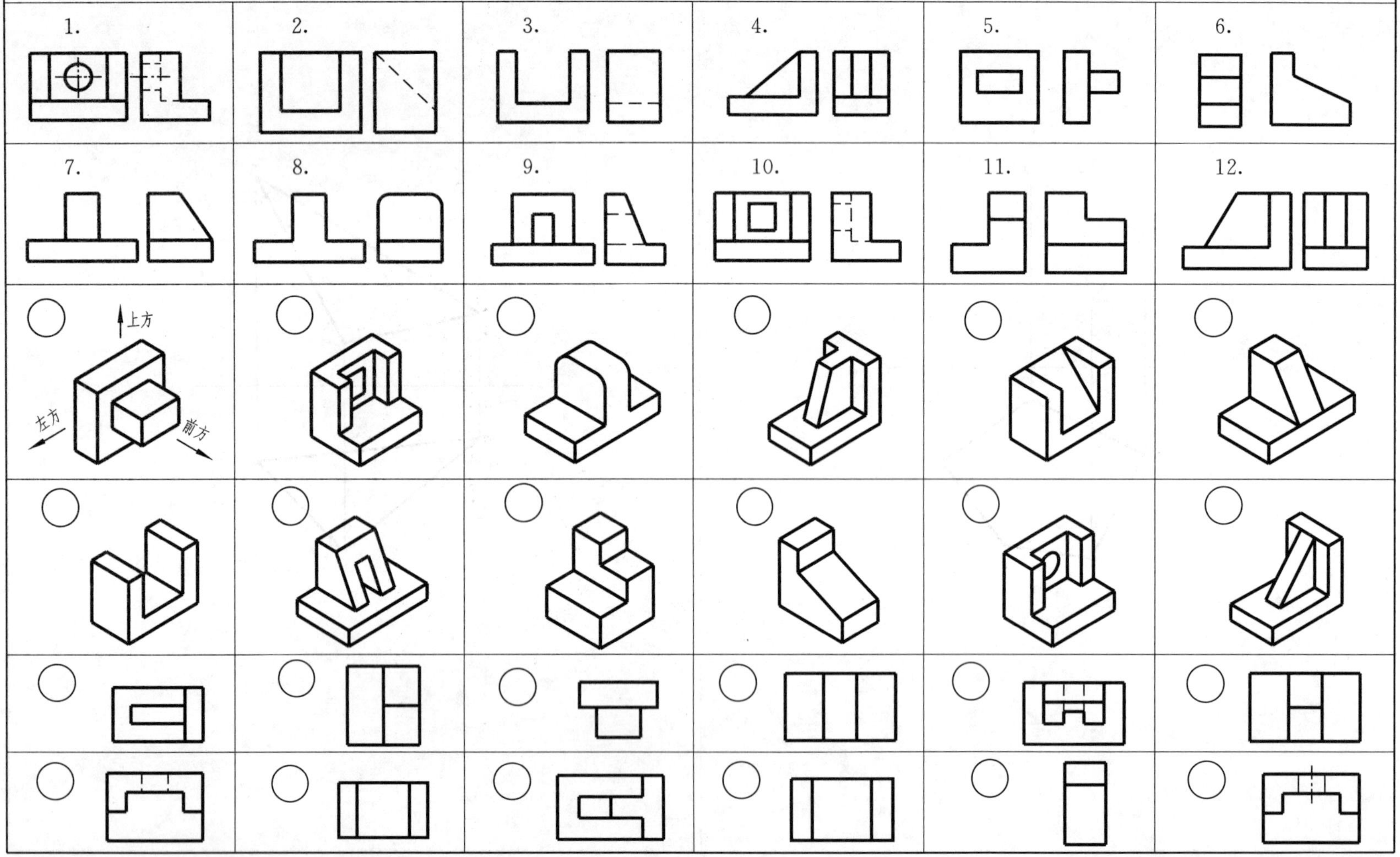

1.　2.　3.　4.　5.　6.

7.　8.　9.　10.　11.　12.

上方

左方

前方

3-2　画出下列立体的三面投影图	班级　　　　姓名　　　　学号
1.	2.
3.	4.
5.	6.

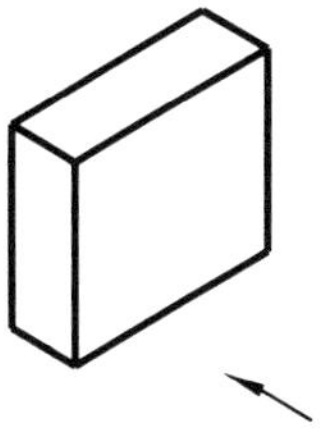

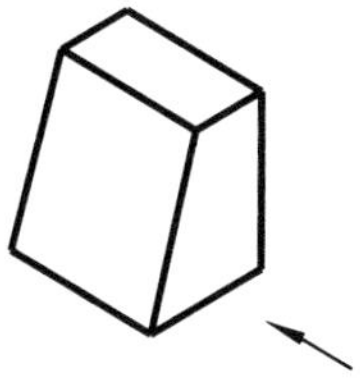

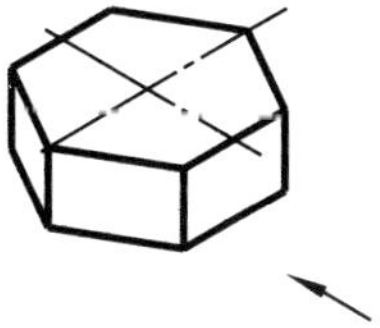

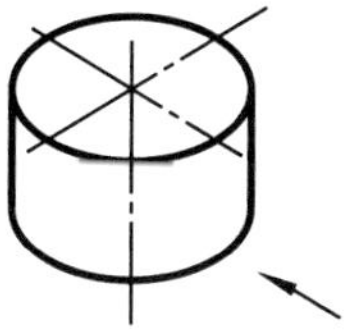

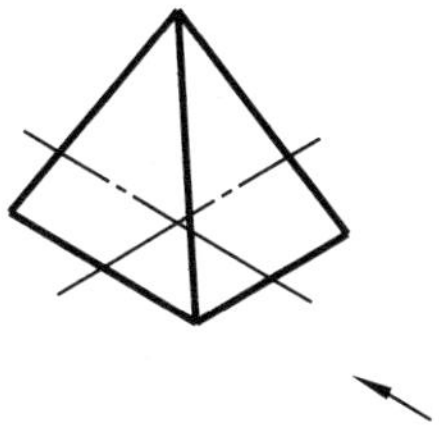

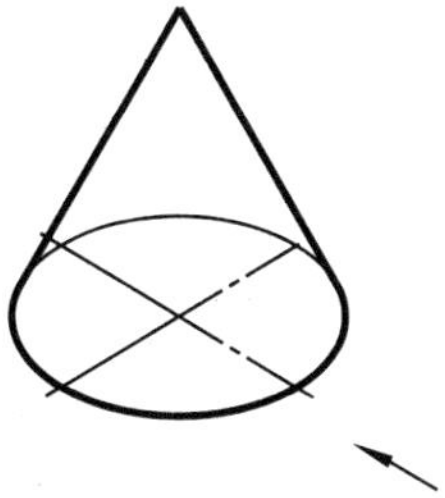

3-3　补画立体的第三视图，并补齐立体表面上的点和线的三面投影（一）　班级　　　　姓名　　　　学号

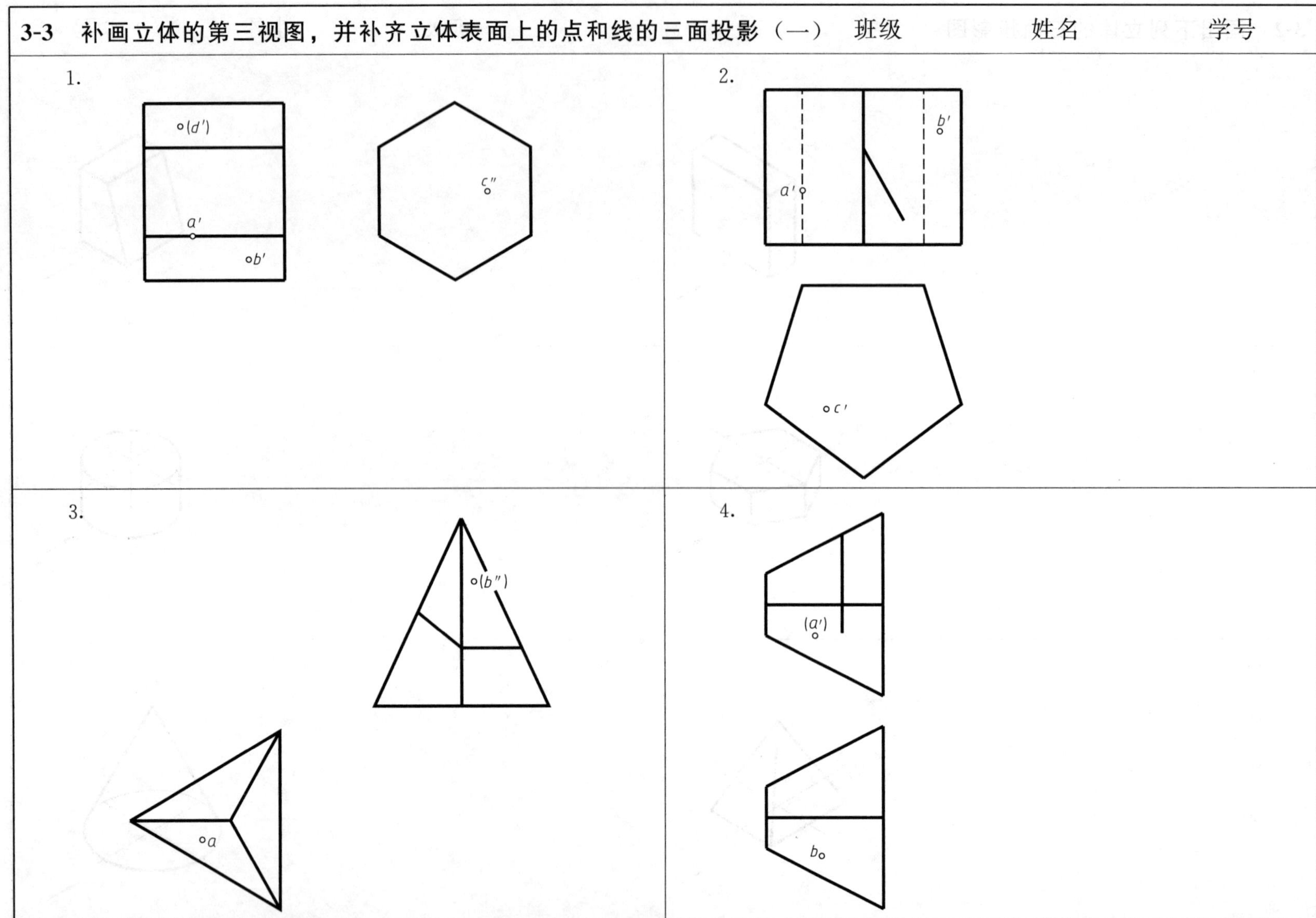

3-3 补画立体的第三视图，并补齐立体表面上的点和线的三面投影（二） 班级 姓名 学号

5.

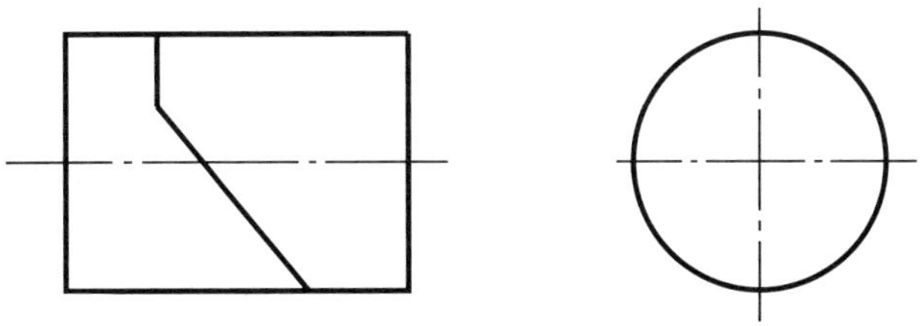

6.

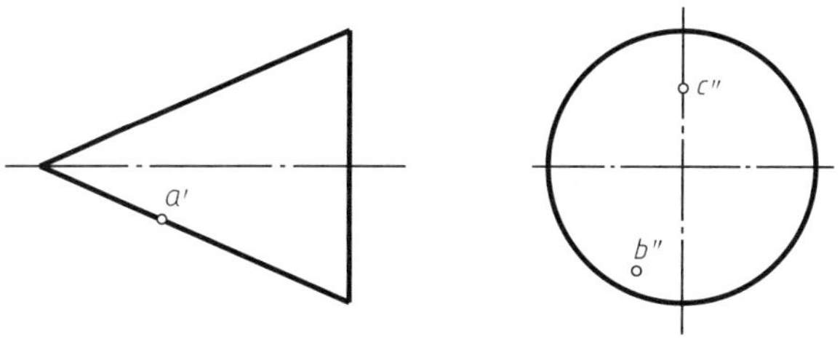

7.

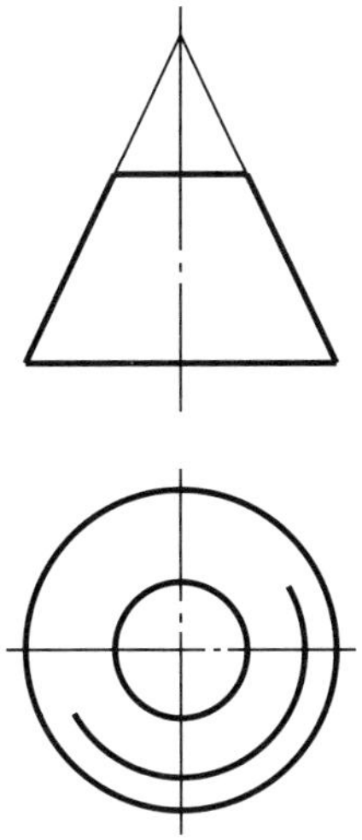

8.

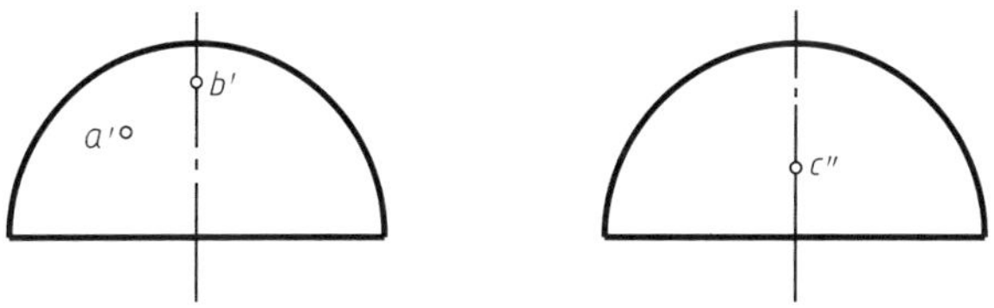

3-4　补出图中的漏线，并完成立体的三视图（一）　　　　班级　　　　姓名　　　　学号

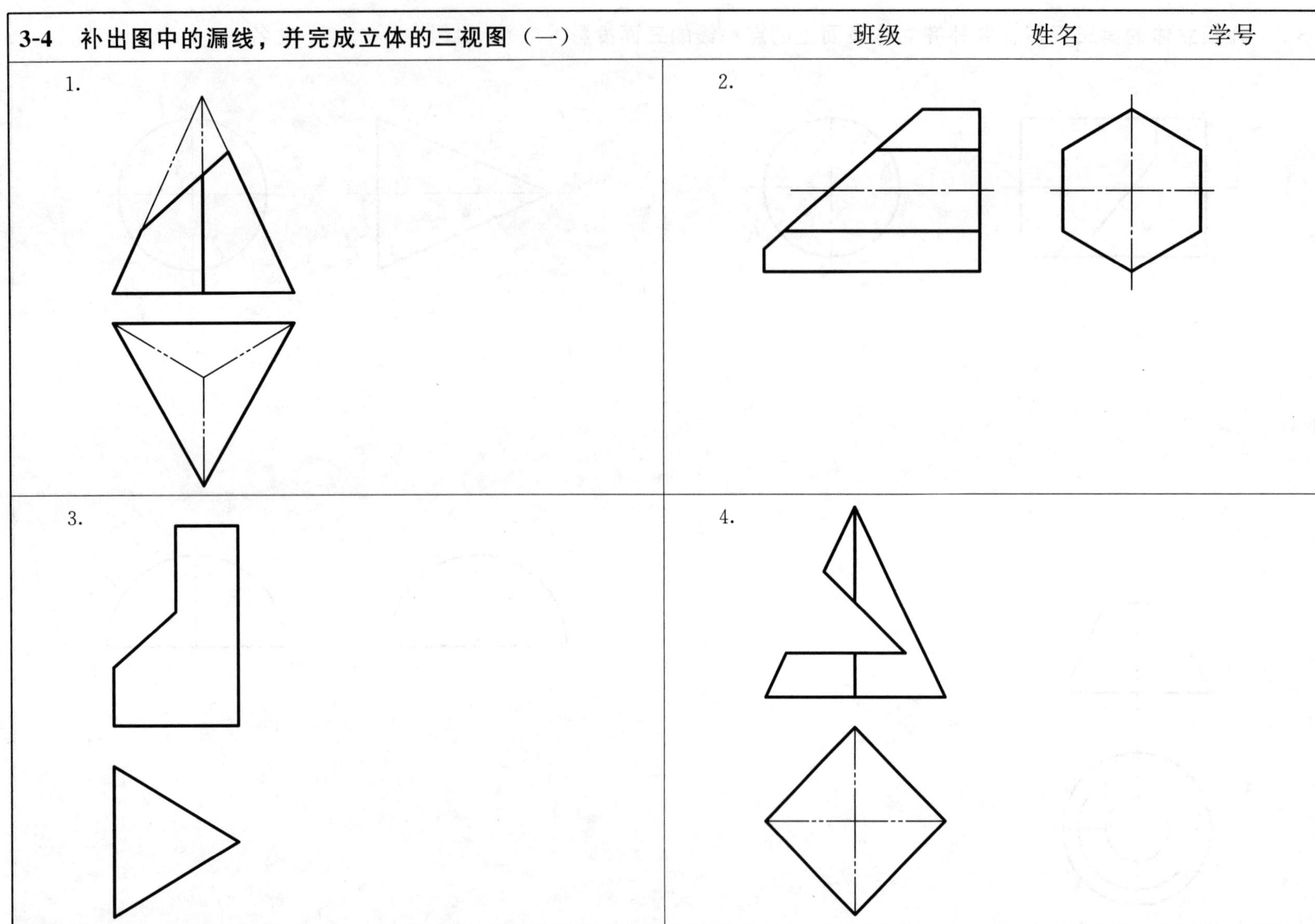

3-4　补出图中的漏线，并完成立体的三视图（二）	班级	姓名	学号

5.

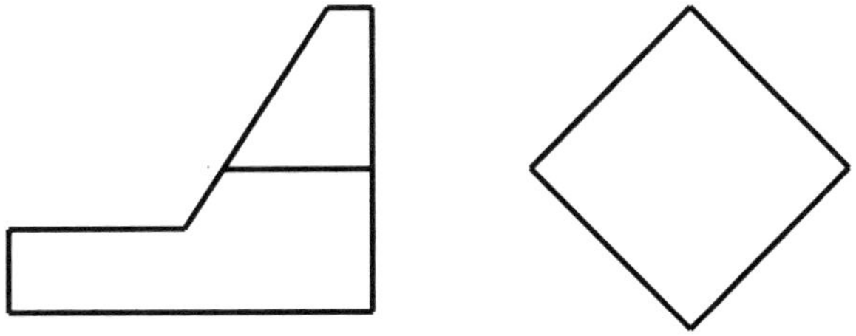

6.

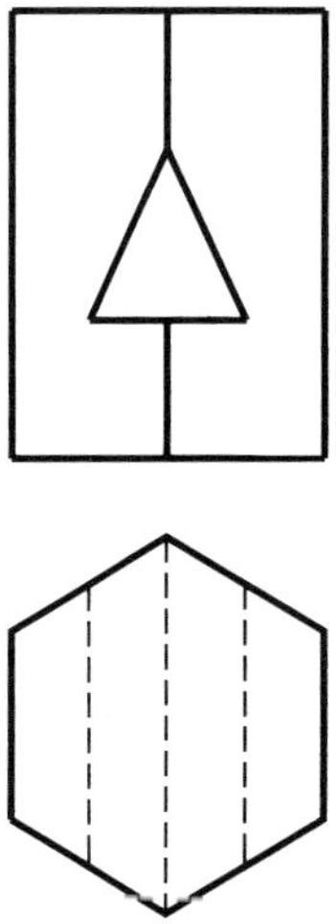

7.

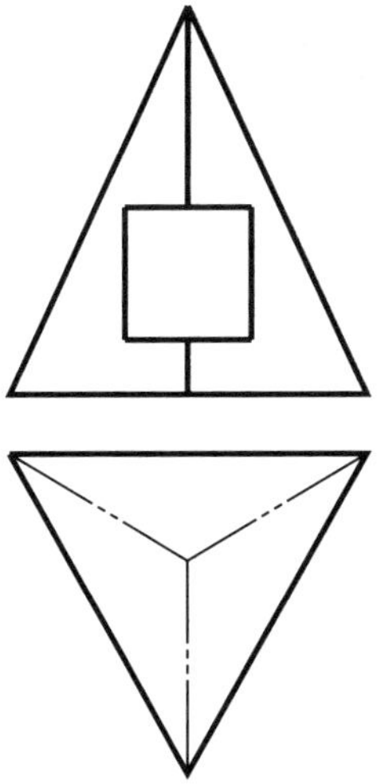

8.

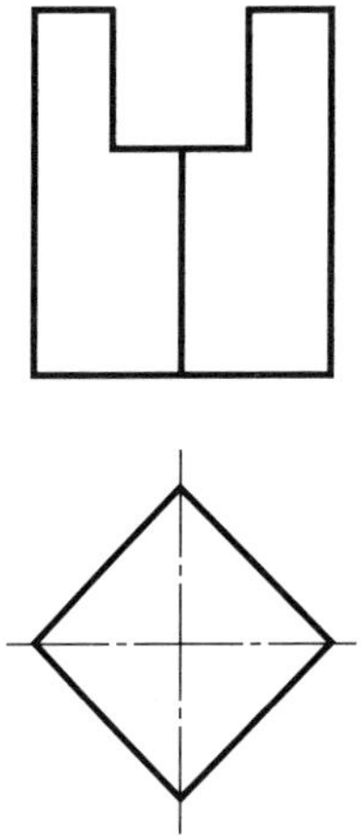

3-4 补出图中的漏线，并完成立体的三视图（三） 班级 姓名 学号

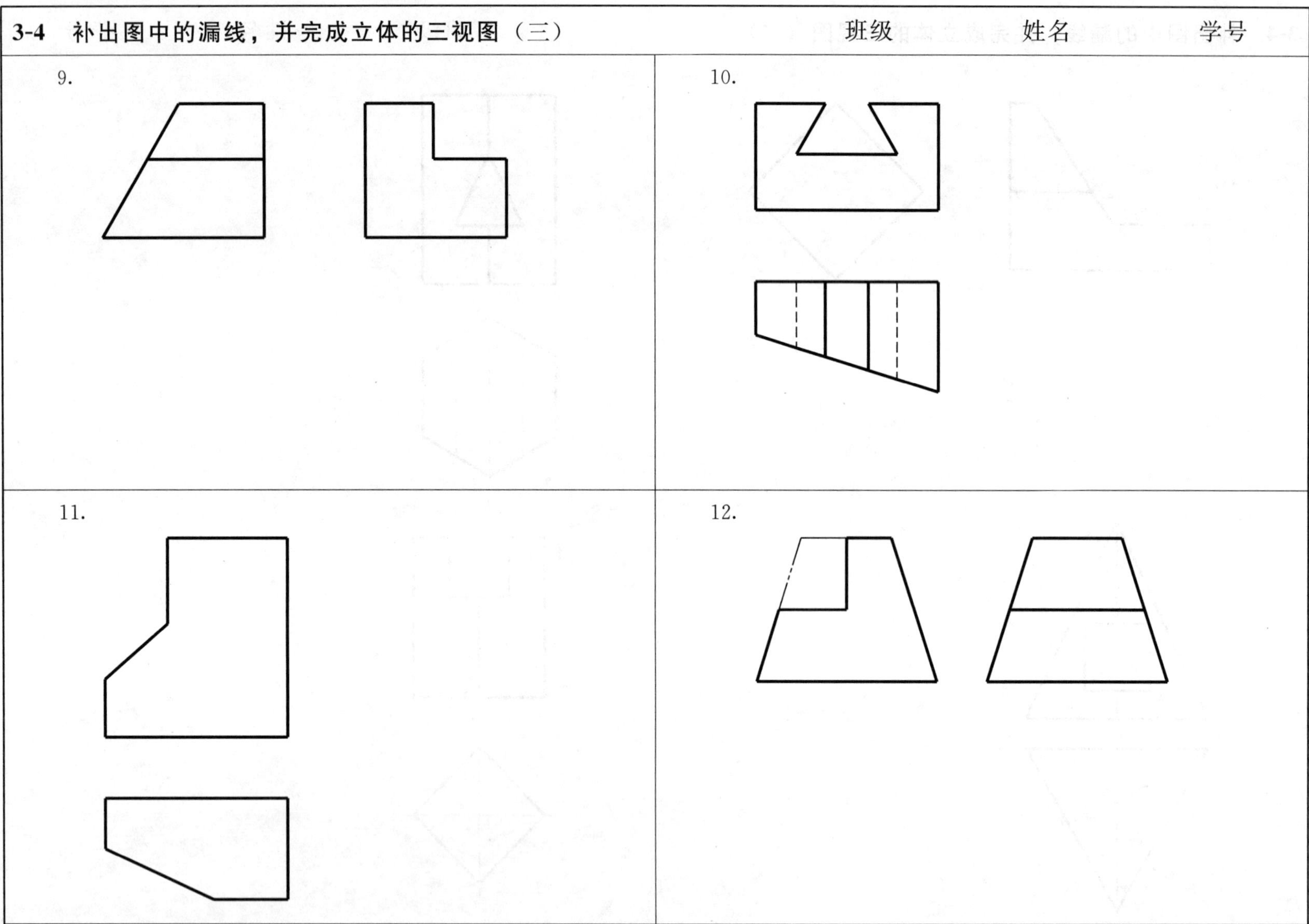

3-4　补出图中的漏线，并完成立体的三视图（四）　　班级　　姓名　　学号

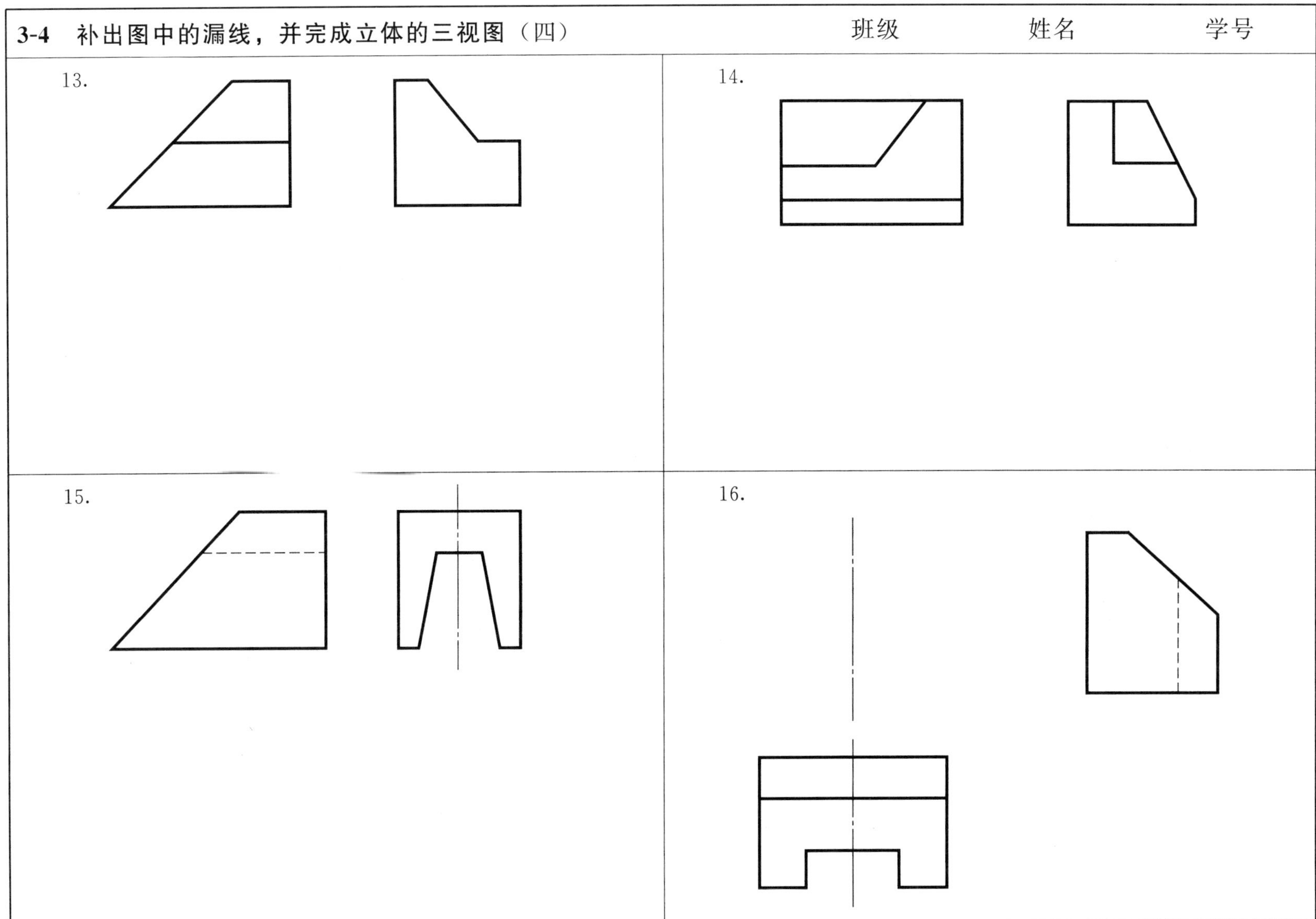

3-4 补出图中的漏线，并完成立体的三视图（五）

班级　　姓名　　学号

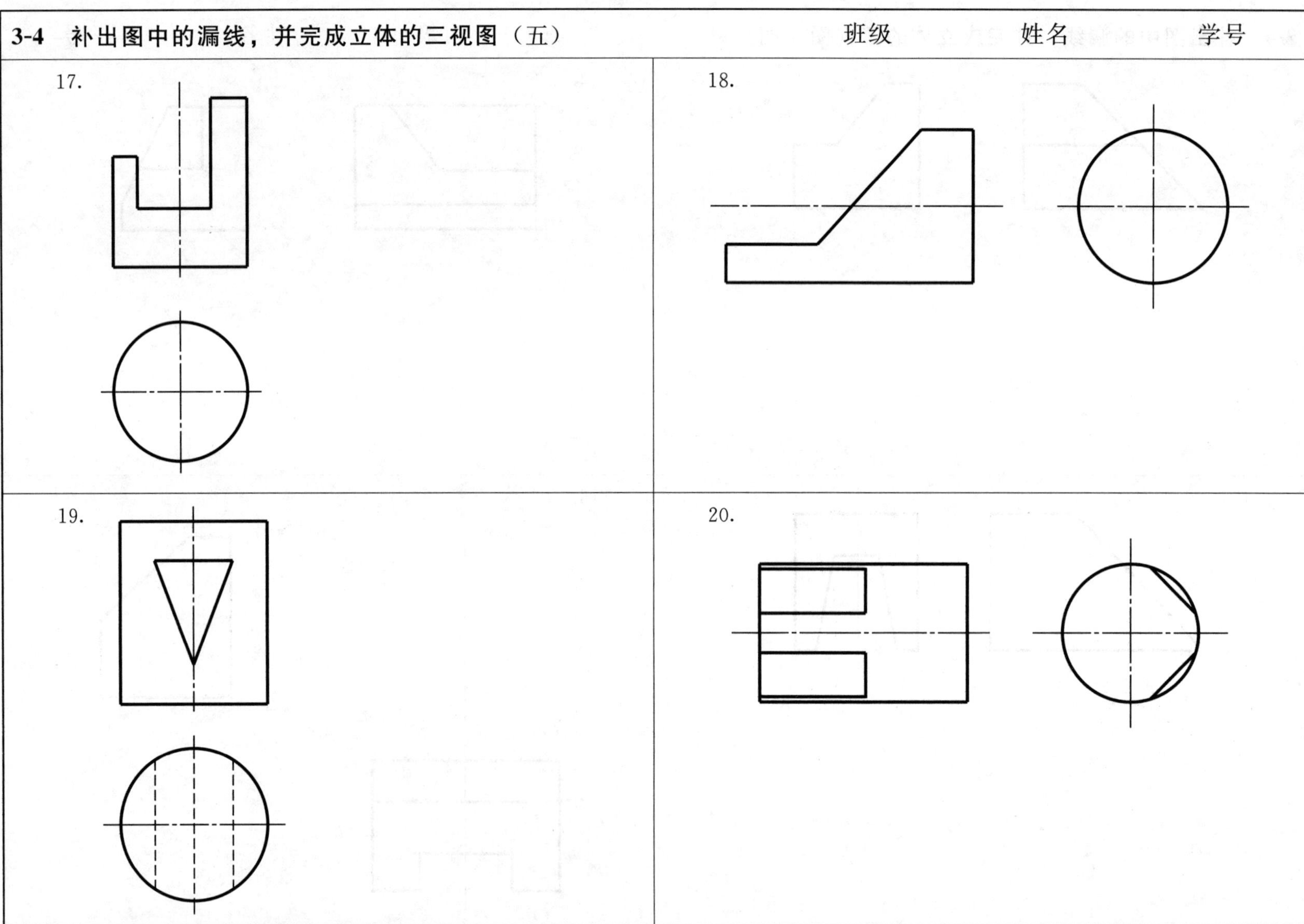

3-4　补出图中的漏线，并完成立体的三视图（六）　　班级　　姓名　　学号

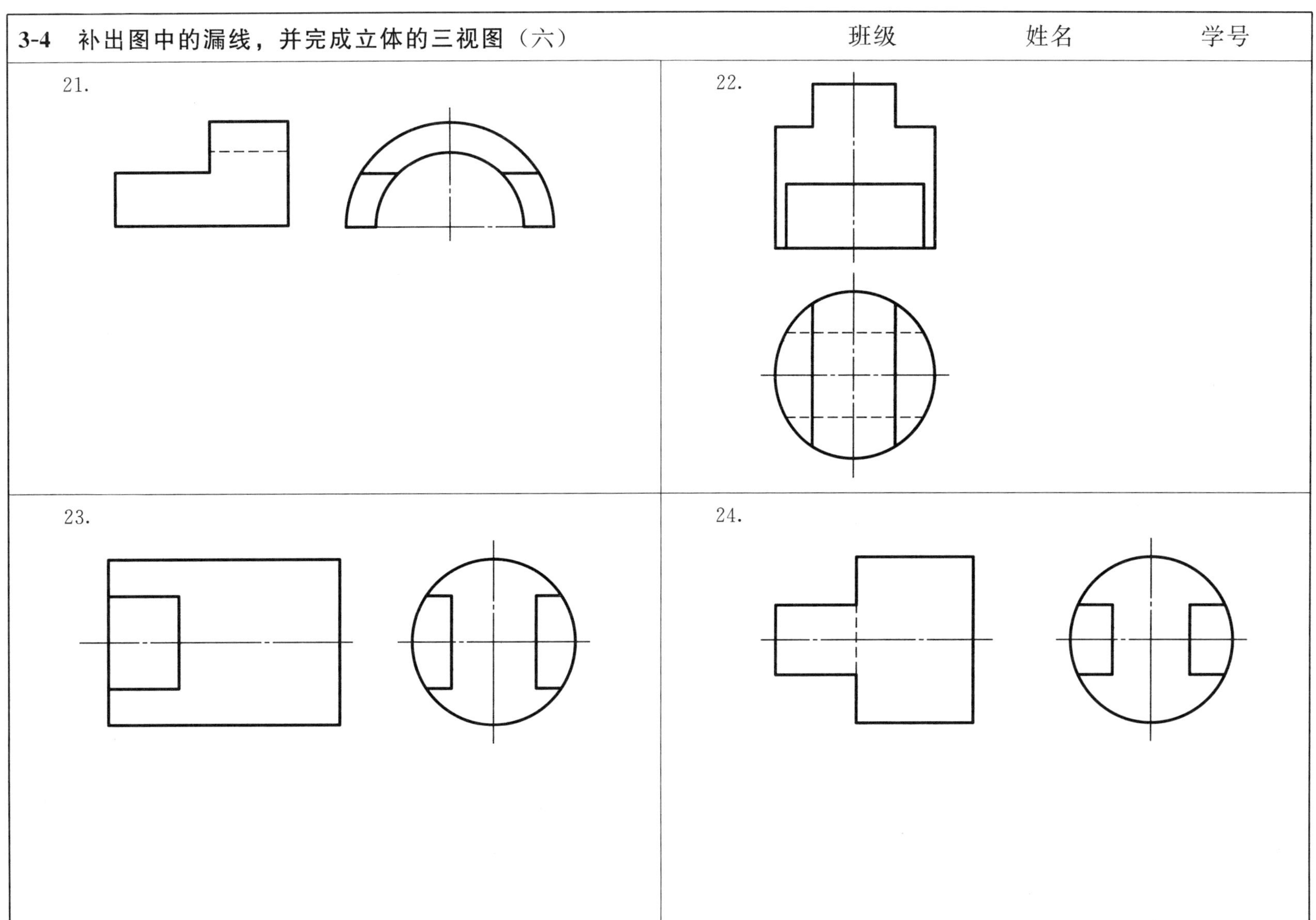

3-4　补出图中的漏线，完成立体的三视图（七）　　班级　　姓名　　学号

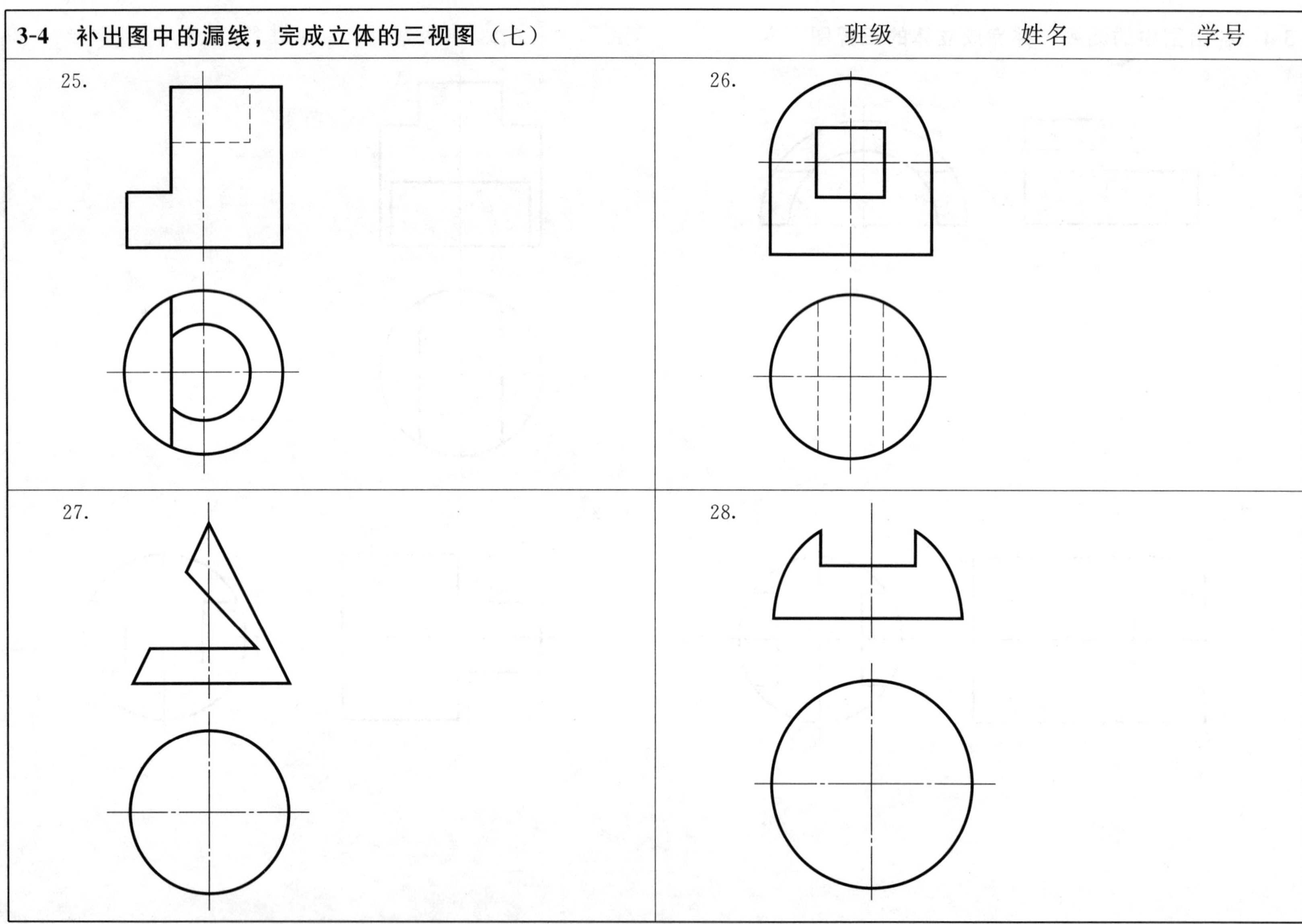

3-4 补出图中的漏线，并完成立体的三视图（八） 班级 姓名 学号

29.

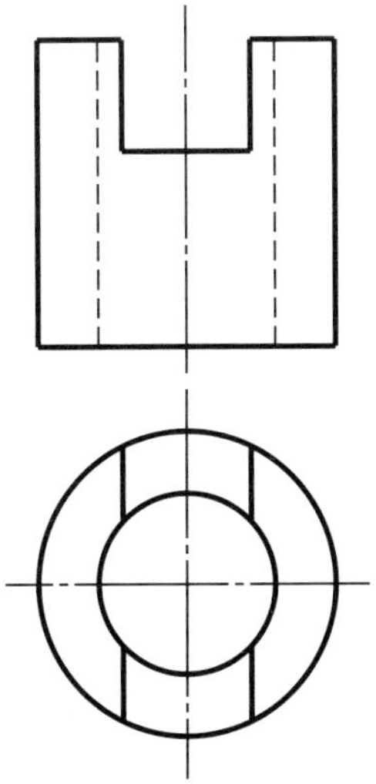

30.

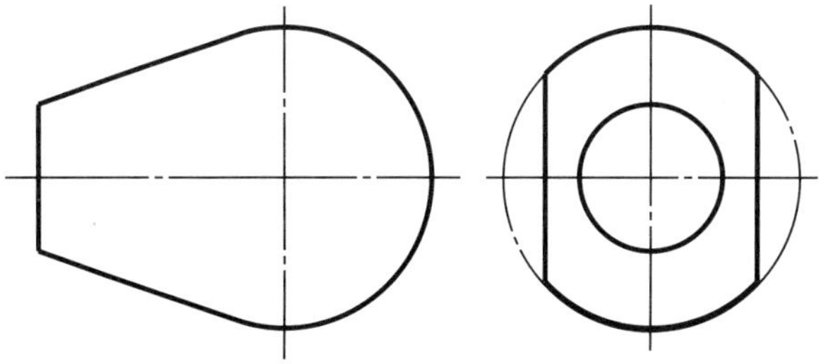

31.

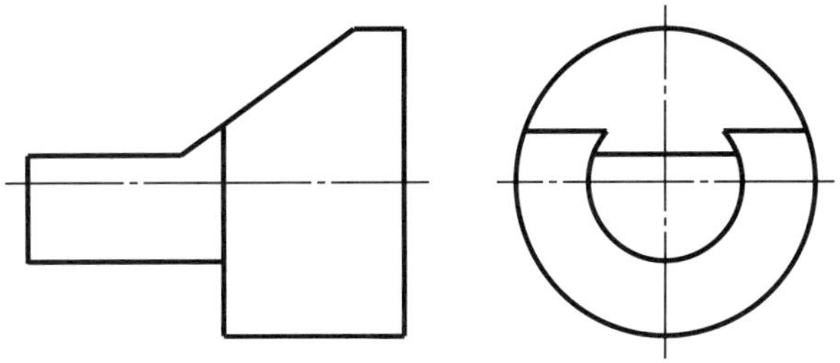

32.

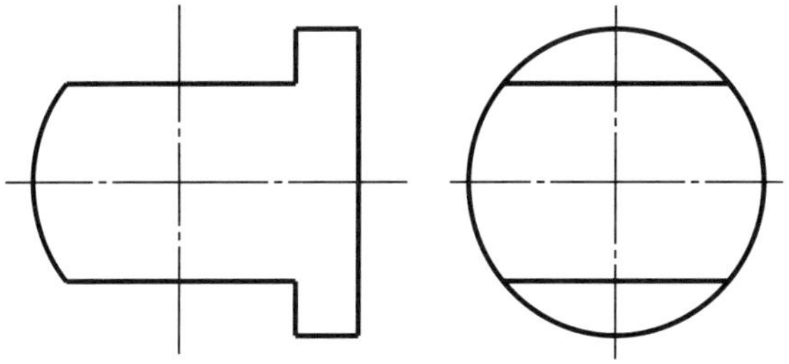

3-5　分析立体的相贯线，补齐视图中所缺的图线（一）　　　　班级　　　姓名　　　　学号

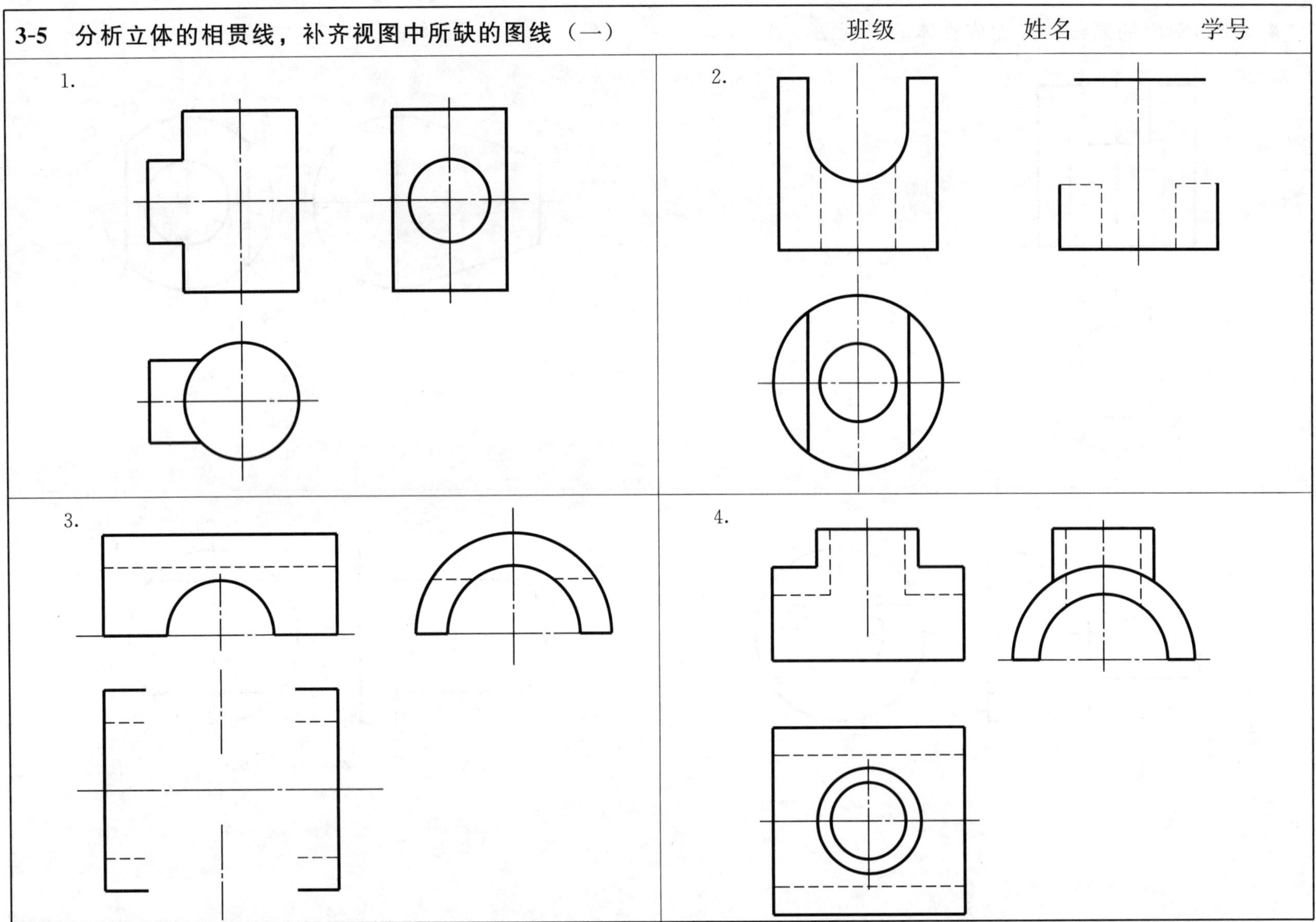

3-5　分析立体的相贯线，补齐视图中所缺的图线（二）

班级　　　　姓名　　　　学号

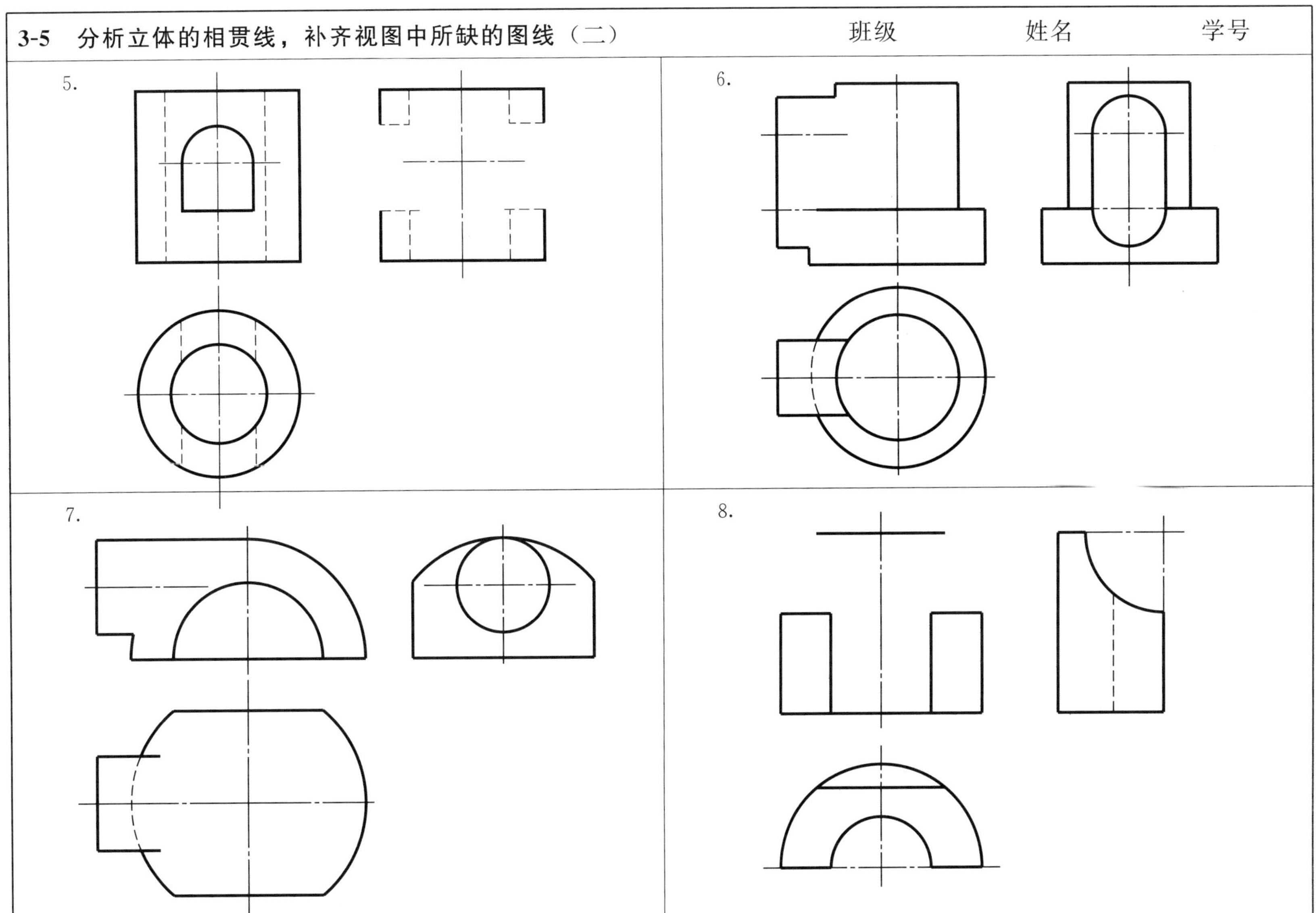

3-5　分析立体的相贯线，补齐视图中所缺的图线（三）　　班级　　姓名　　学号

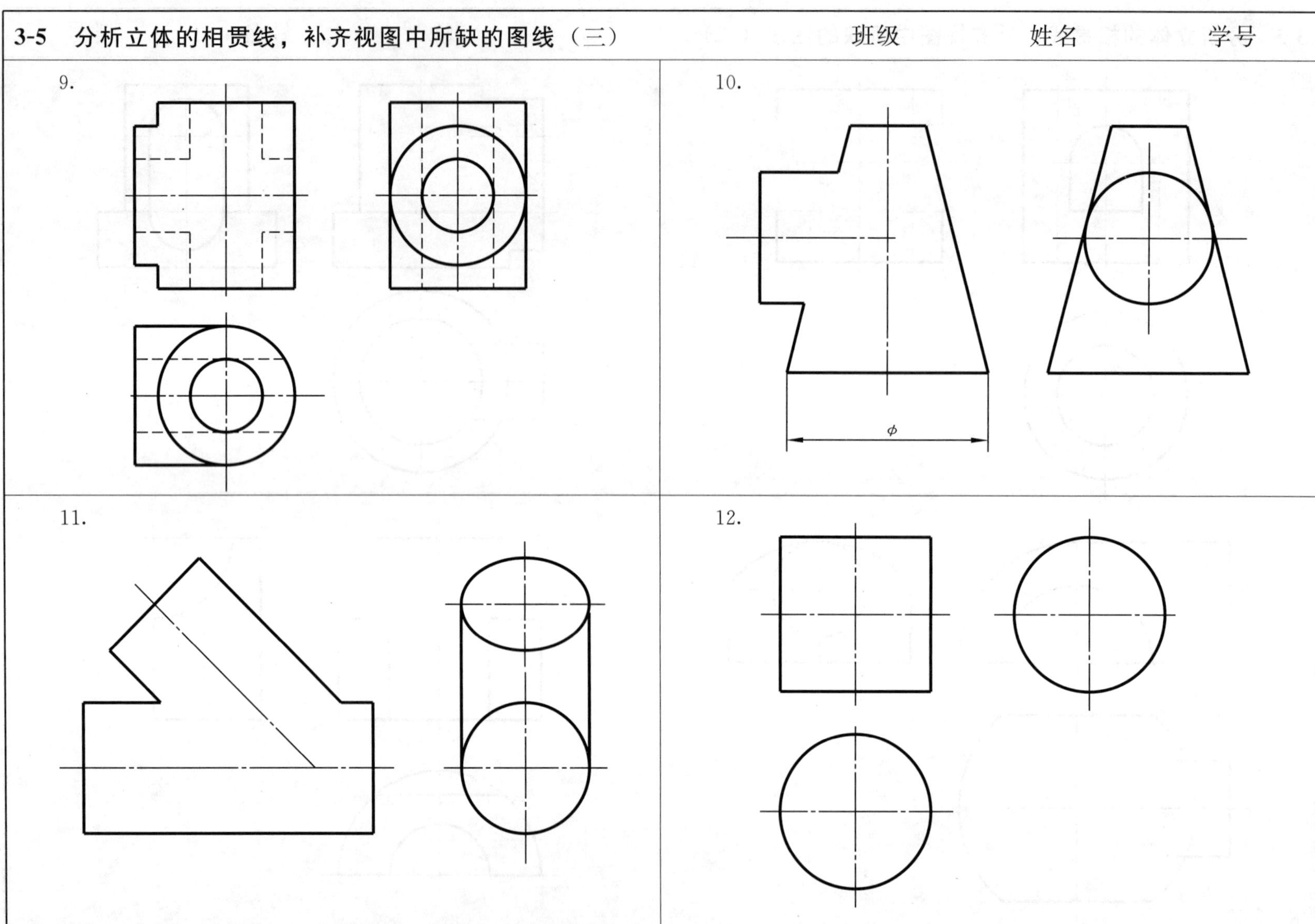

第 4 章　轴测图

4-1　画出下列物体的正等轴测图（一）　　班级　　姓名　　学号

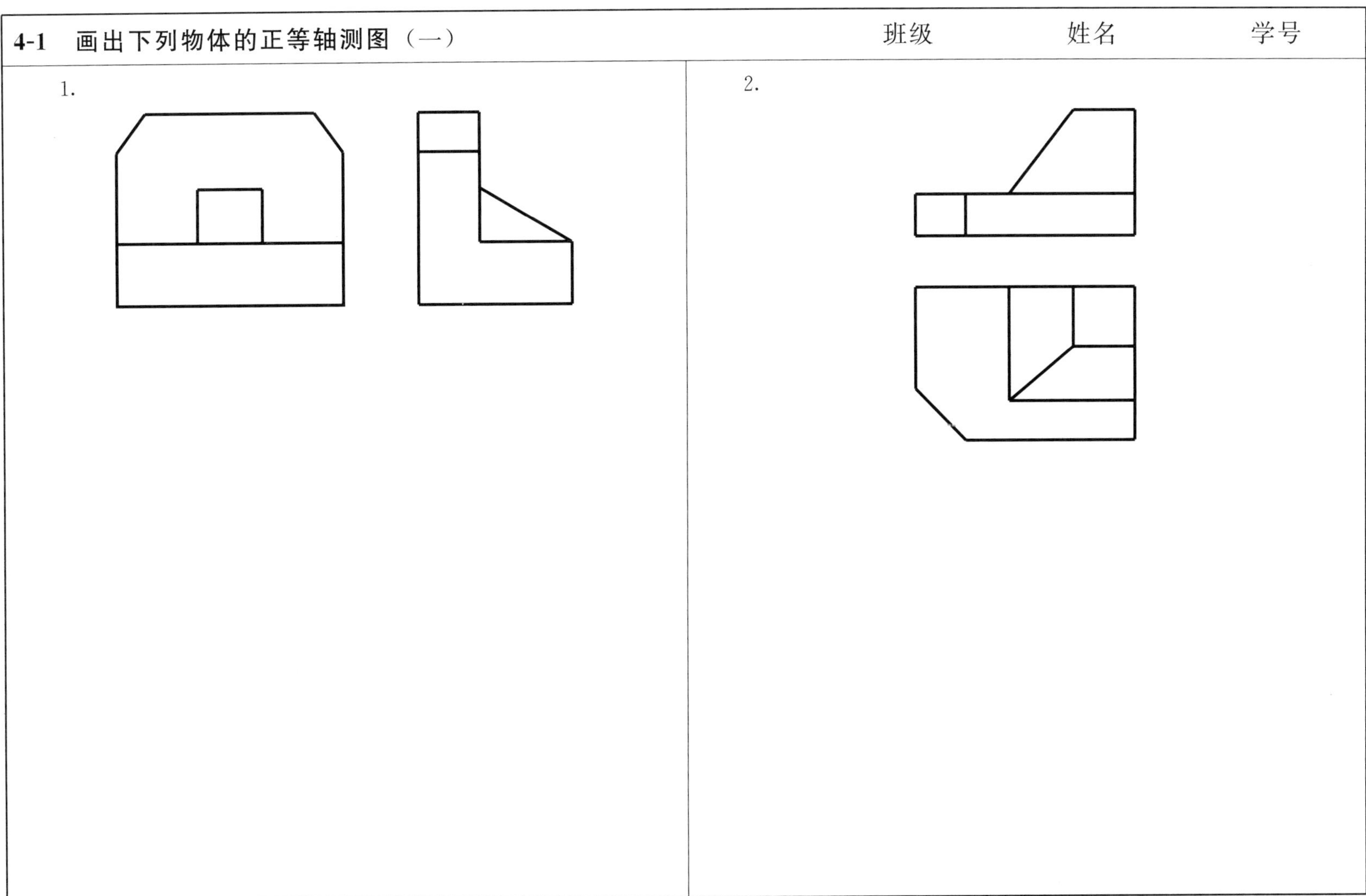

4-1 画出下列物体的正等轴测图（二）

班级　　　　姓名　　　　学号

3.

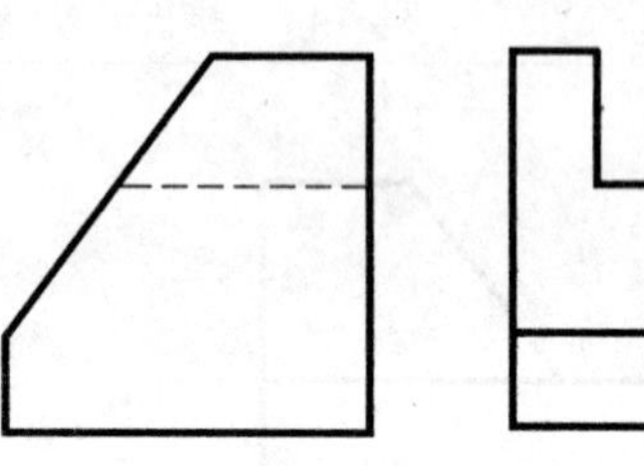

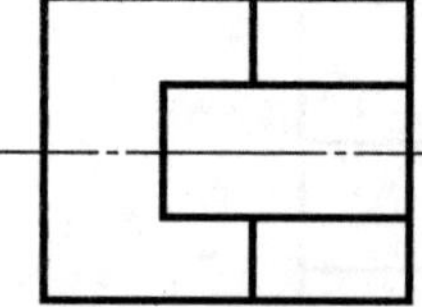

4.

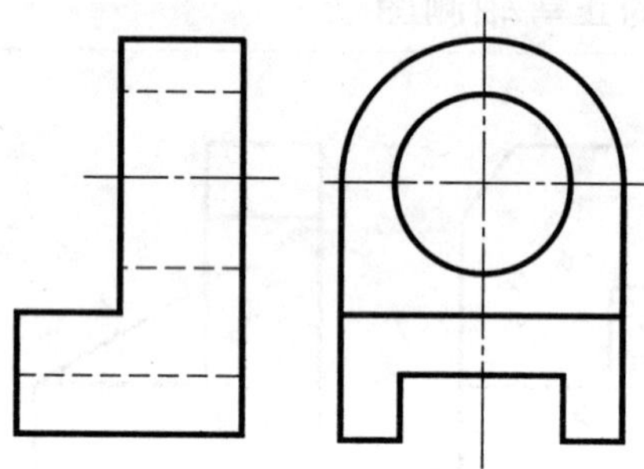

4-1 画出下列物体的正等轴测图（三） 班级 姓名 学号

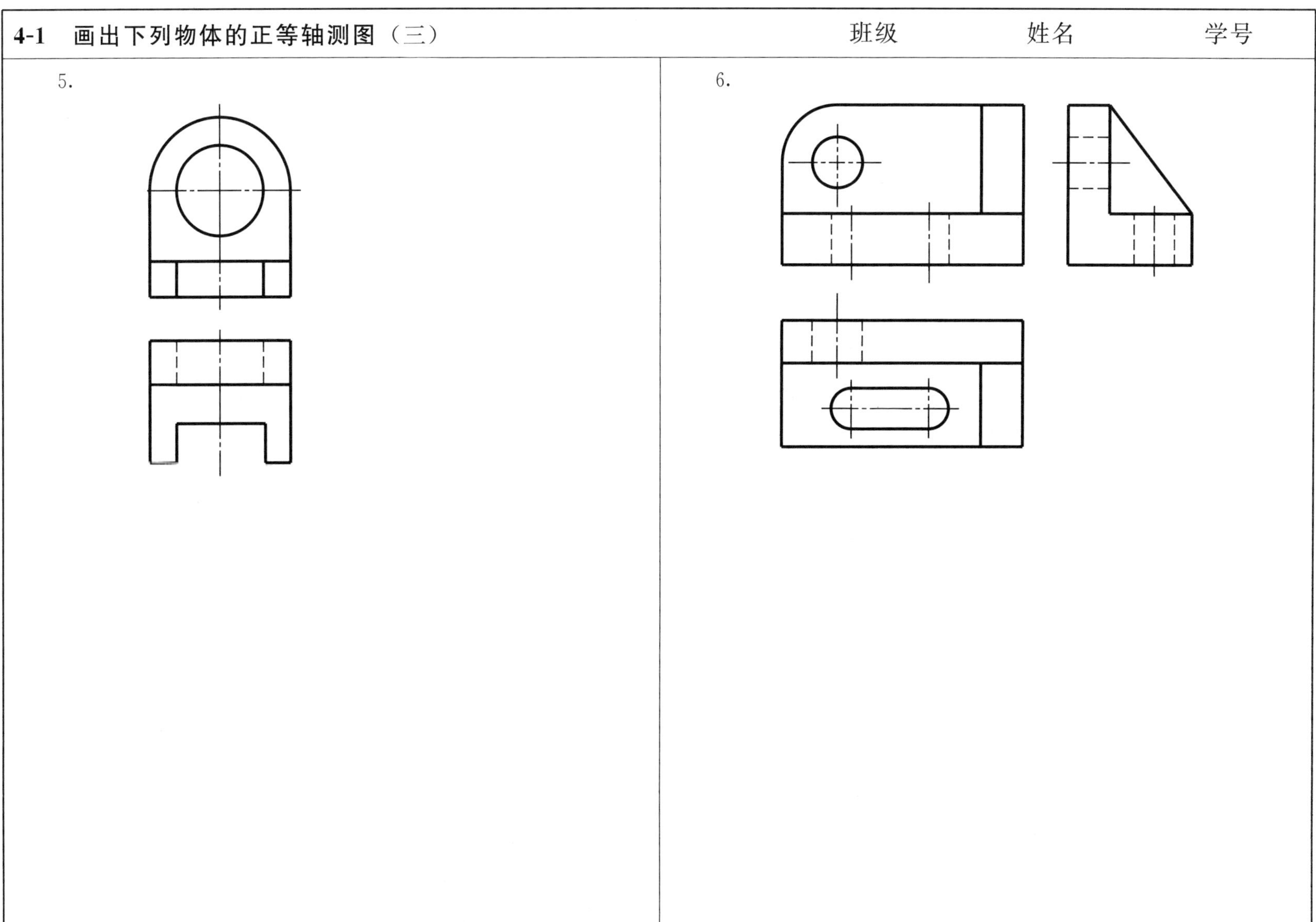

4-1　画出下列物体的正等轴测图（四）　　班级　　姓名　　学号

7.

4-2 画出下列物体的斜二测图（一）

班级　　姓名　　学号

1.

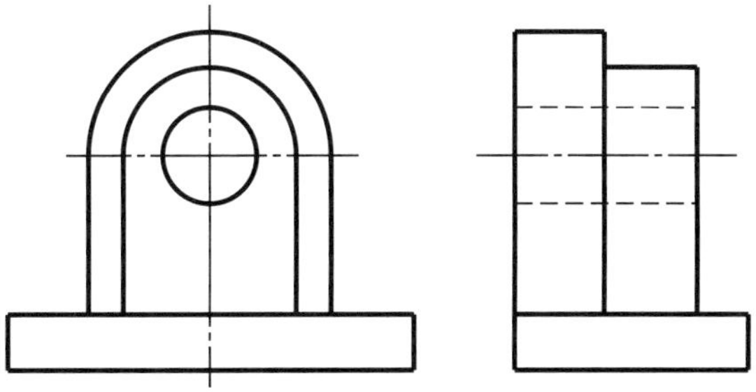

2.

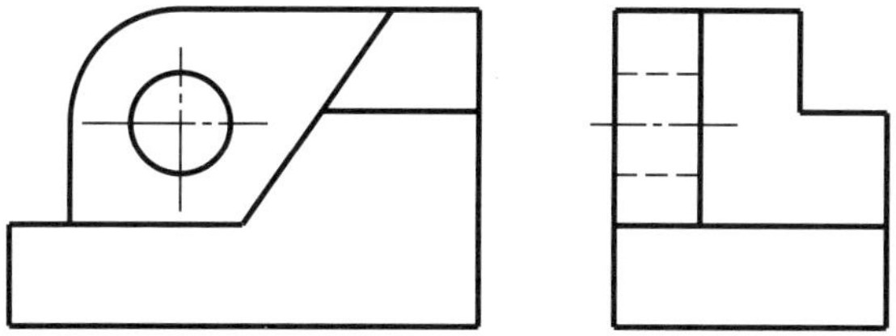

4-2 画出下列物体的斜二测图（二）

班级　　　　姓名　　　　学号

3.

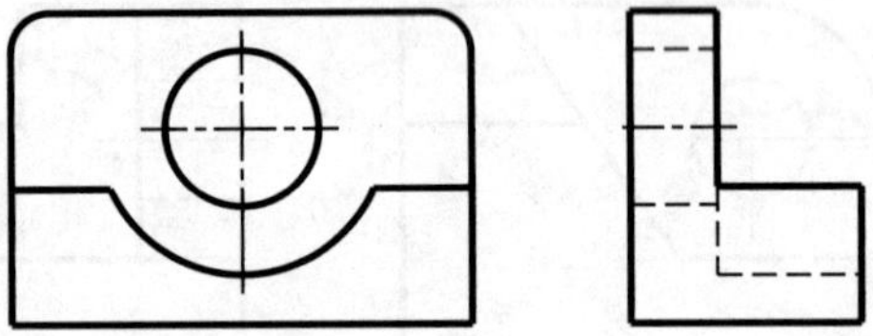

4.

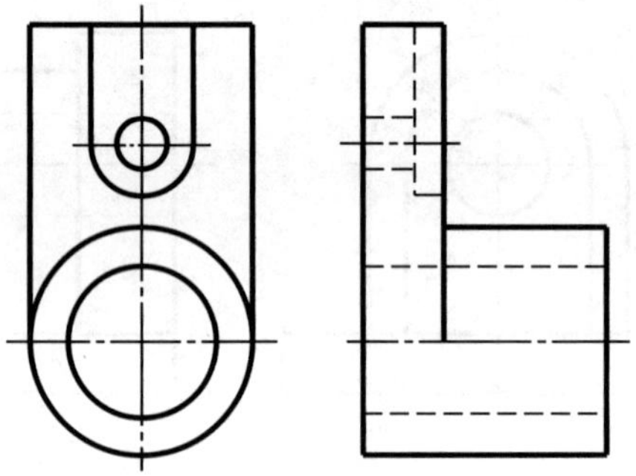

第 5 章　组合体

5-1　根据立体图，画出三视图（一）	班级	姓名	学号
1.	2.	3.	4.
5.	6.	7.	8.
9.	10.	11.	12.

5-1　根据立体图，画出三视图（二）　　班级　　姓名　　学号

13.	14.	15.	16.
17.	18.	19.	20.
21.	22.	23.	24.

5-1 根据立体图，画出三视图（三）

班级　　　　姓名　　　　学号

25.	26. 通孔	27.	28.
29.	30.	31.	32.
33.	34.	35.	36.

5-2　补画视图中的漏线（一）　　　　班级　　　　姓名　　　　学号

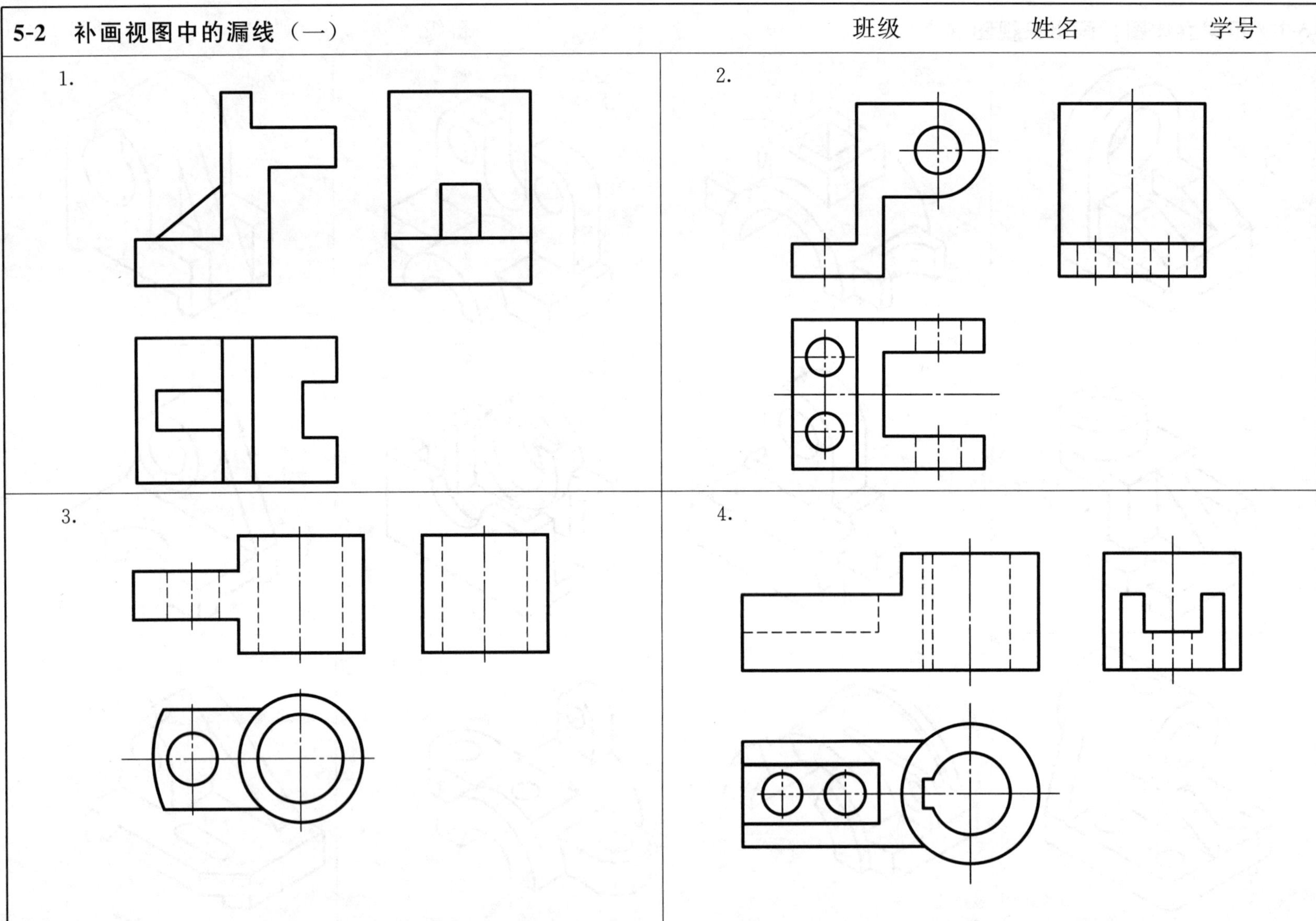

5-2 补画视图中的漏线（二）

班级 姓名 学号

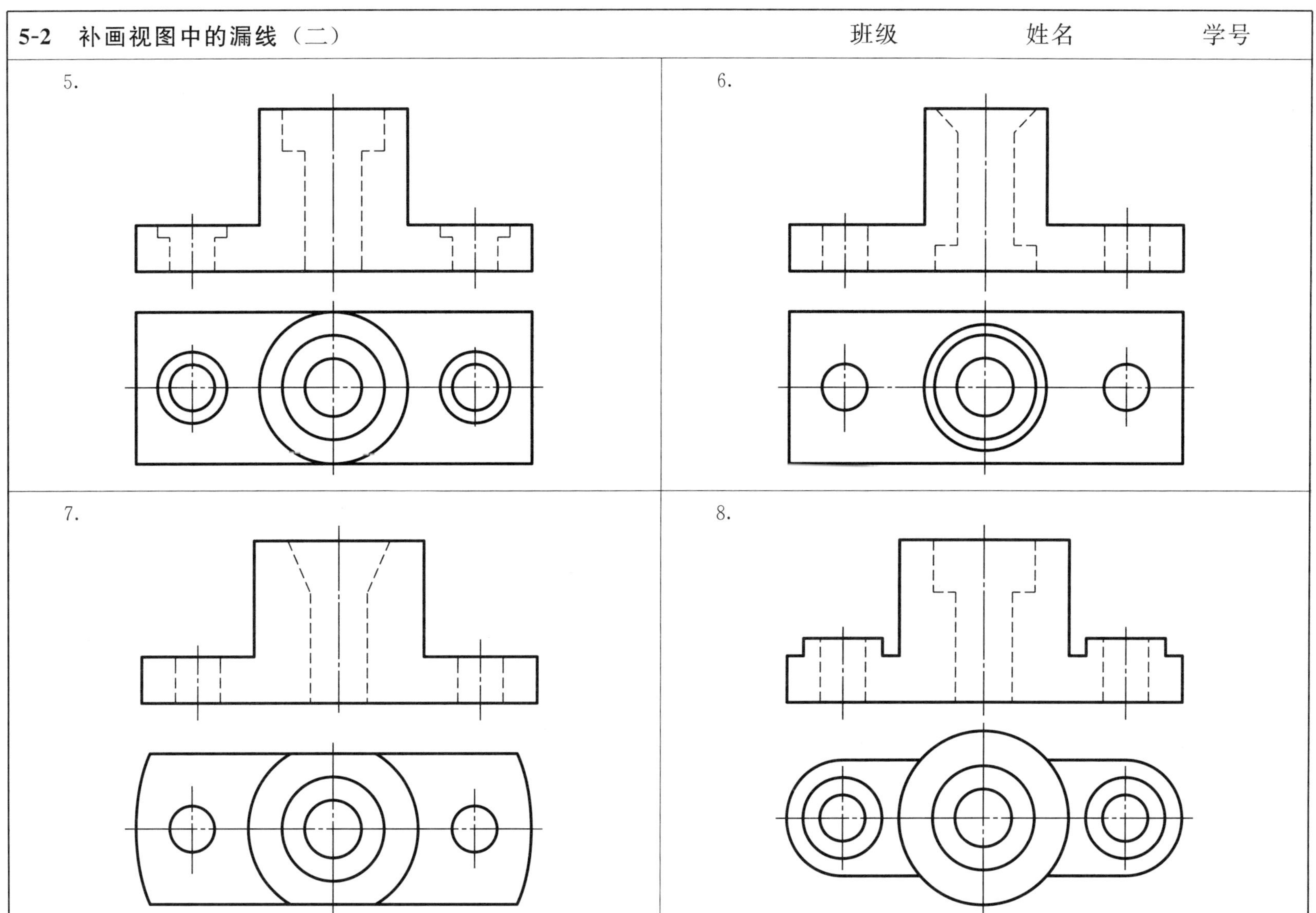

5-2 补画视图中的漏线（三） 班级 姓名 学号

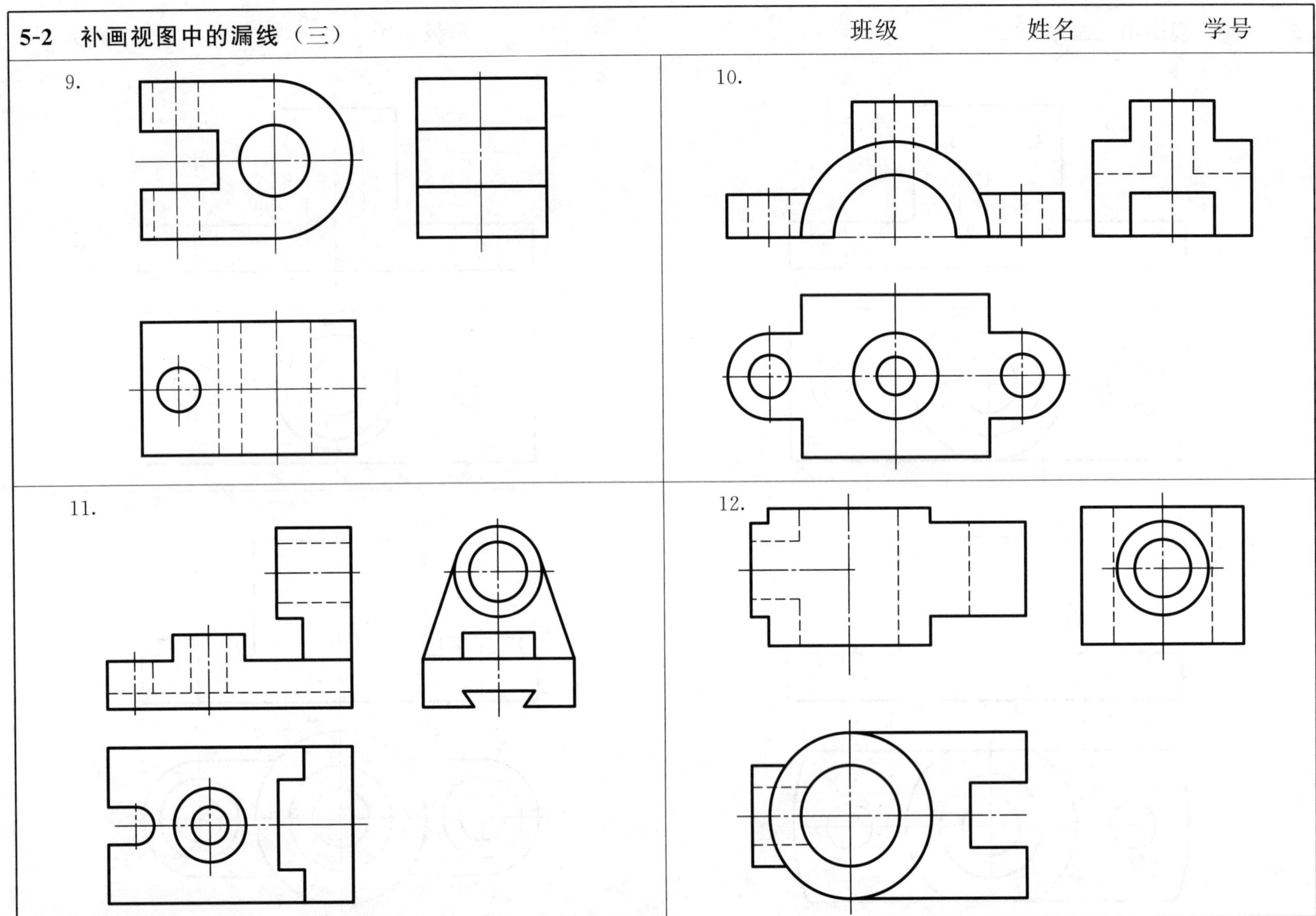

5-3 标注尺寸（一）

班级　　　　姓名　　　　学号

1.

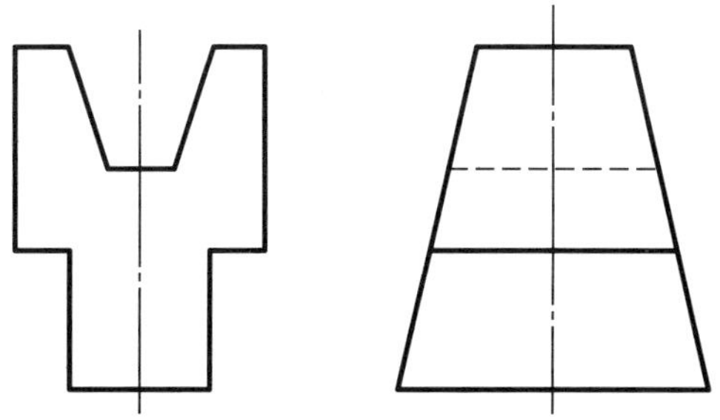

2.

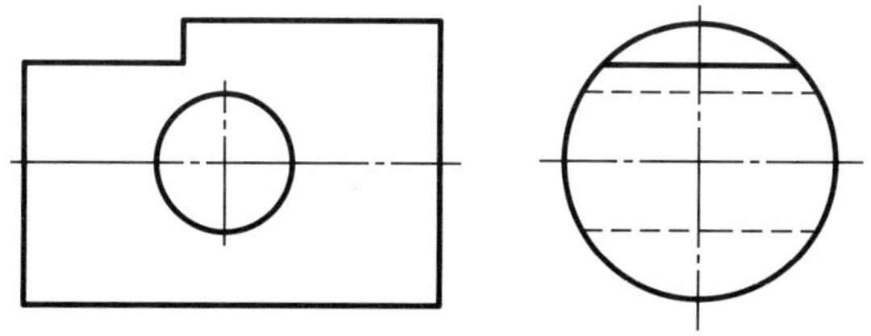

3.

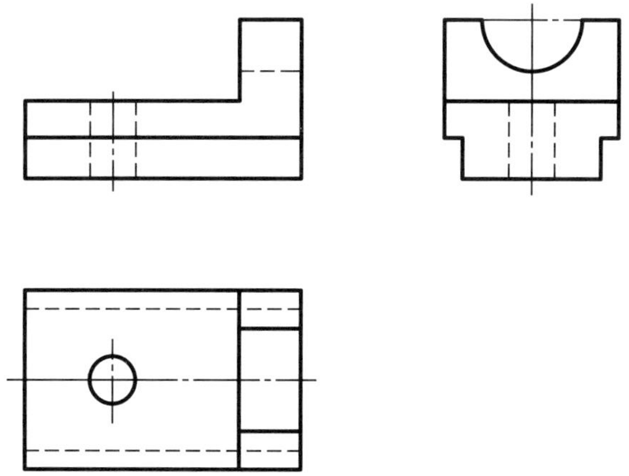

4.

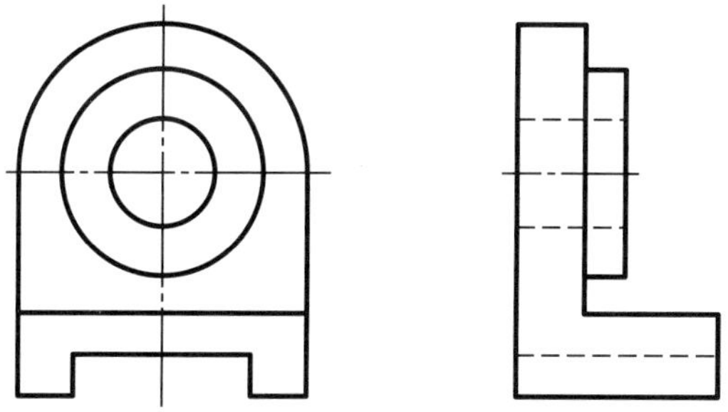

5.

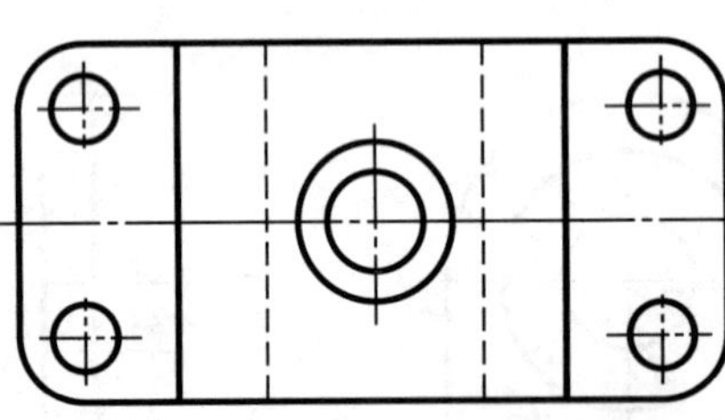

6.

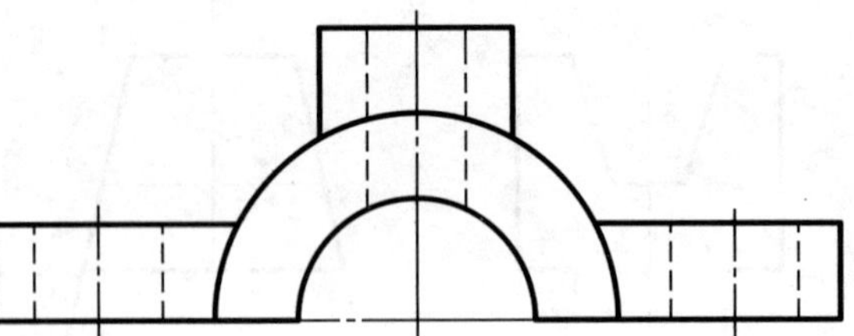
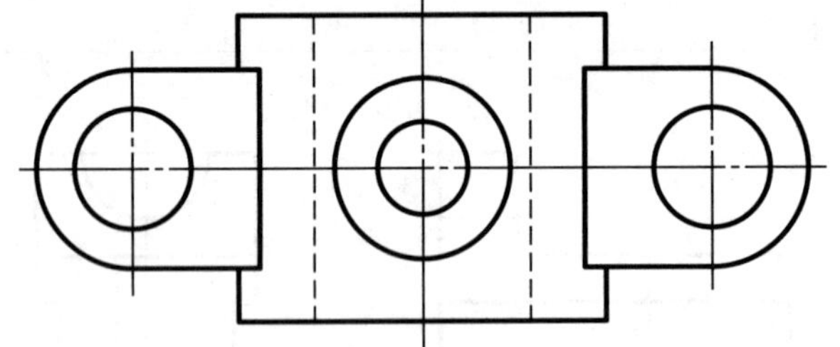

5-4 已知主、左视图，选择正确的俯视图 班级 姓名 学号

1.

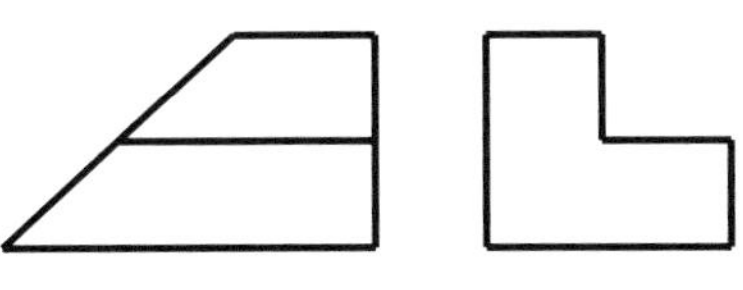

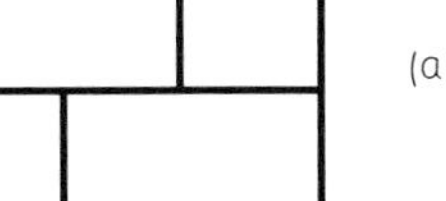

(a)

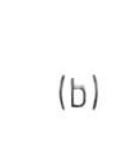

(b)

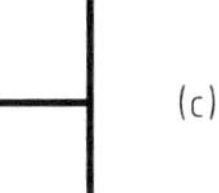

(c)

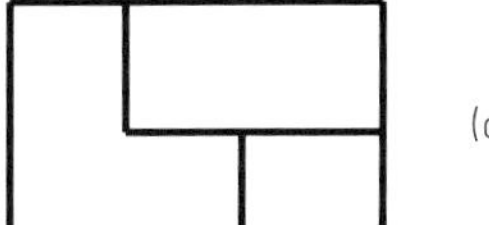

(d)

2.

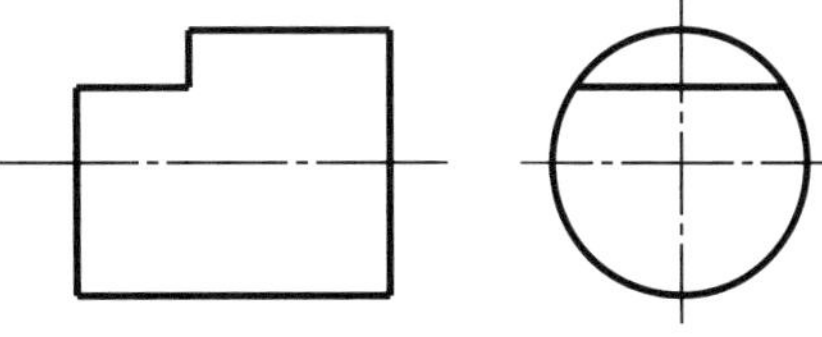

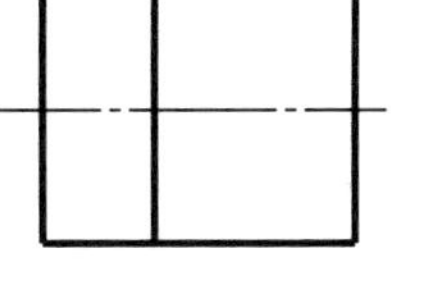

(a)

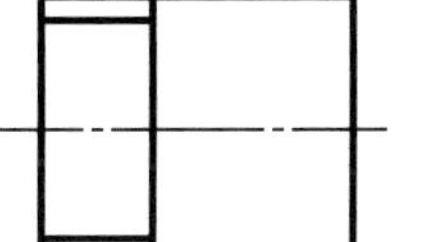

(b)

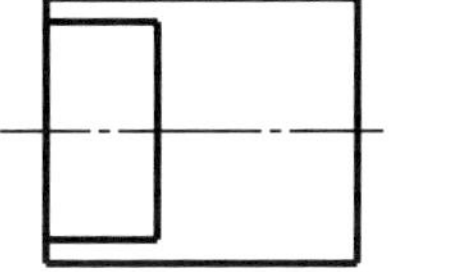

(c)

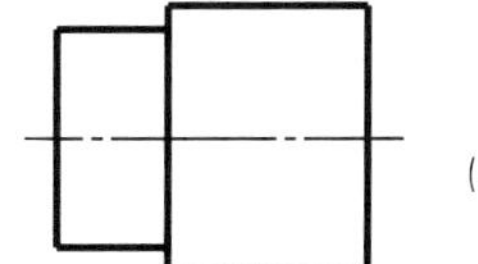

(d)

3.

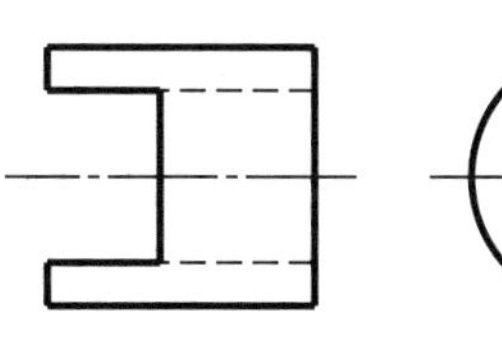

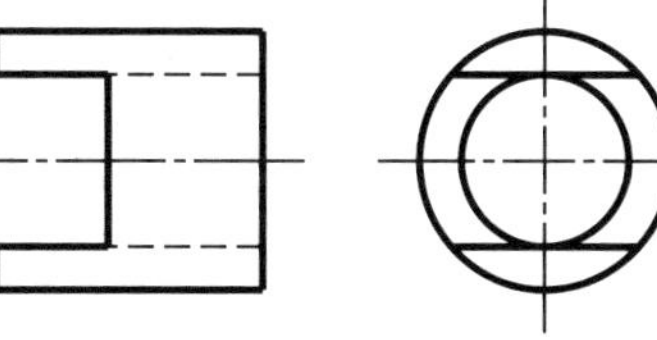

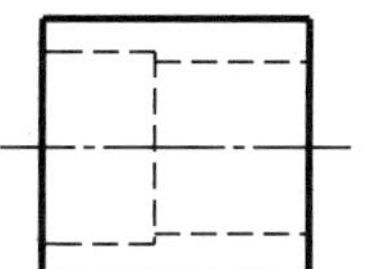

(a)

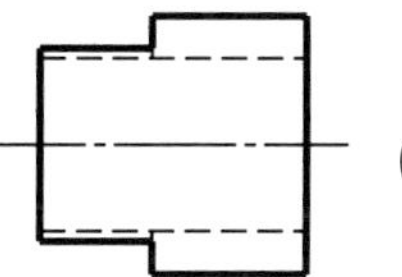

(b)

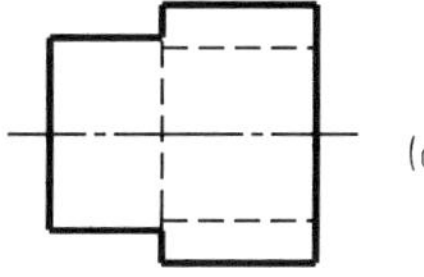

(c)

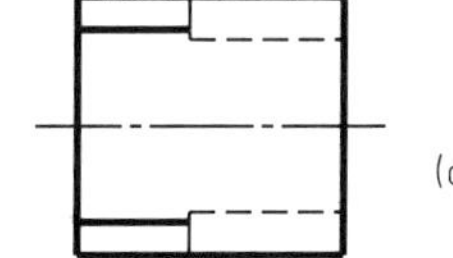

(d)

5-5 已知主、俯视图，选择正确的左视图（一） 班级 姓名 学号

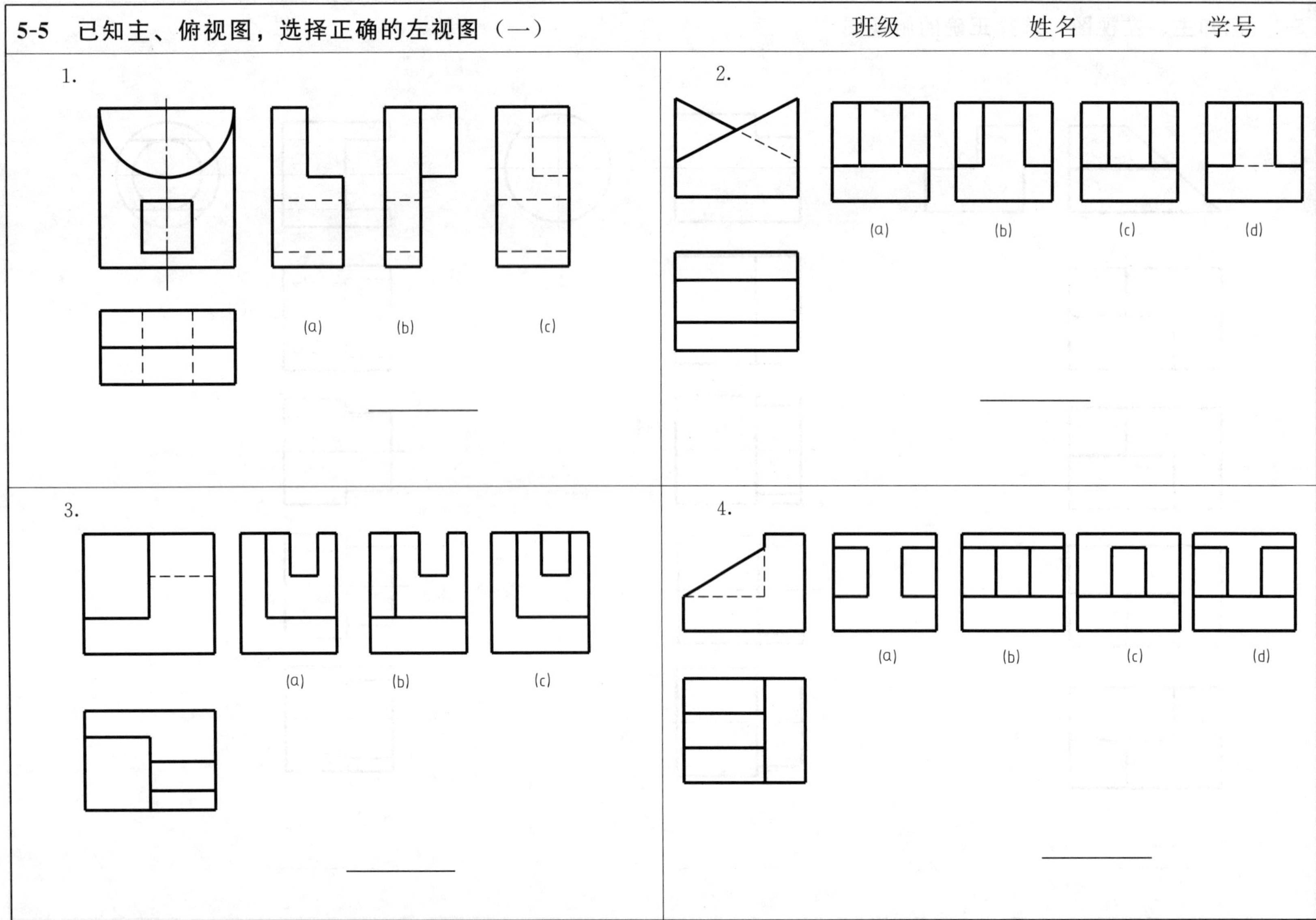

5-5　已知主、俯视图，选择正确的左视图（二）　　　　班级　　　　姓名　　　　学号

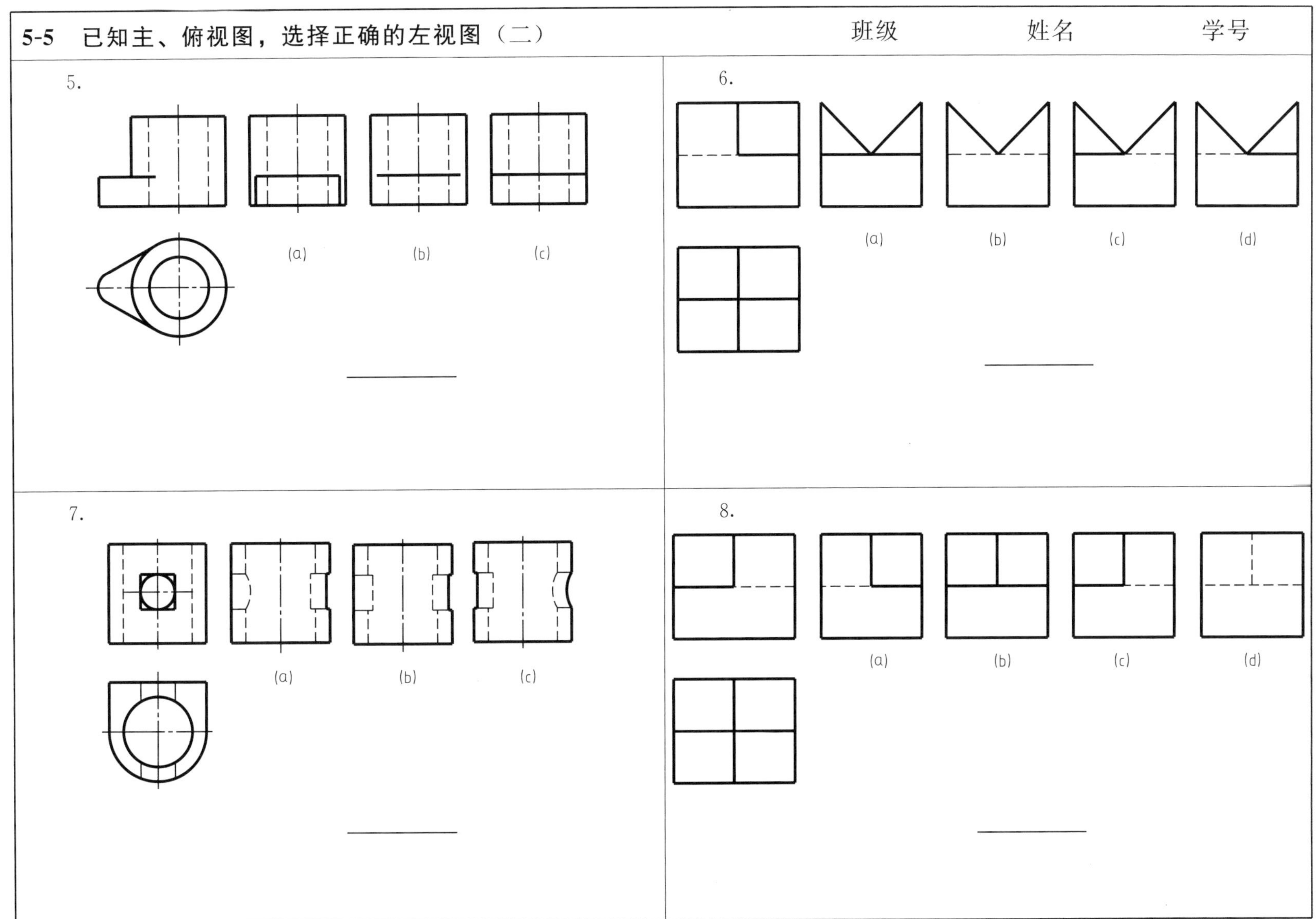

5-6 补画第三视图（一） 班级 姓名 学号

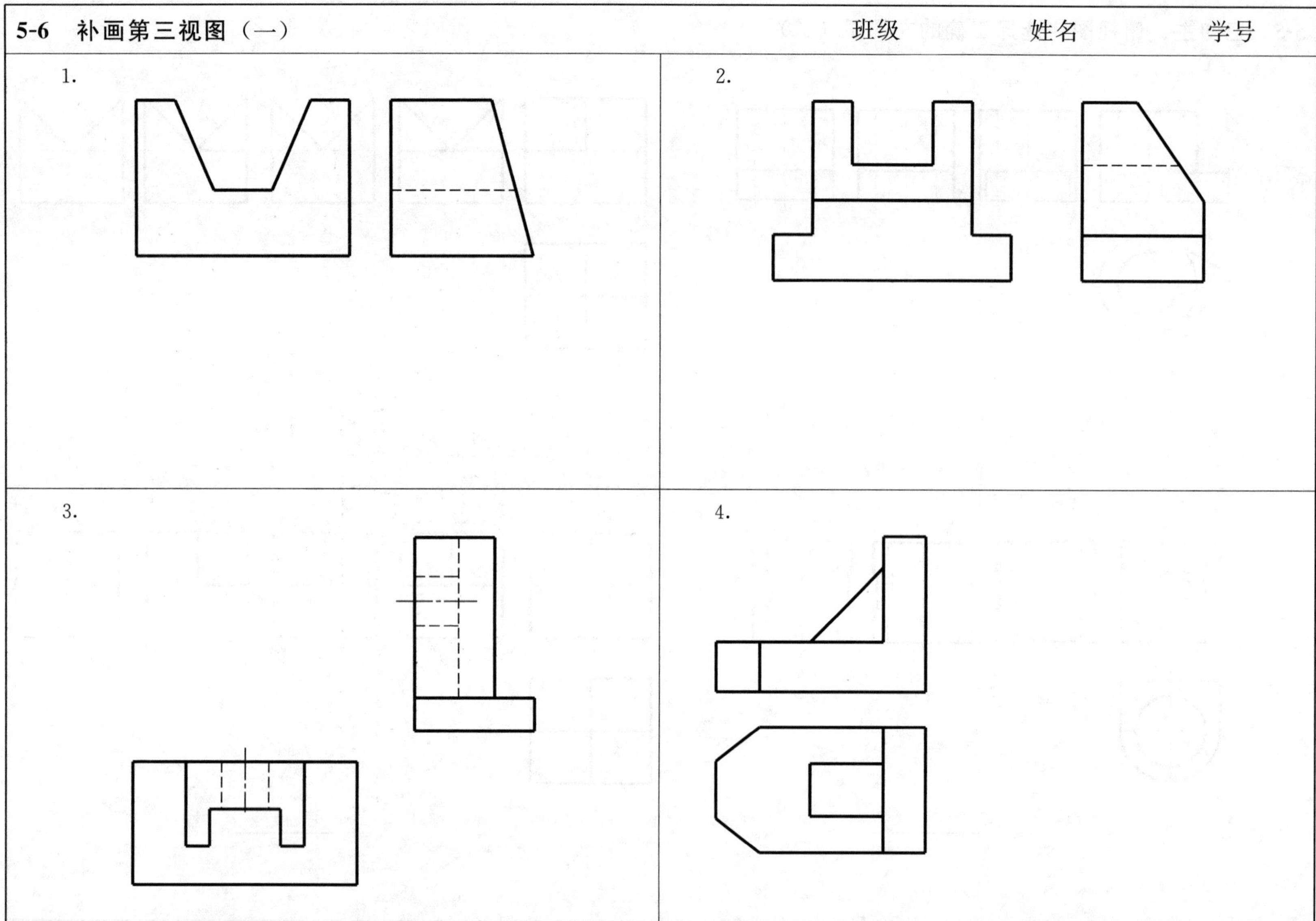

5-6 补画第三视图（二）

班级　　　　姓名　　　　学号

5.

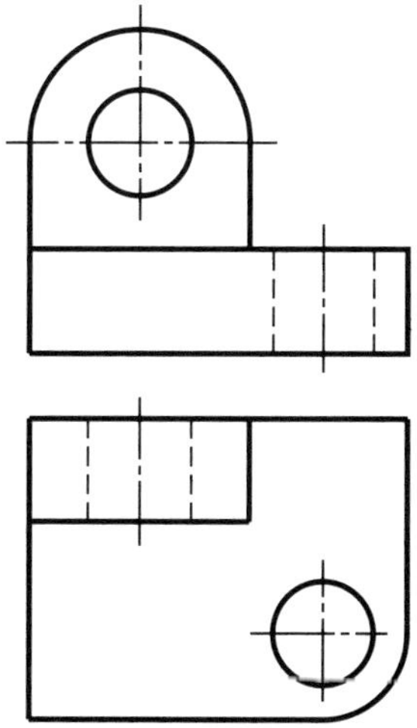

6.

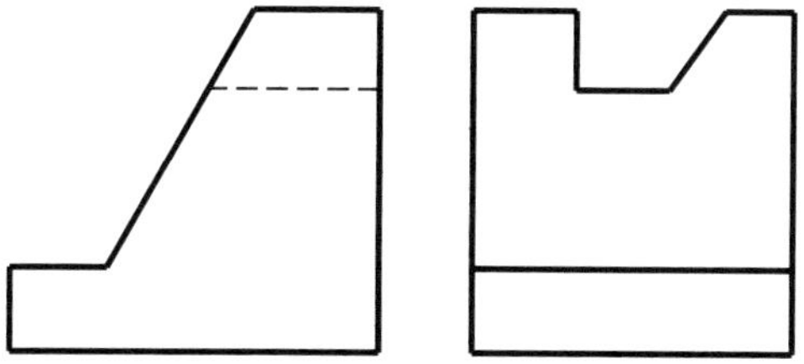

7.

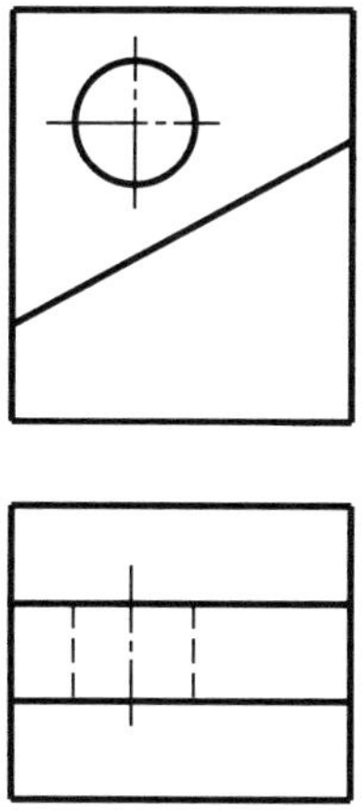

8.

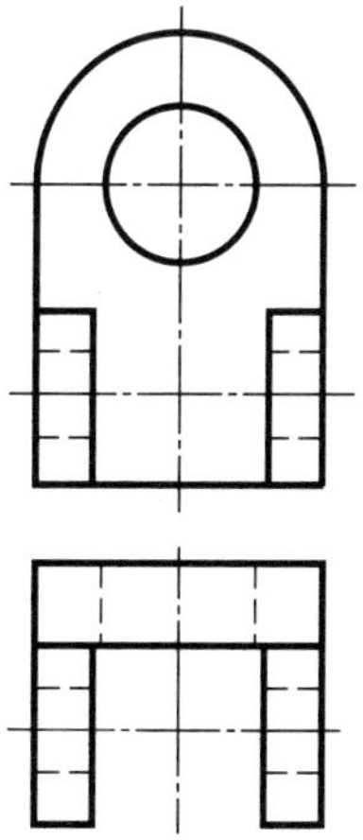

5-6　补画第三视图（三）　　班级　　姓名　　学号

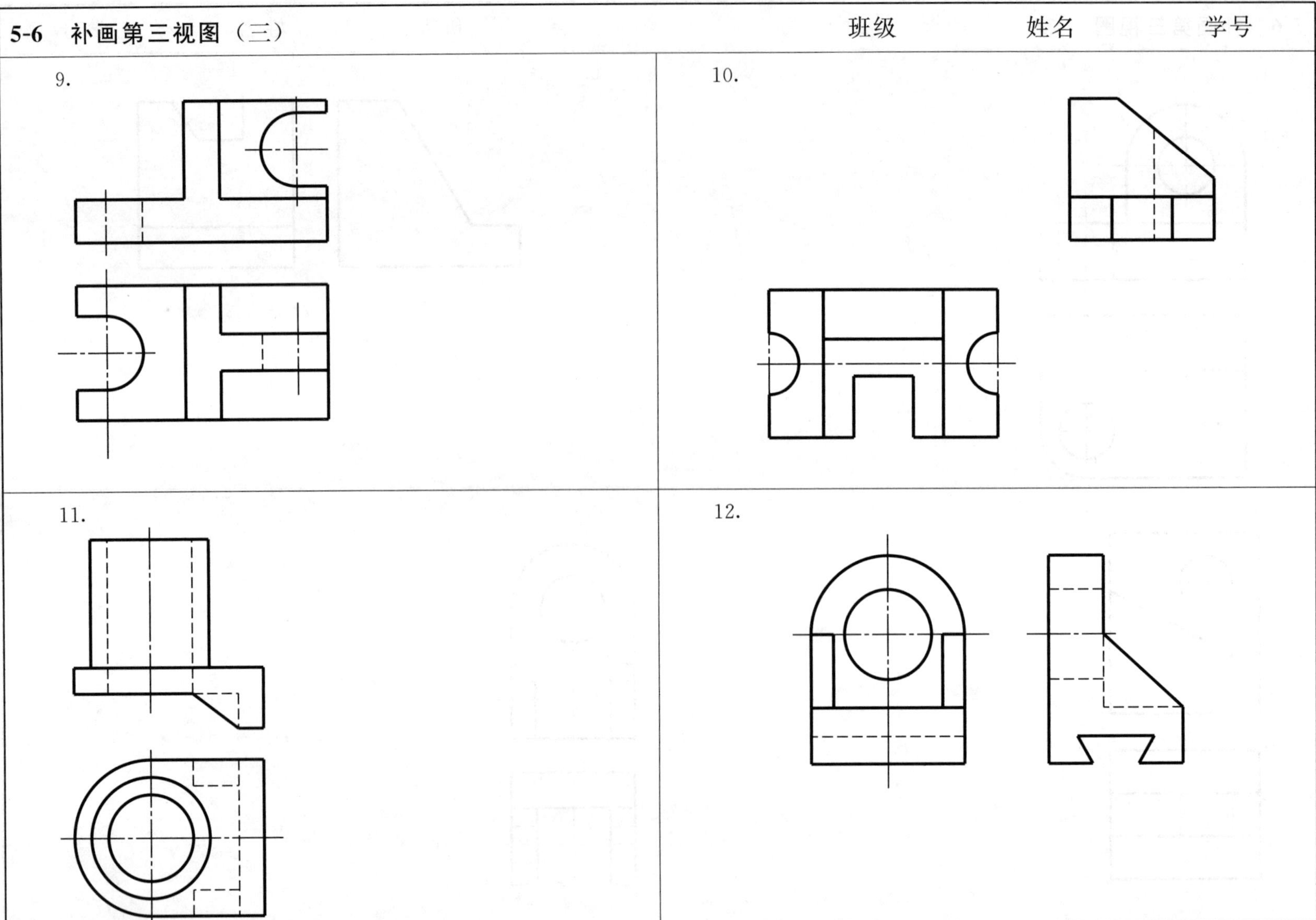

5-6 补画第三视图（四）

班级 姓名 学号

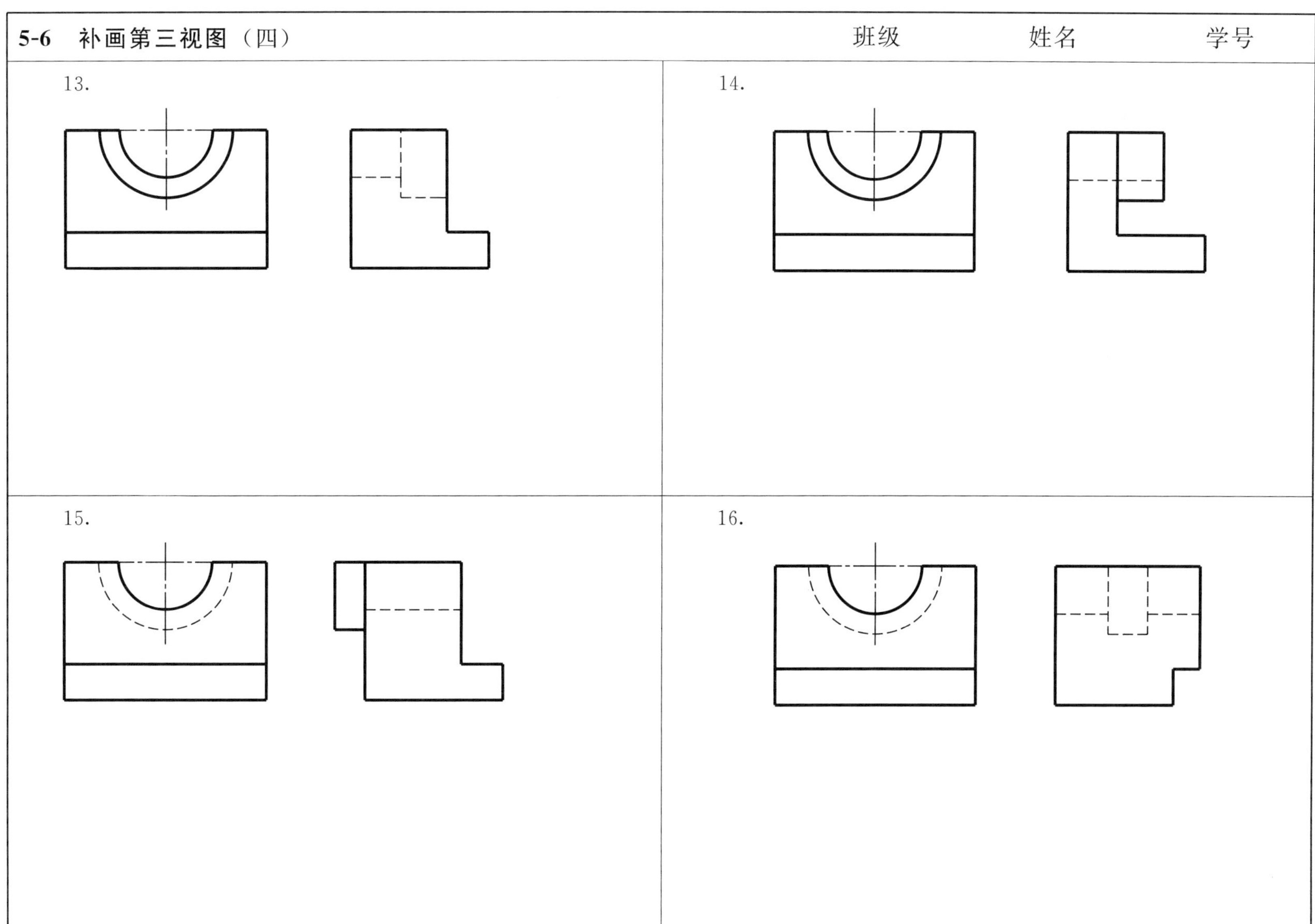

5-6　补画第三视图（五）　　班级　　姓名　　学号

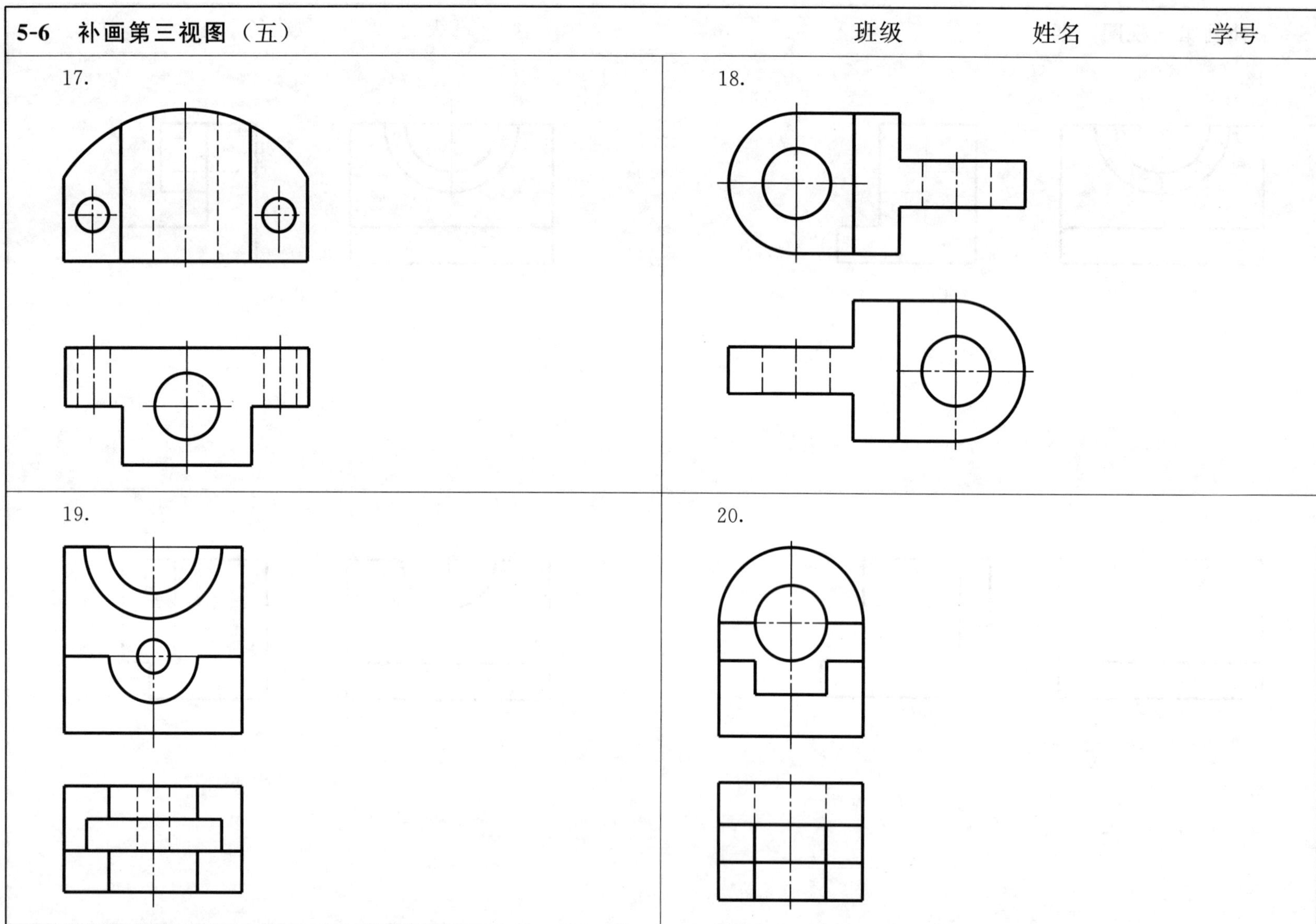

5-6 补画第三视图（六）　　班级　　姓名　　学号

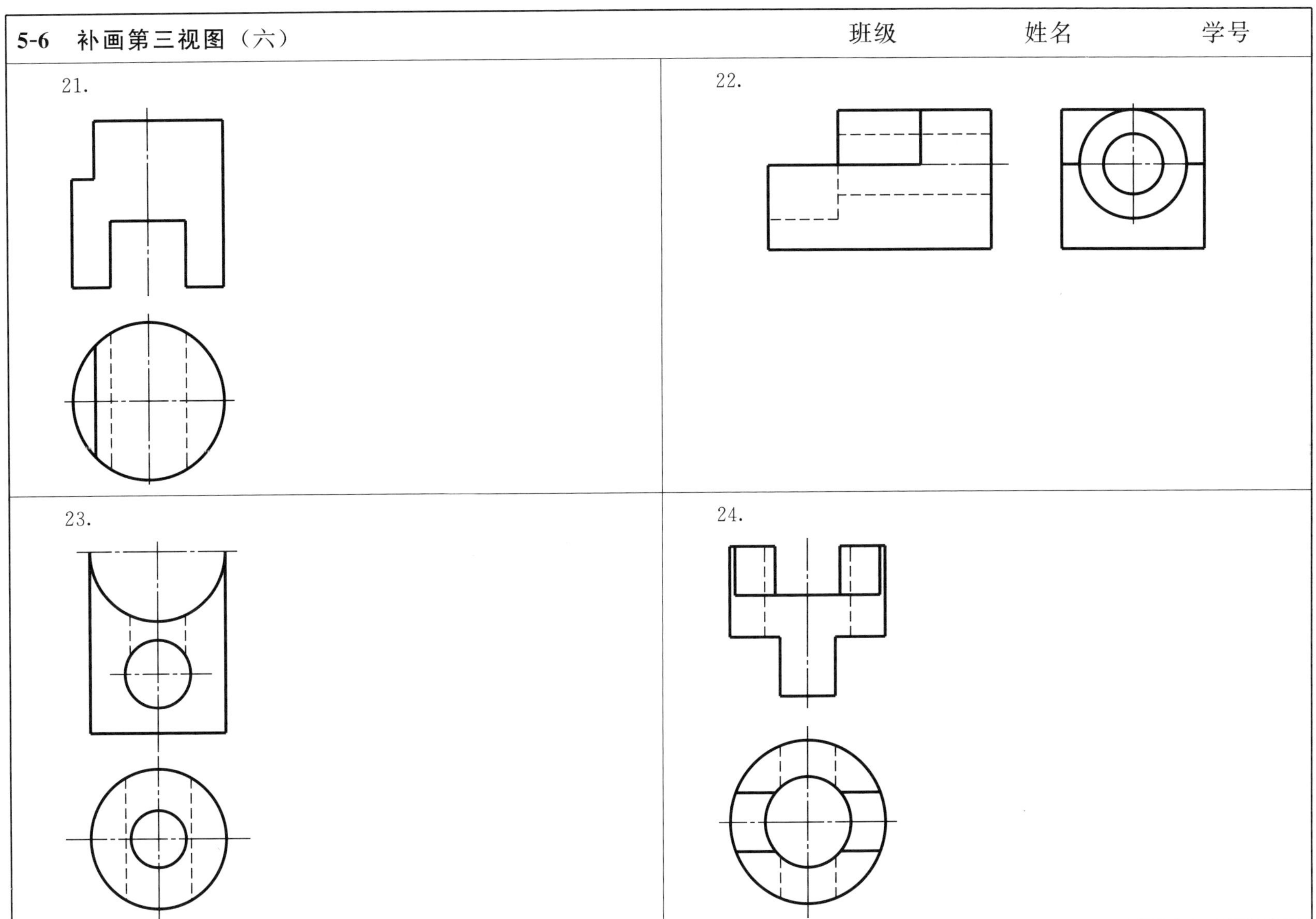

5-6 补画第三视图（七）　　　　班级　　　姓名　　　学号

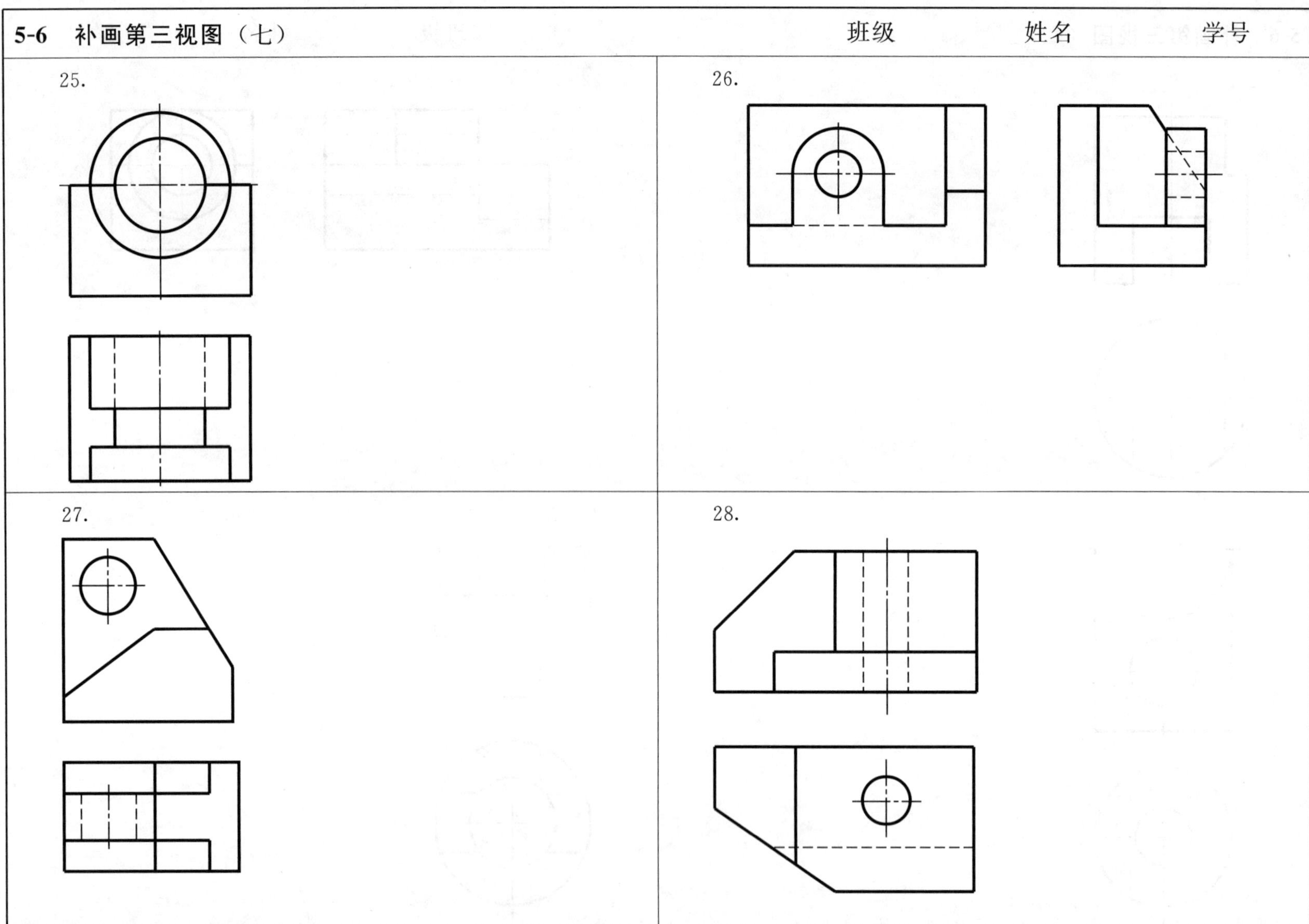

29.

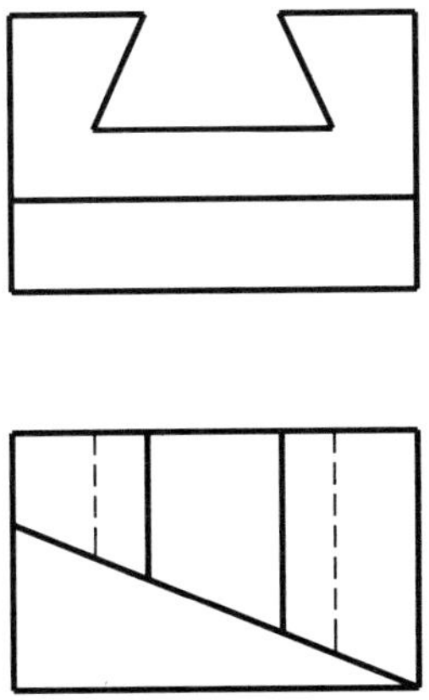

30.

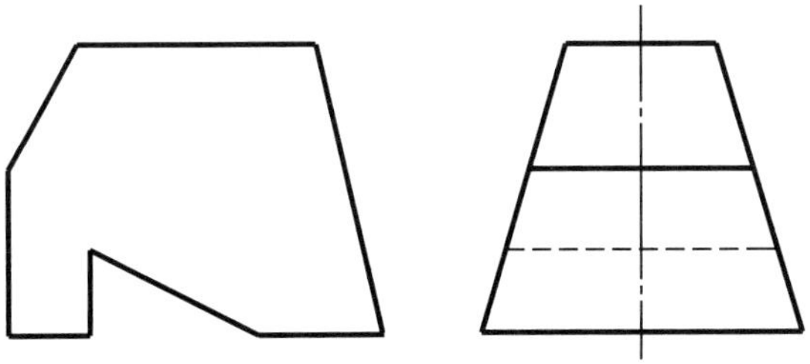

31.

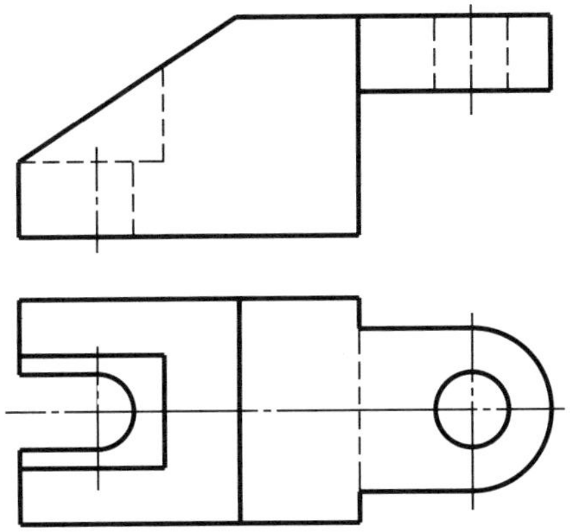

32.

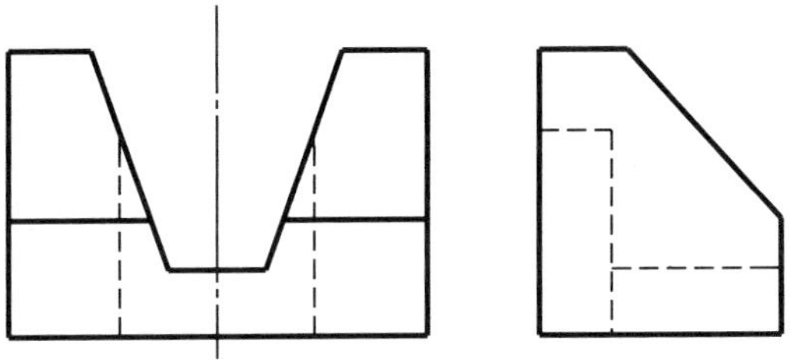

5-6 补画第三视图（九） 班级 姓名 学号

33.

34.

35.

36.

5-6 补画第三视图（十）

班级 姓名 学号

37.

38.

39.

40.

5-6 补画第三视图（十一）

班级 姓名 学号

41.

42.

43.

44.

5-7　根据给出的主视图，画出三种不同组合体的另两视图　　班级　　姓名　　学号

1.

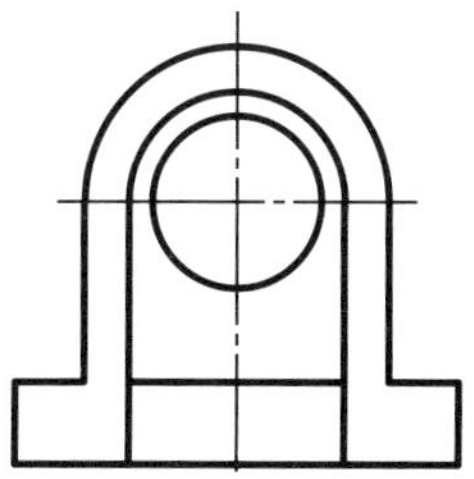

2.

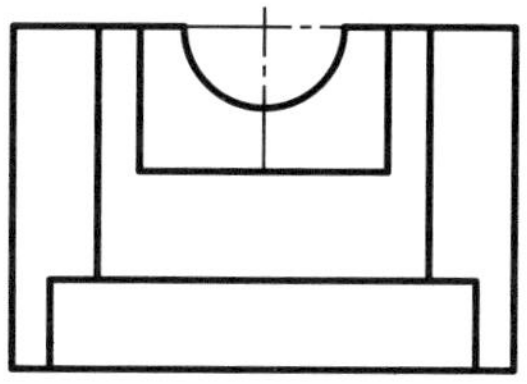

5-8 根据立体图画出三视图，并标注尺寸（一） 班级 姓名 学号

1.

46
28
16
8
28
$\phi 10$
$\phi 22$
6
8
30
28
60

5-8 根据立体图画出三视图，并标注尺寸（二）　　班级　　姓名　　学号

2.

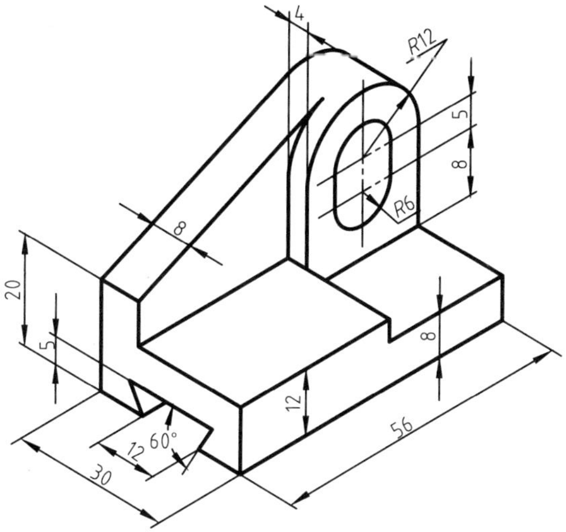

6-1　视图（一）　　班级　　姓名　　学号

1. 根据主、俯、左视图，补画右、后、仰视图。

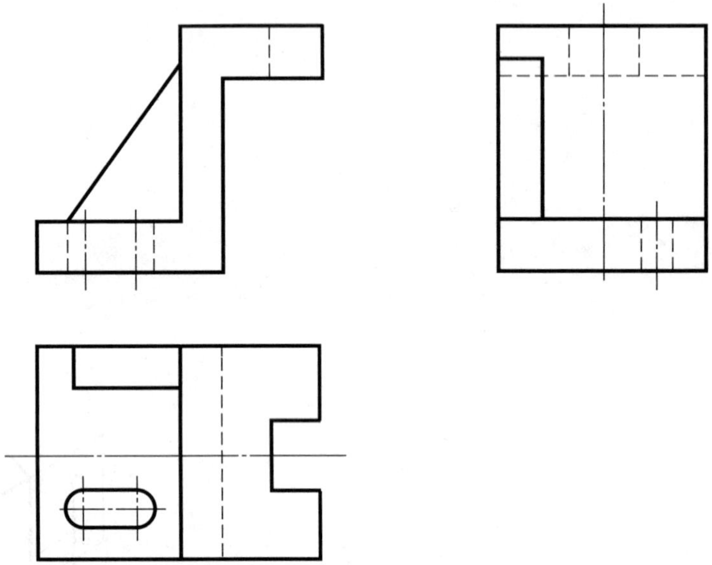

2. 根据主、俯、左视图，画出右视图。

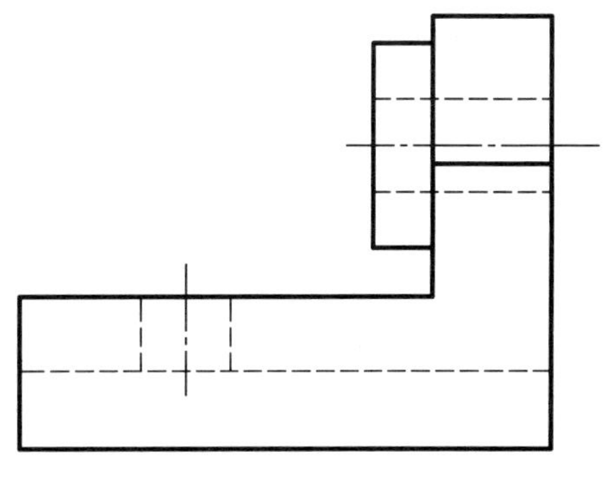

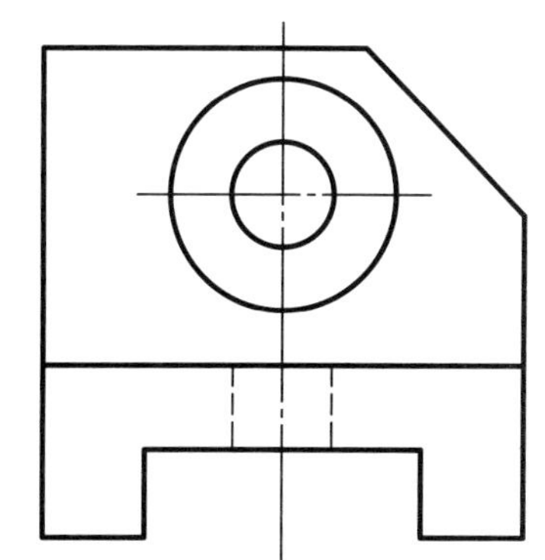

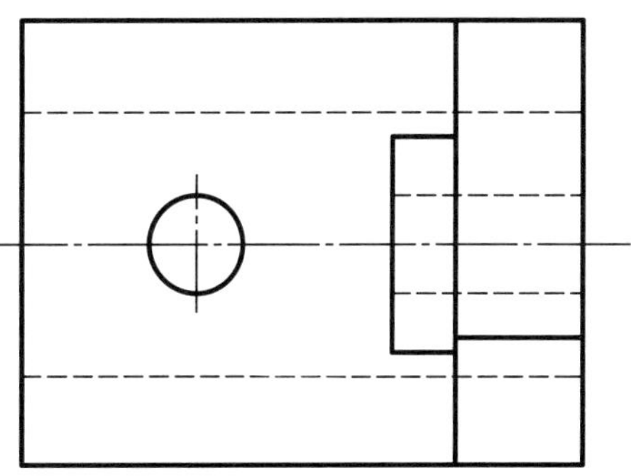

3. 画全 B 向局部视图和 A 向斜视图。

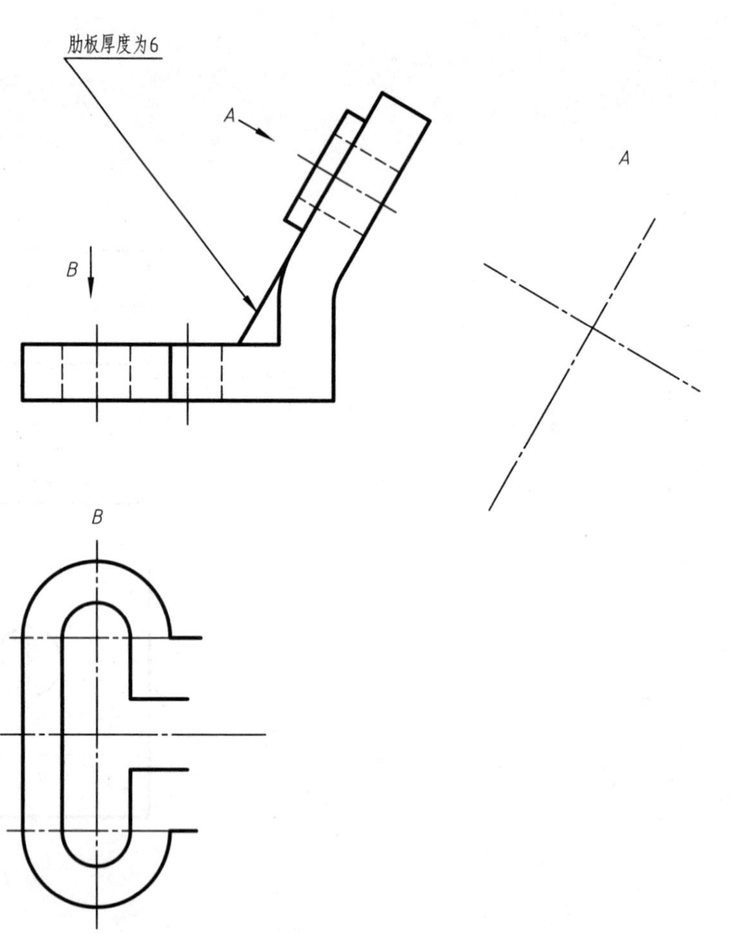

4. 画出机件 A、B 向局部视图。

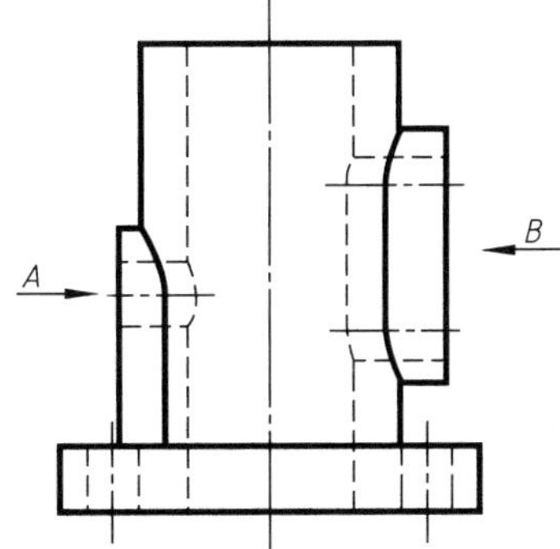

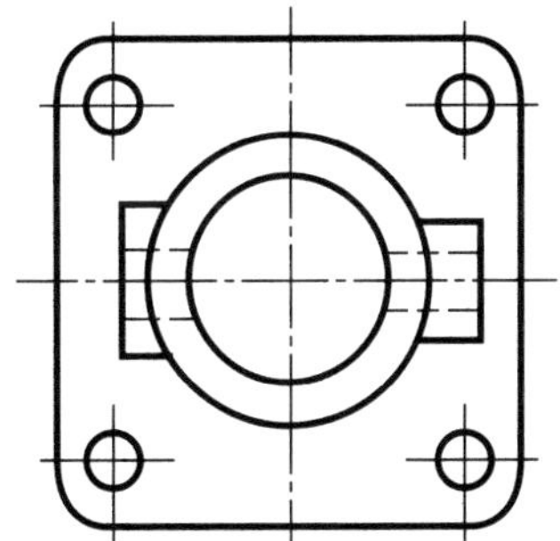

6-2 剖视图（一）　　　　班级　　　姓名　　　学号

1. 补画剖视图中的漏线。

2. 补画剖视图中的漏线。

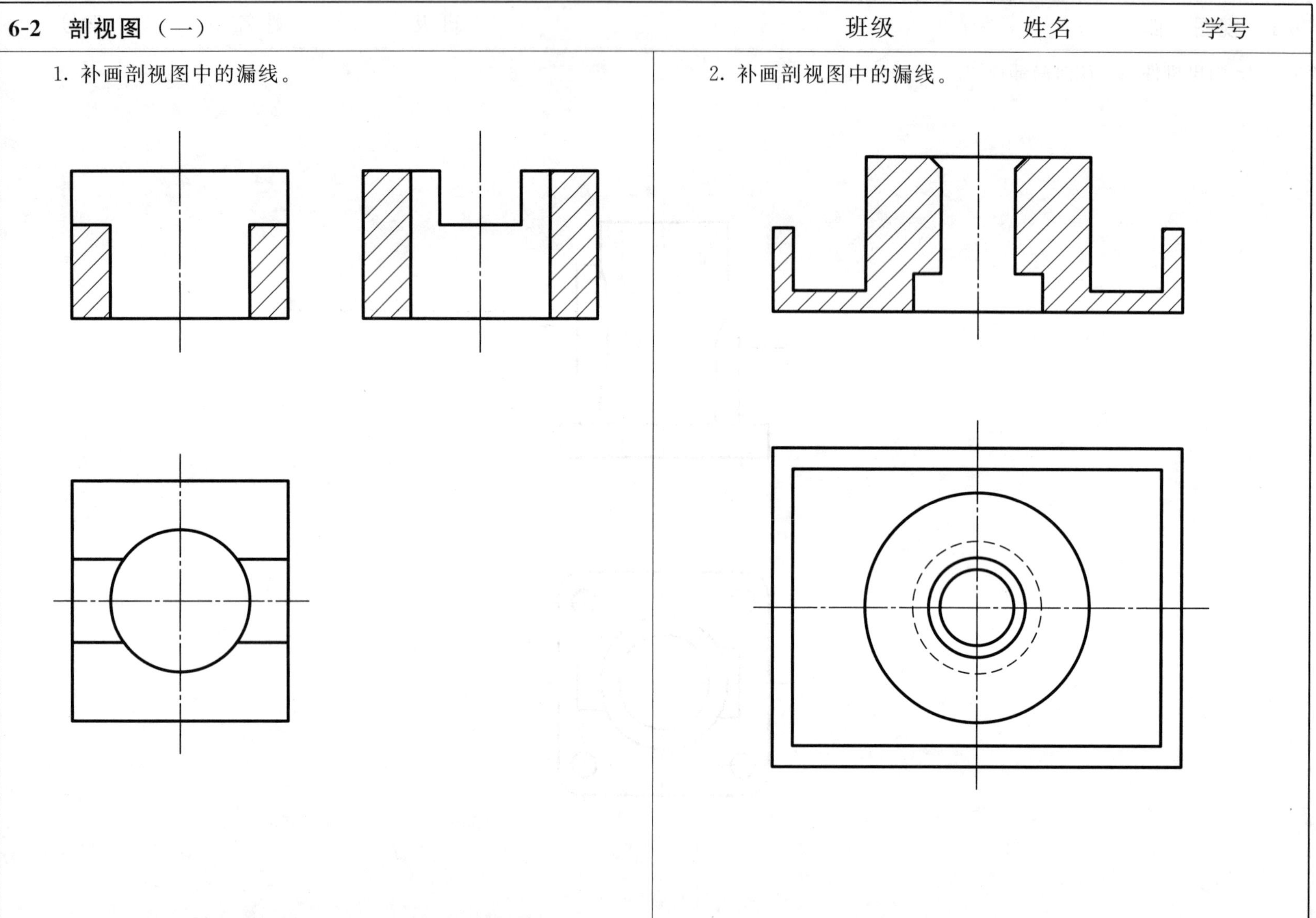

3. 将主视图在指定的位置上画成全剖视图。

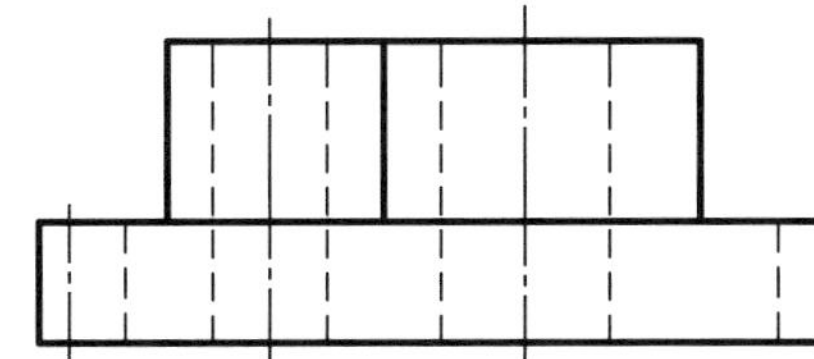

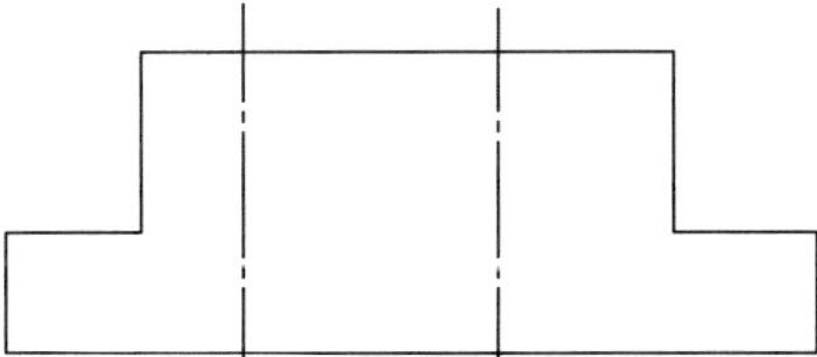

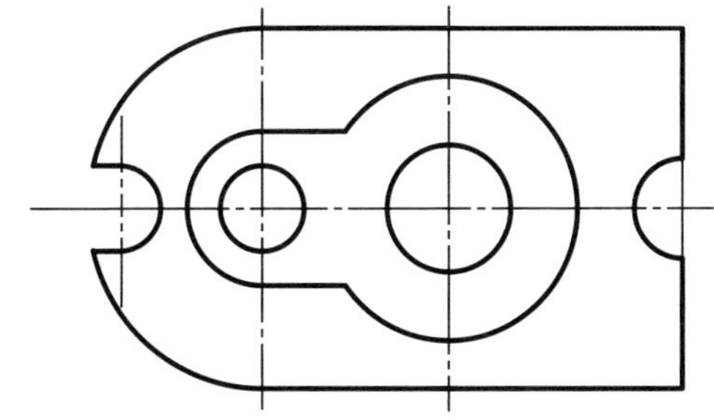

4. 将主视图在指定的位置上画成全剖视图。

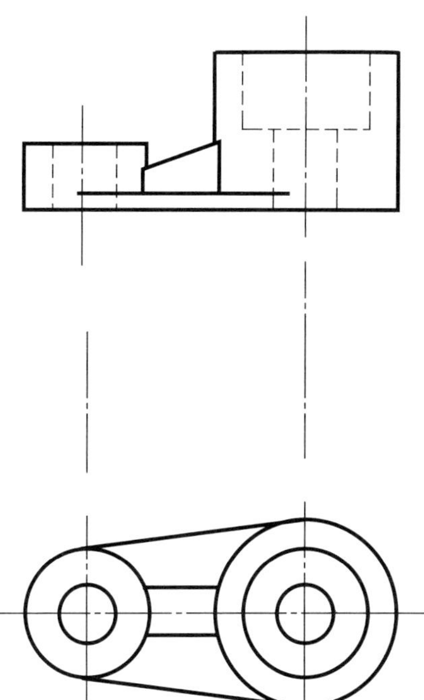

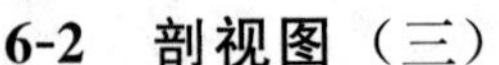

6-2 剖视图（三）

班级　　　　姓名　　　　学号

5. 画 A—A 剖视图。

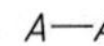

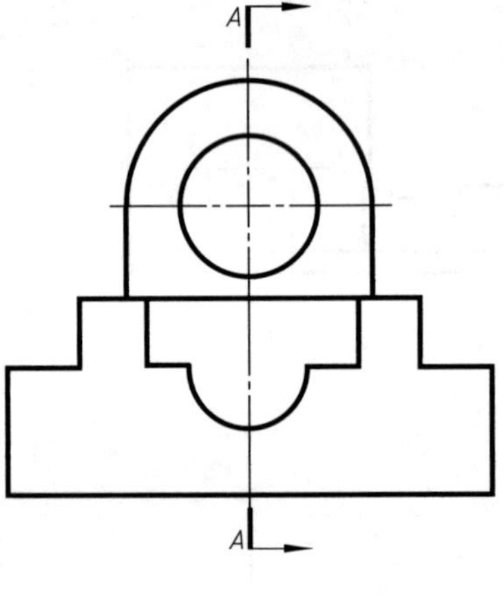

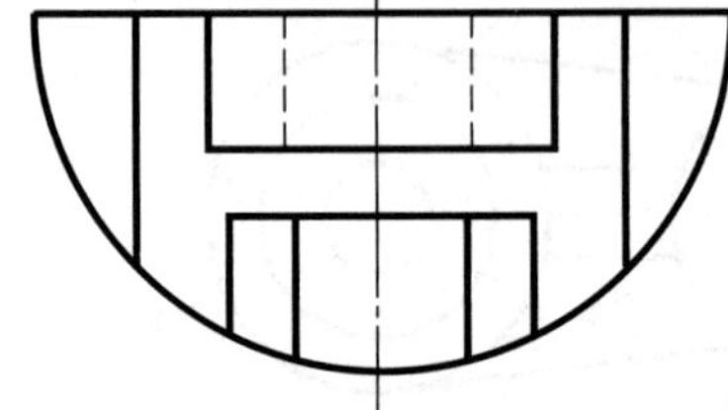

6. 画 A—A 剖视图。

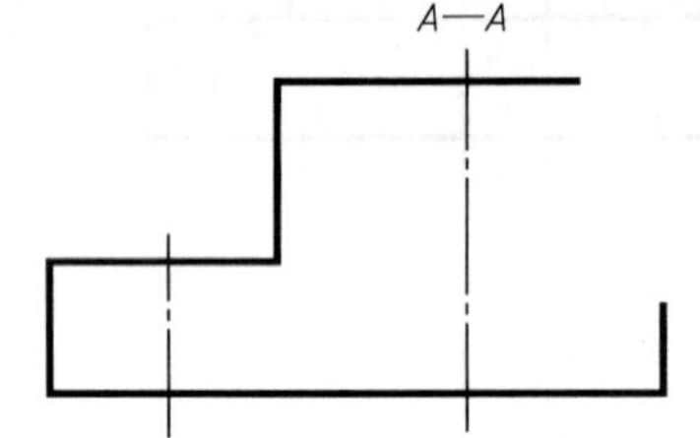

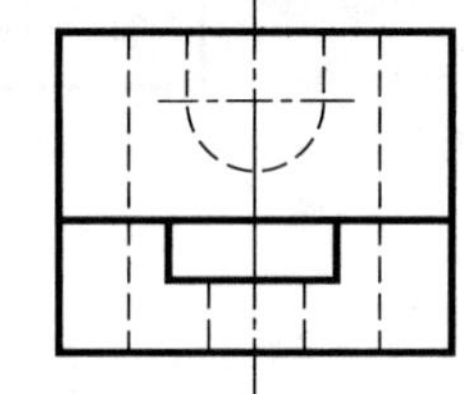

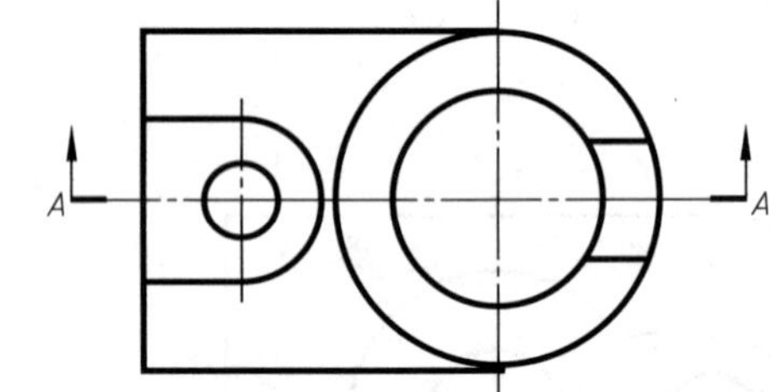

7. 将主视图画成半剖视图。

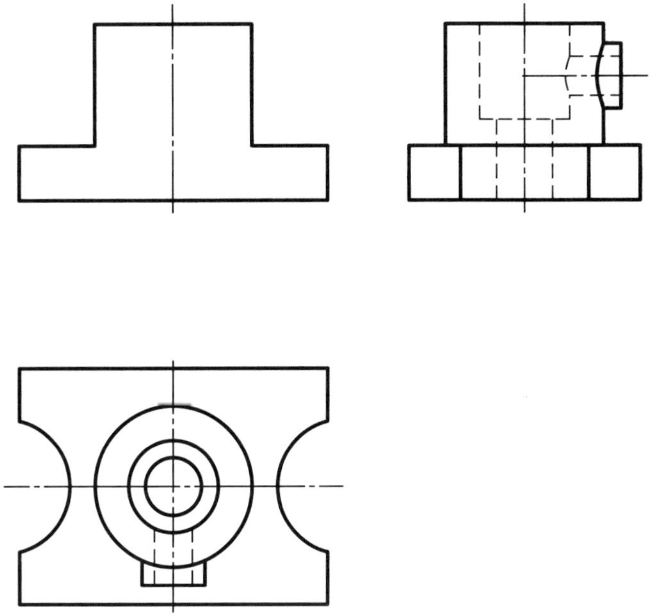

8. 将主视图画成半剖视图。

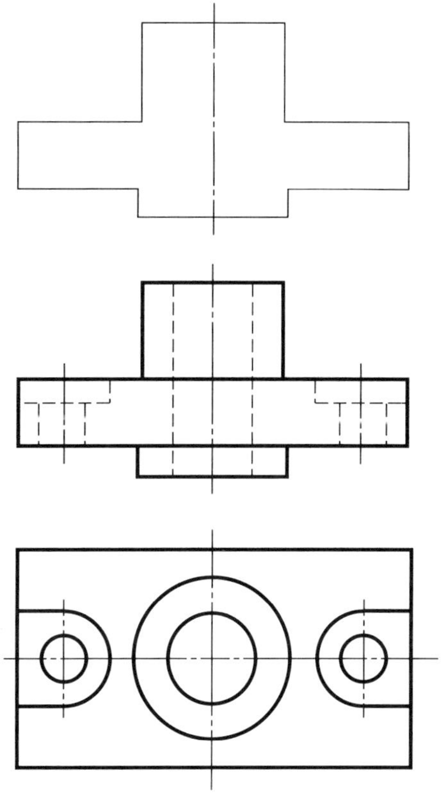

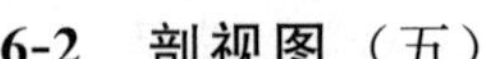

6-2 剖视图（五） 班级 姓名 学号

9. 将主视图画成全剖视图。

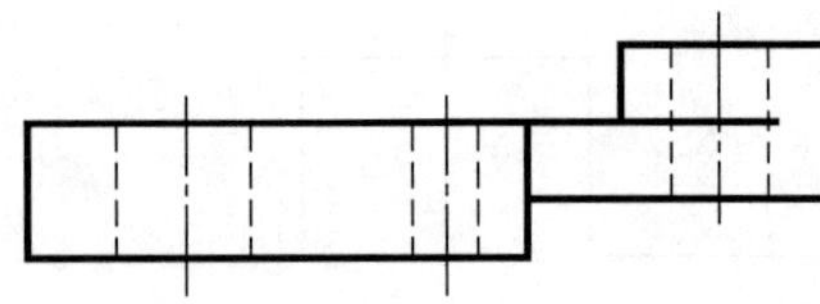

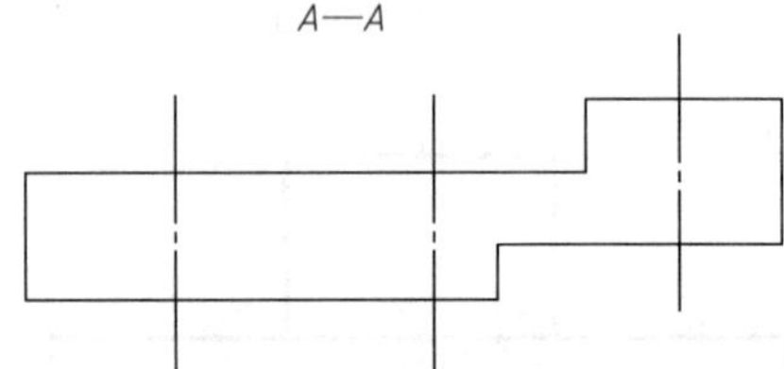

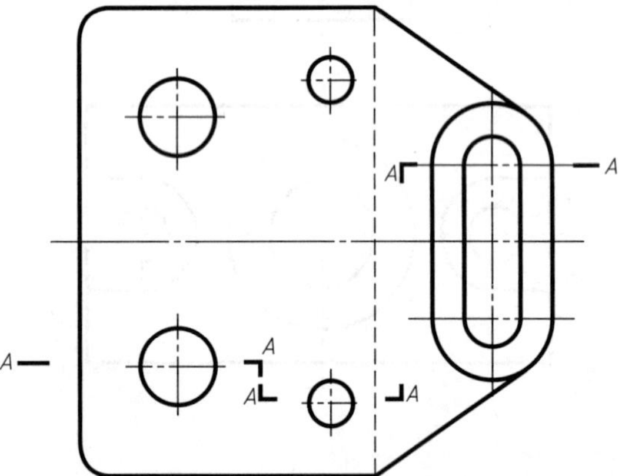

10. 将主视图画成全剖视图。

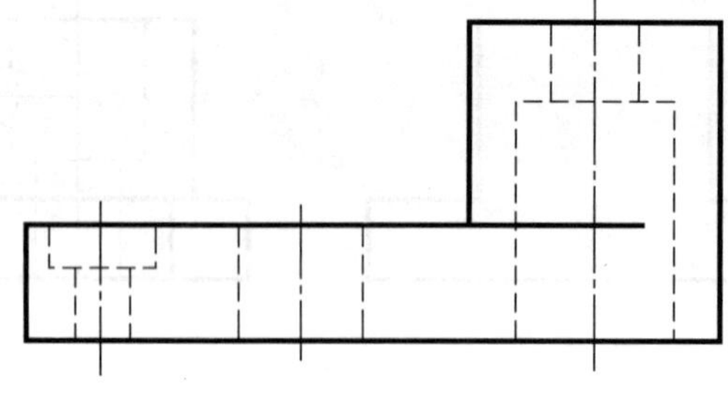

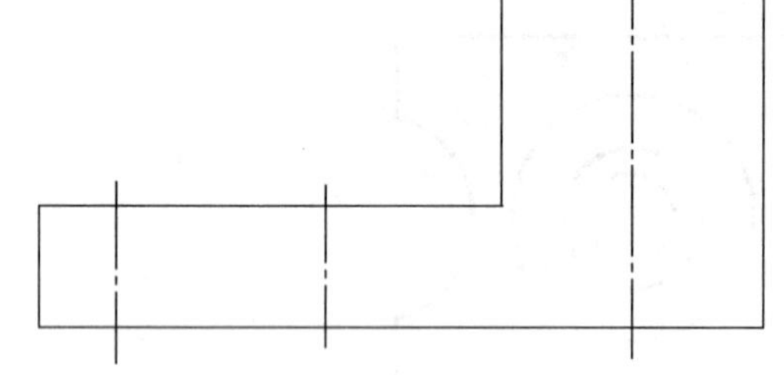

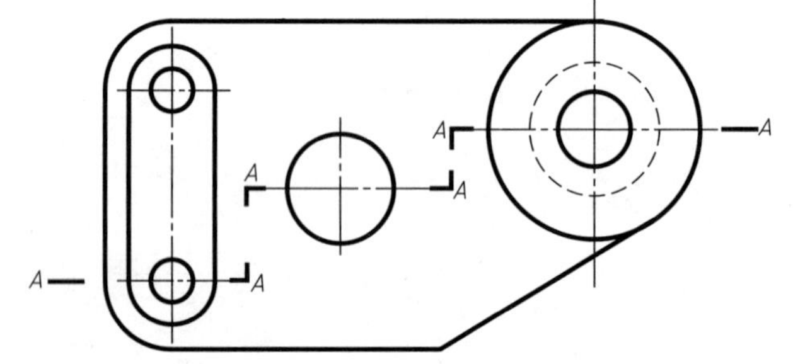

6-2 剖视图（六）

班级　　　　姓名　　　　学号

11. 将主视图画成全剖视图。

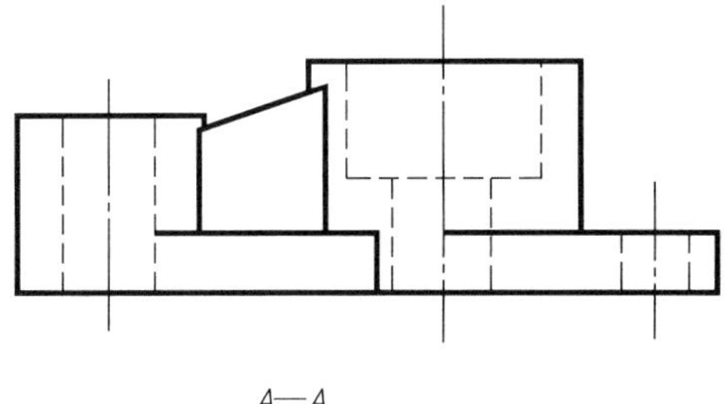

A—A

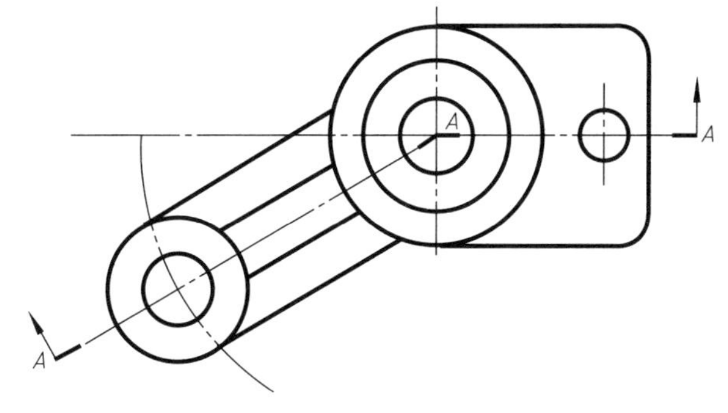

12. 将主视图画成全剖视图。

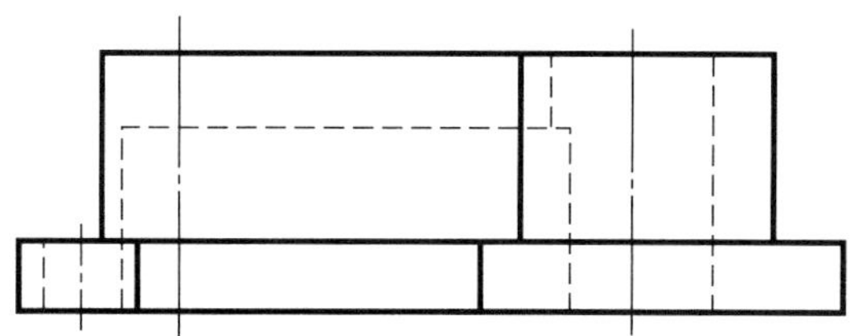

A—A

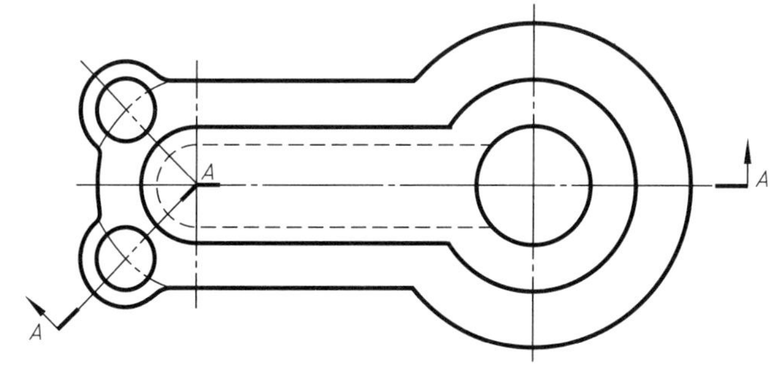

13. 将两个视图画成适当的局部剖视图。

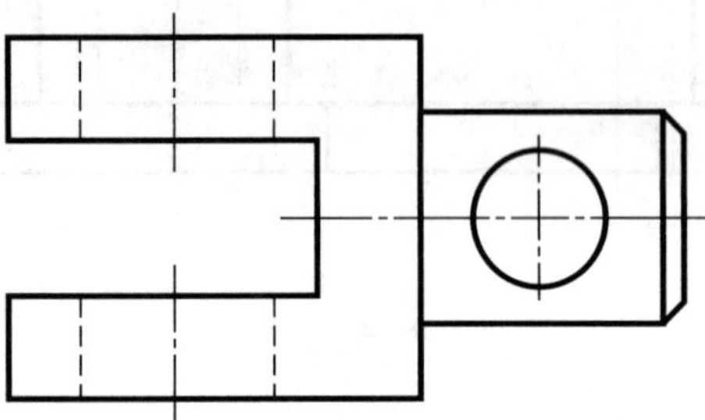

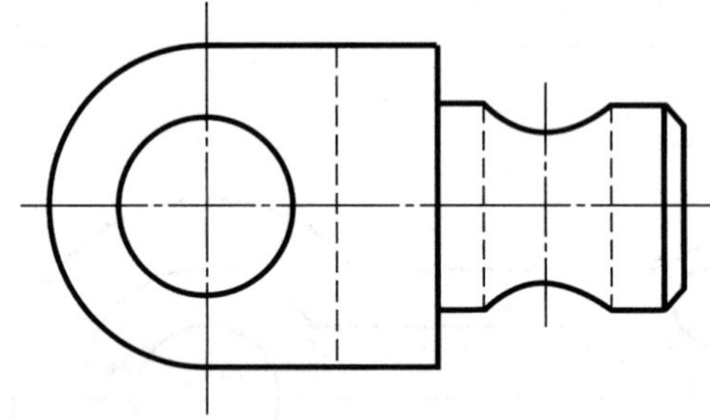

14. 画 A—A 剖视图。

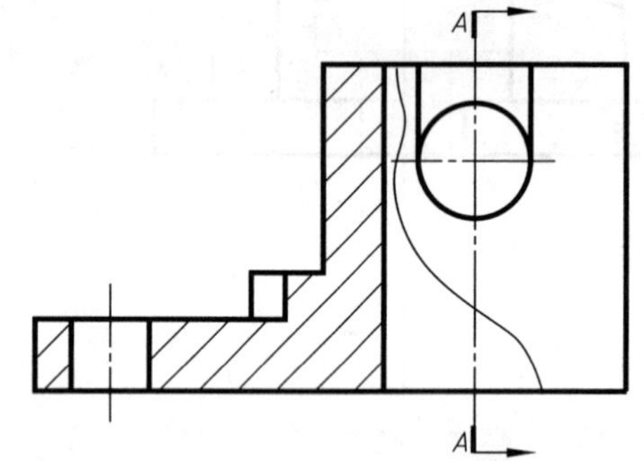

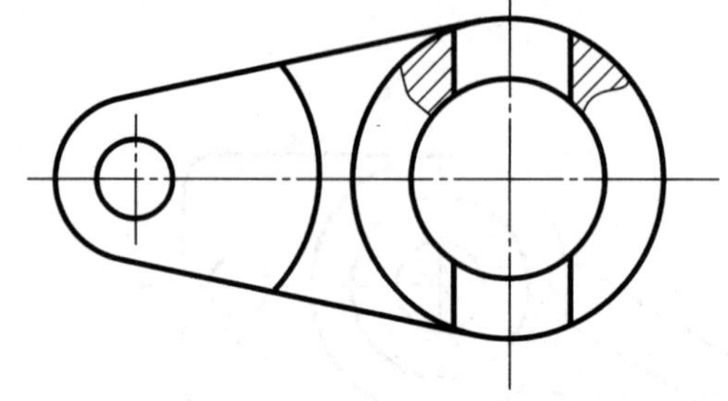

15. 看懂左边的视图所表达的物体形状，在指定位置将主、俯视图画成适当的局部剖视图。

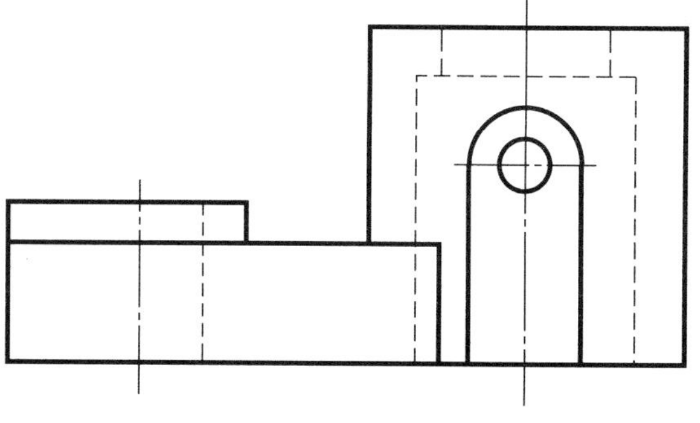

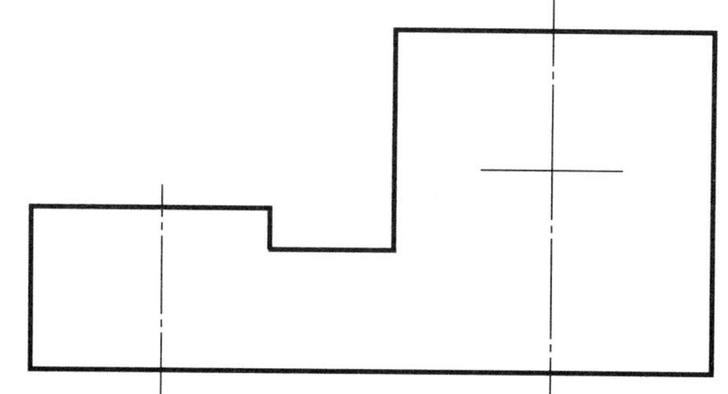

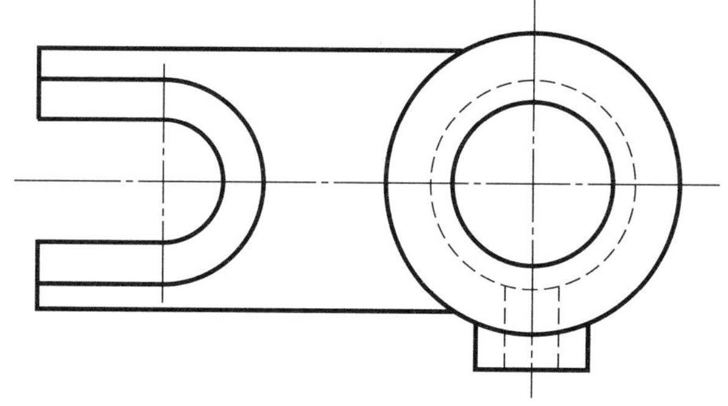

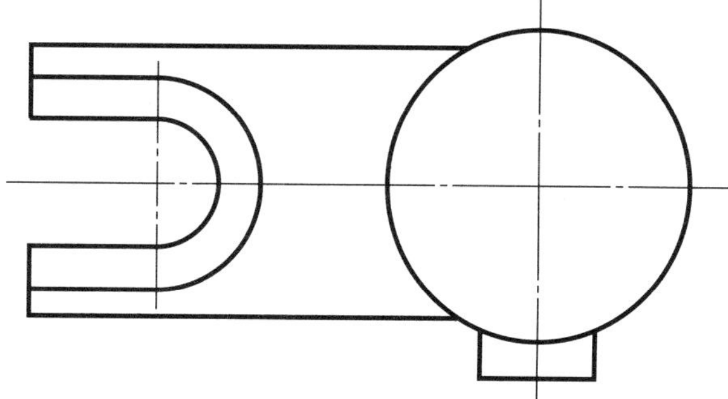

16. 看懂视图，在右边将主、俯视图画成适当的局部剖视图。

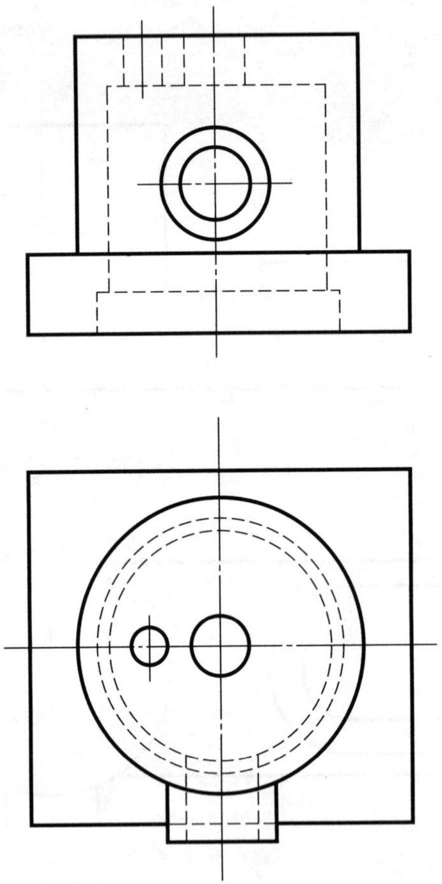

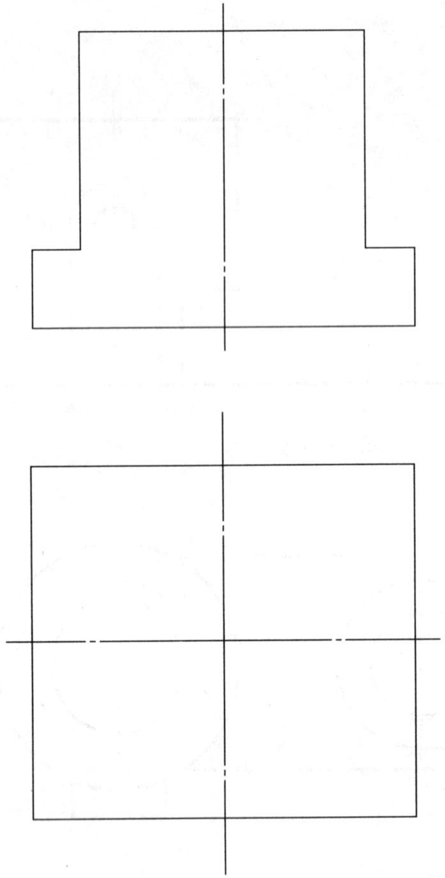

6-3 断面图及简化画法（一）

班级　　　　姓名　　　　学号

1. 根据机件结构，作出适当的断面图（键槽深 4mm）。

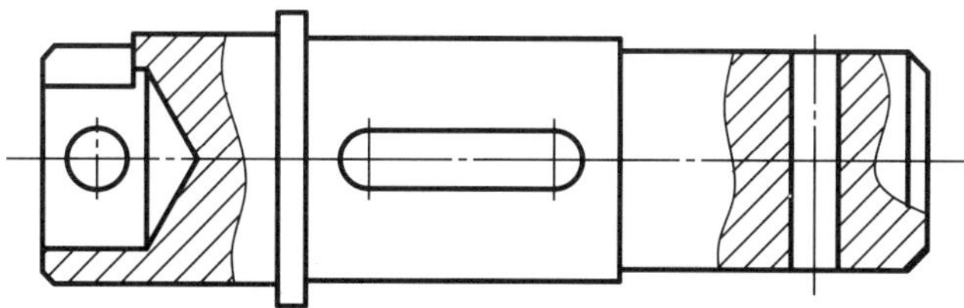

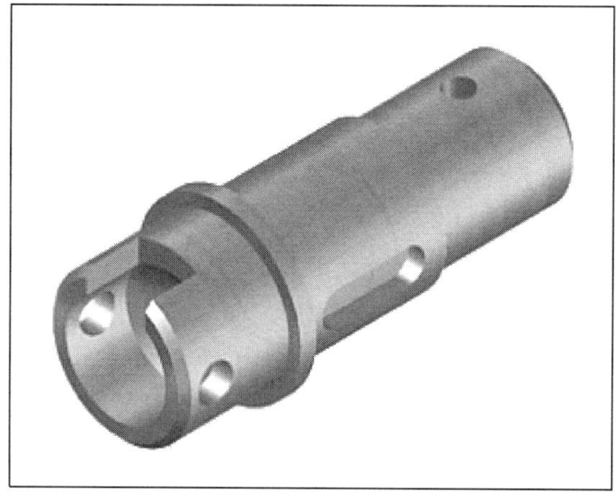

2. 看懂机件结构，将主视图画成全剖视图，并用适当的断面图表达肋板结构（注：两肋板等厚，铸造圆角尺寸相等）。

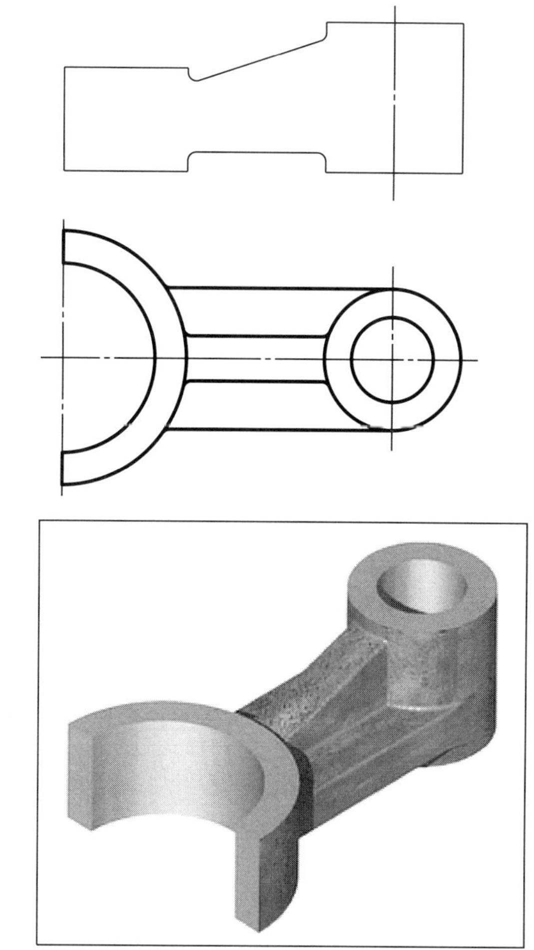

3. 指定的位置上将主视图画成全剖视图。

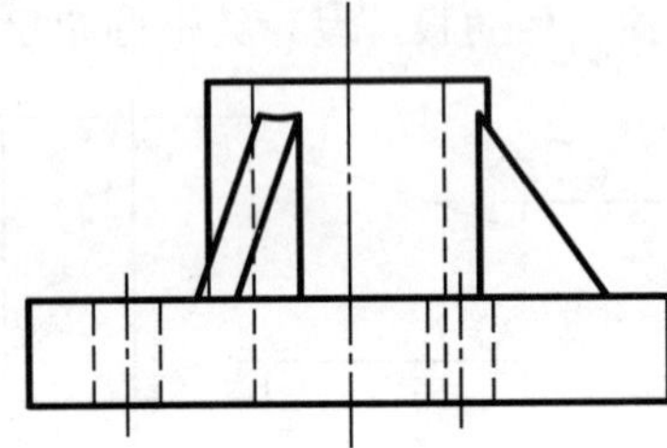

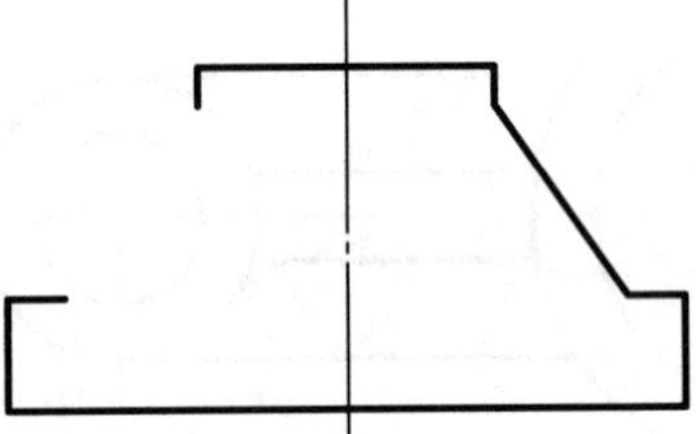

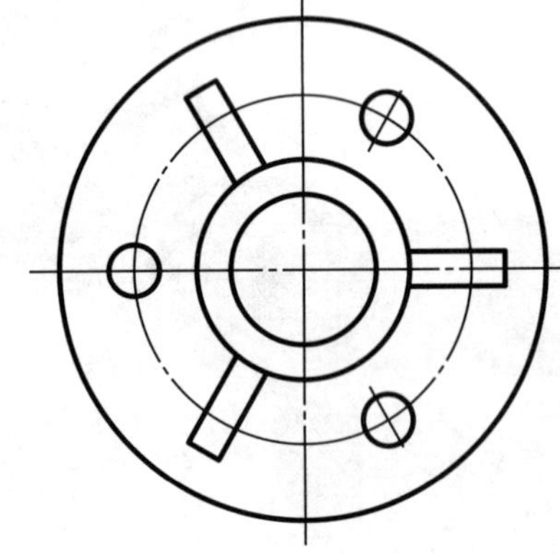

4. 在指定的位置上将主视图画成全剖视图。

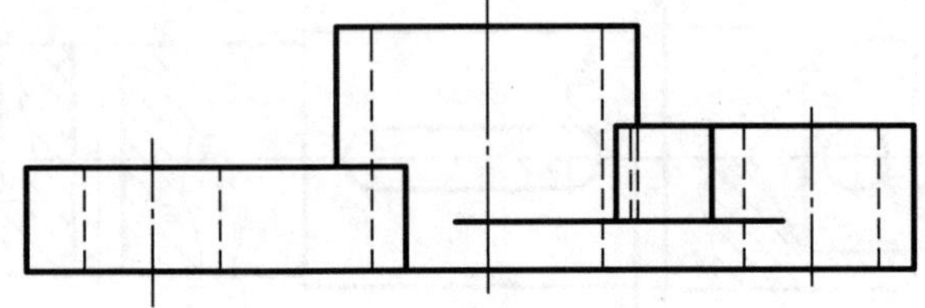

A—A

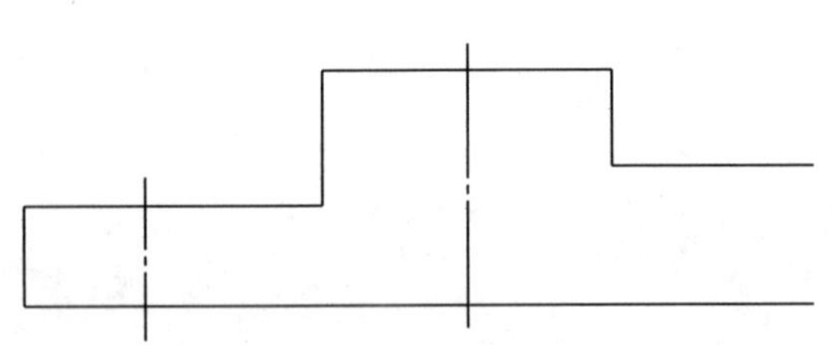

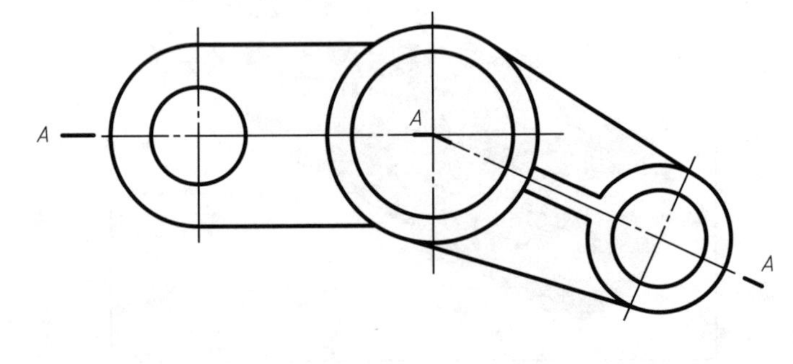

用适当的表达方法将机件的内外结构表达清楚，并标注尺寸（用 A4 图纸，比例 1∶1）。

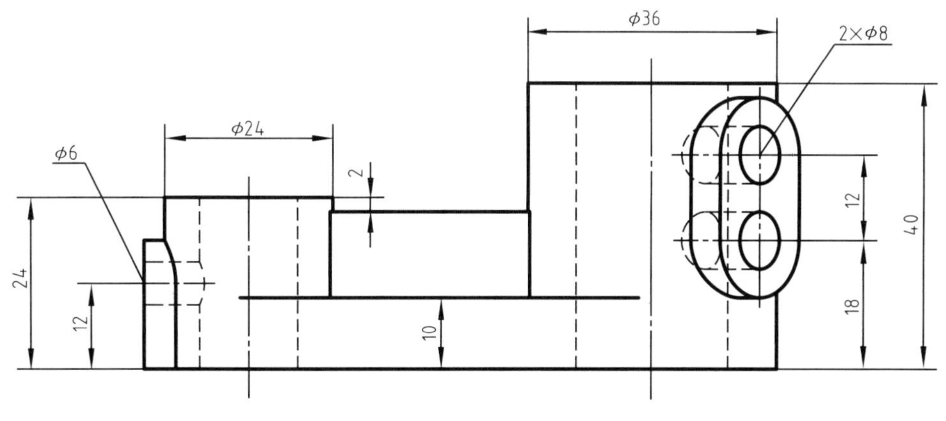

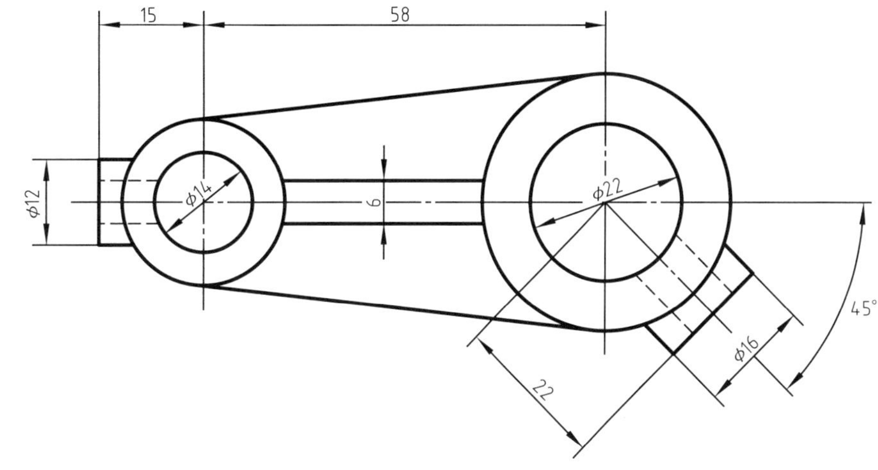

第 7 章　标准件与常用件

7-1　螺纹的标记　　班级　　姓名　　学号

1. 根据螺纹标记，填写表中各项内容。

螺 纹 标 记	螺纹种类	公称直径	螺距	导程	线数	旋向	公差带代号
M24-7H							
M20×1.5-5g6g-5							
Tr40×14(P7)-9H							
M16 LH-6h							
B32×6LH-7g-L							

2. 梯形螺纹，大径 24，螺距 5，双线，左旋，中径公差带代号为 7E，中等旋合长度。

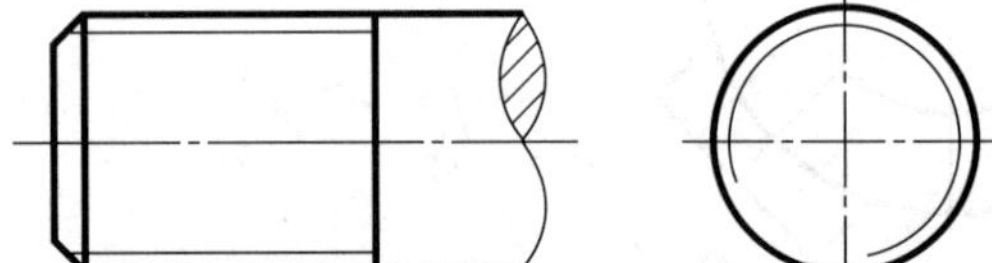

3. 细牙普通螺纹，大径 16，螺距 1.5，右旋，中径和顶径公差带代号均为 7H。中等旋合长度。

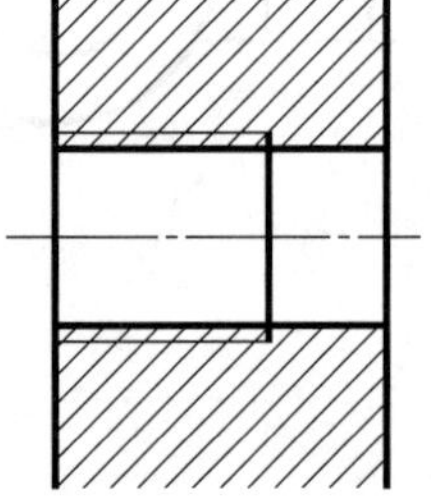

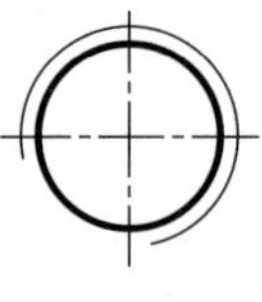

7-2　分析下列螺纹和螺纹连接画法上的错误，将正确的画在下面指定的位置上（一）

班级　　　　姓名　　　　学号

1.

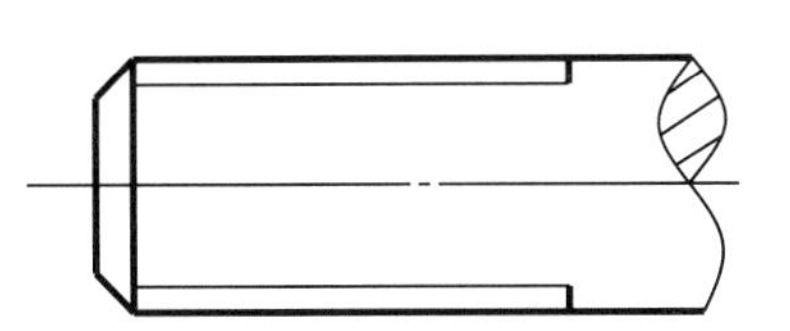

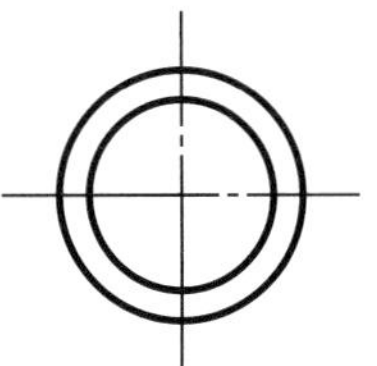

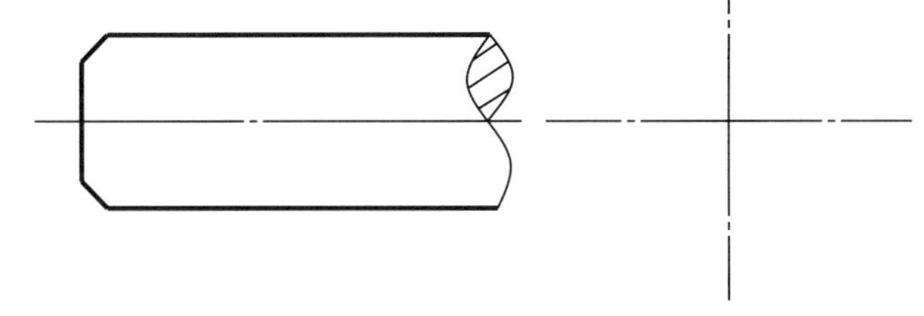

2.

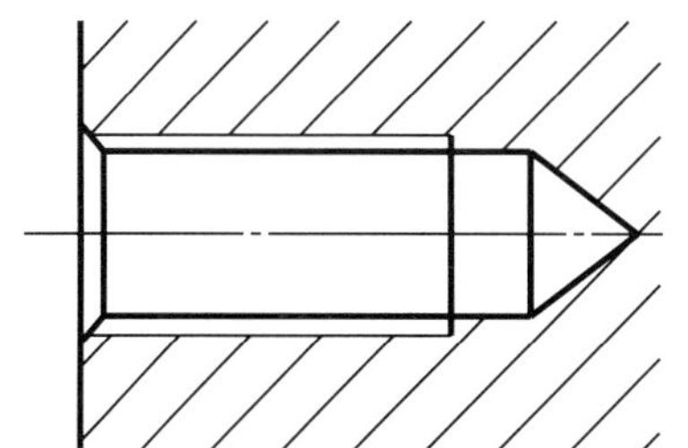

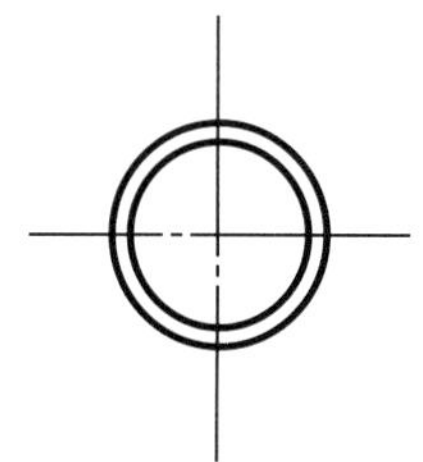

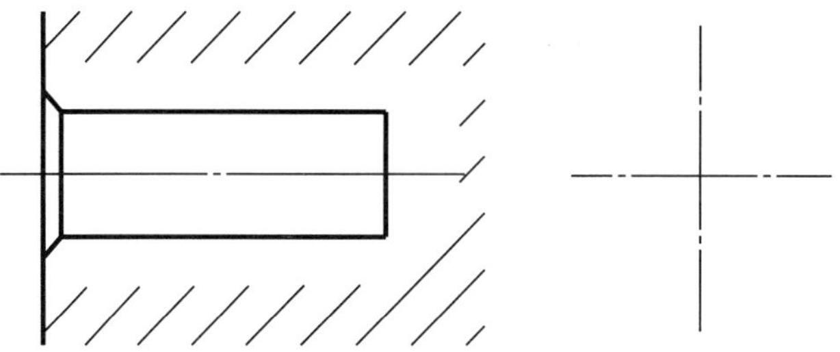

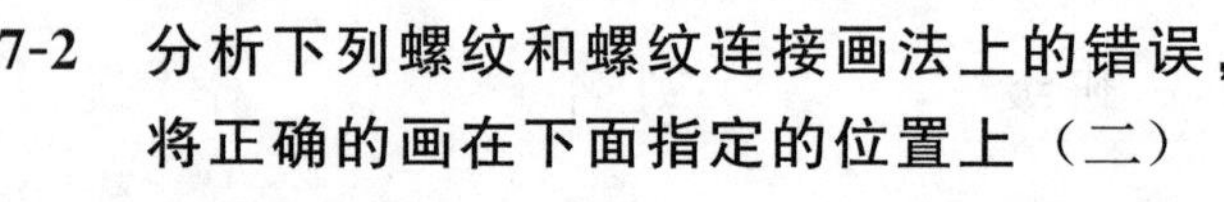

7-2　分析下列螺纹和螺纹连接画法上的错误，将正确的画在下面指定的位置上（二）

班级　　　　姓名　　　　学号

3.

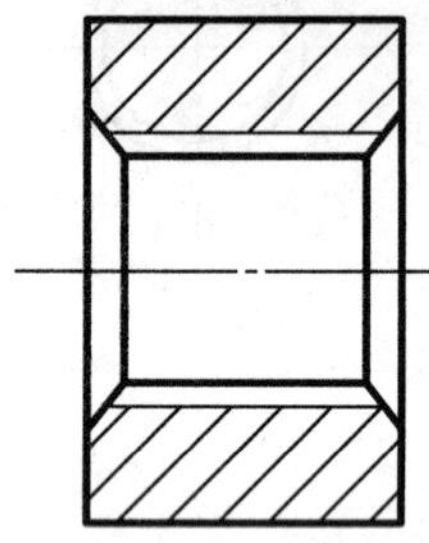

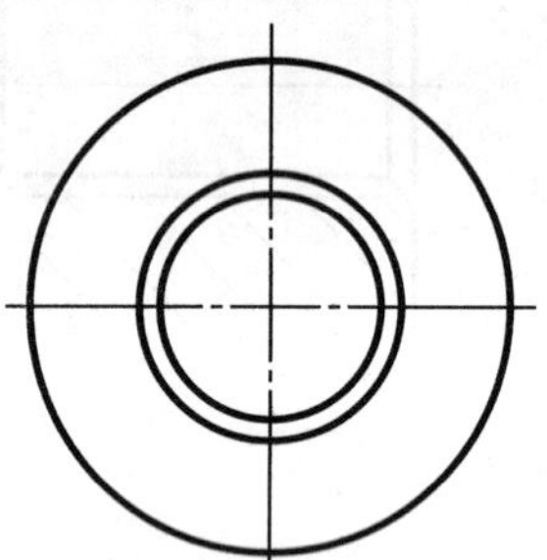

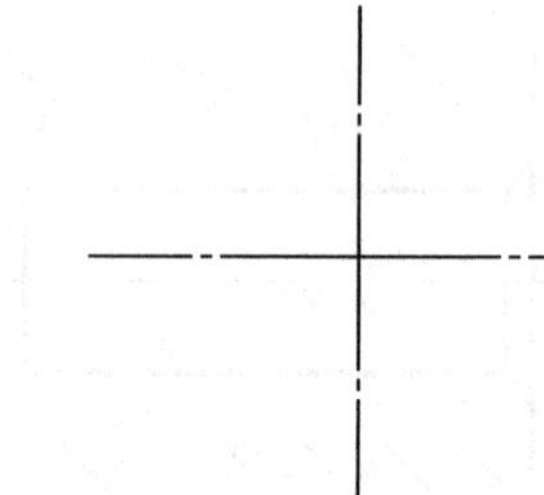

4.

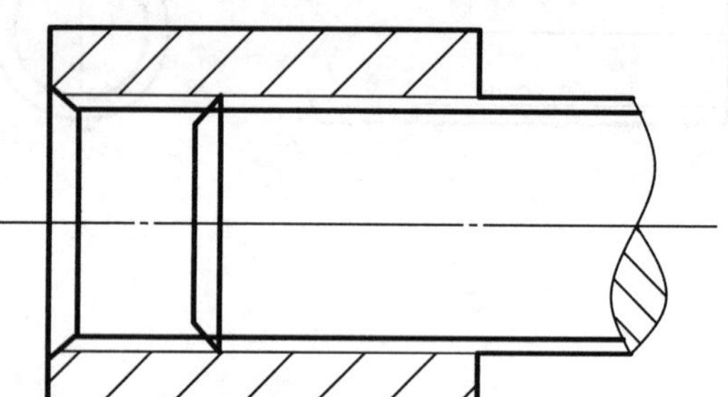

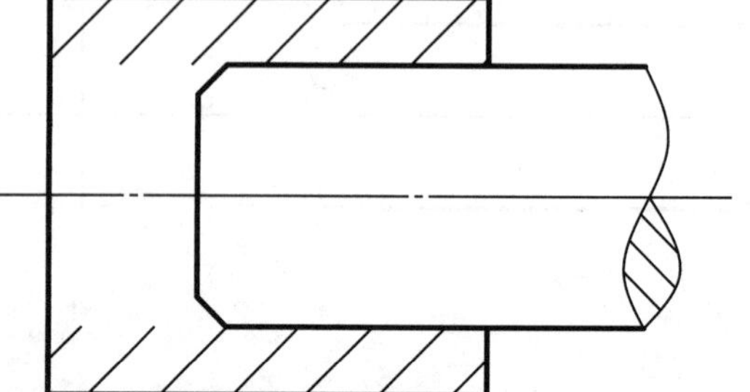

7-3 查表确定下列螺纹紧固件的尺寸，并写出其规定标记

班级　　　　姓名　　　　学号

1. 双头螺柱，A 型，GB/T 898—1988，螺纹规格 d=M16，公称长度 L=45。

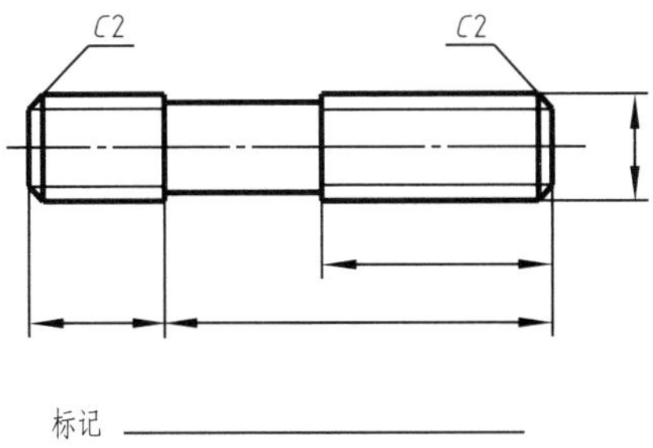

标记 ________________

2. 六角头螺栓，A 级，GB/T 5782—2000，螺纹规格 d=M12，公称长度 L=45。

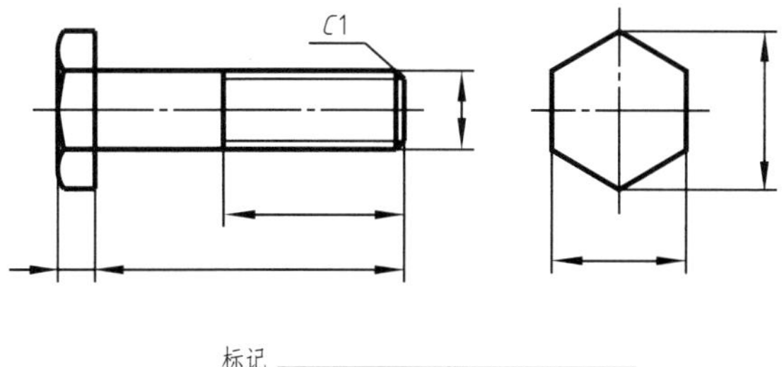

标记 ________________

3. 六角螺母，B 级，GB/T 6170—2000，螺纹规格 d=M20。

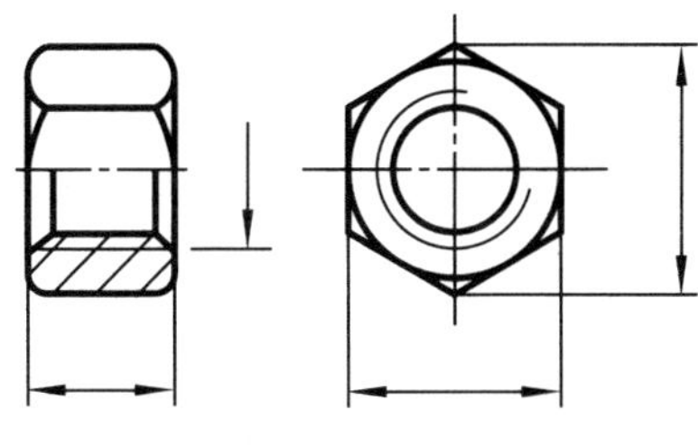

标记 ________________

4. 垫圈 A 级，GB/T 97.1—2002，公称尺寸为 12。

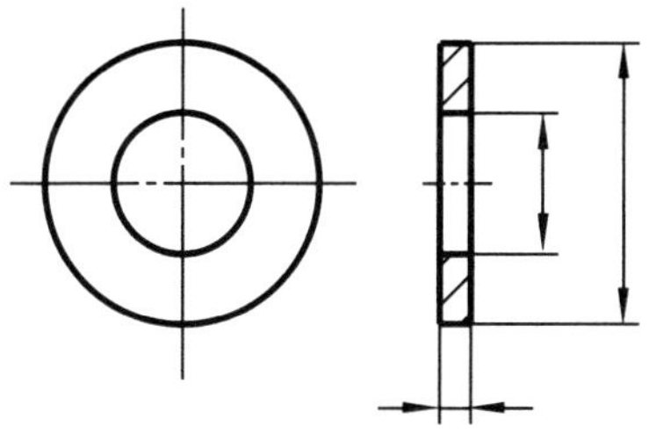

标记 ________________

7-4 指出下列各螺纹紧固件连接图中错误，并在指定位置画出正确连接图（一）

班级　　　　姓名　　　　学号

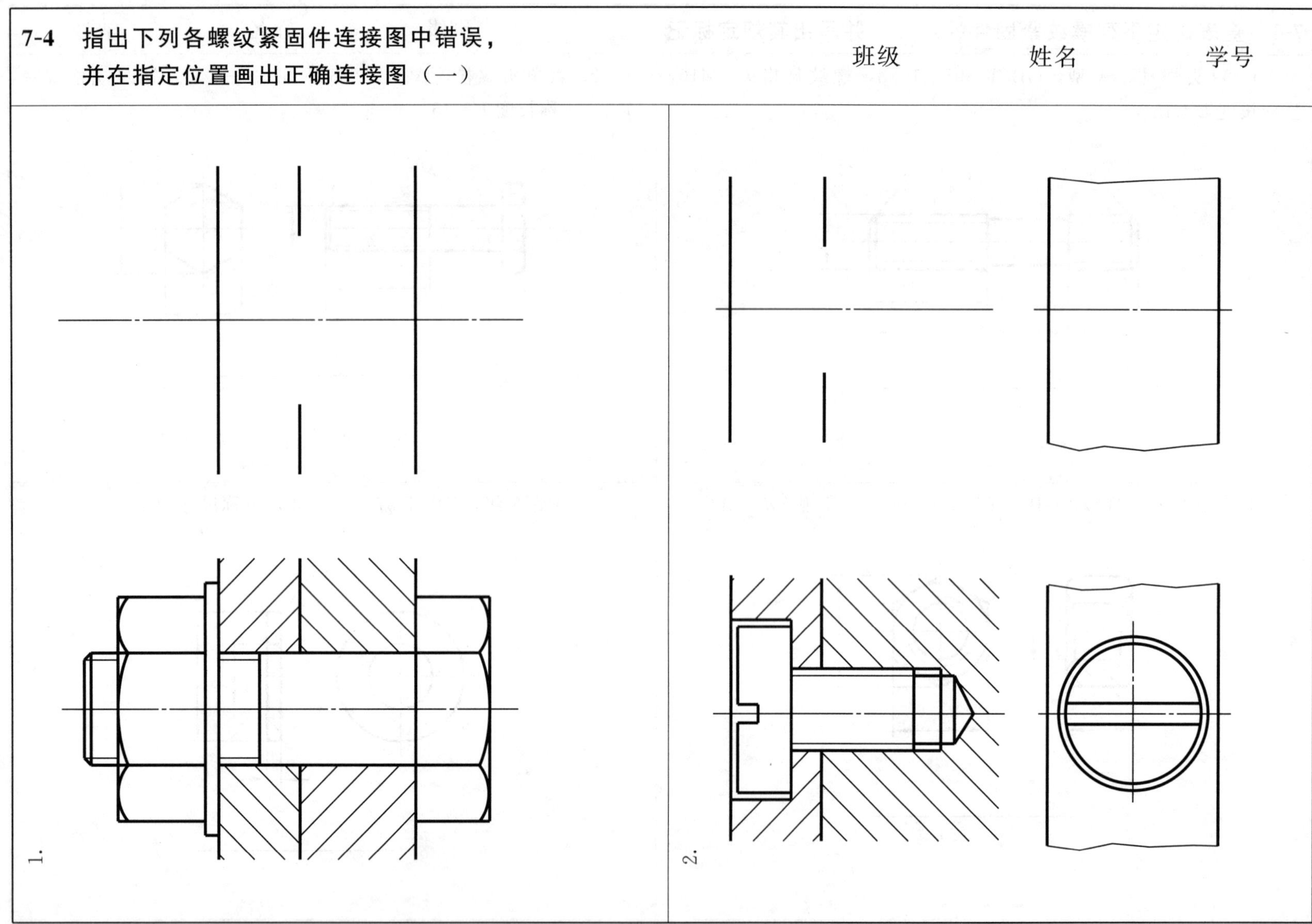

7-4 指出下列各螺纹紧固件连接图中错误，并在指定位置画出正确连接图（二）

班级　　　　姓名　　　　学号

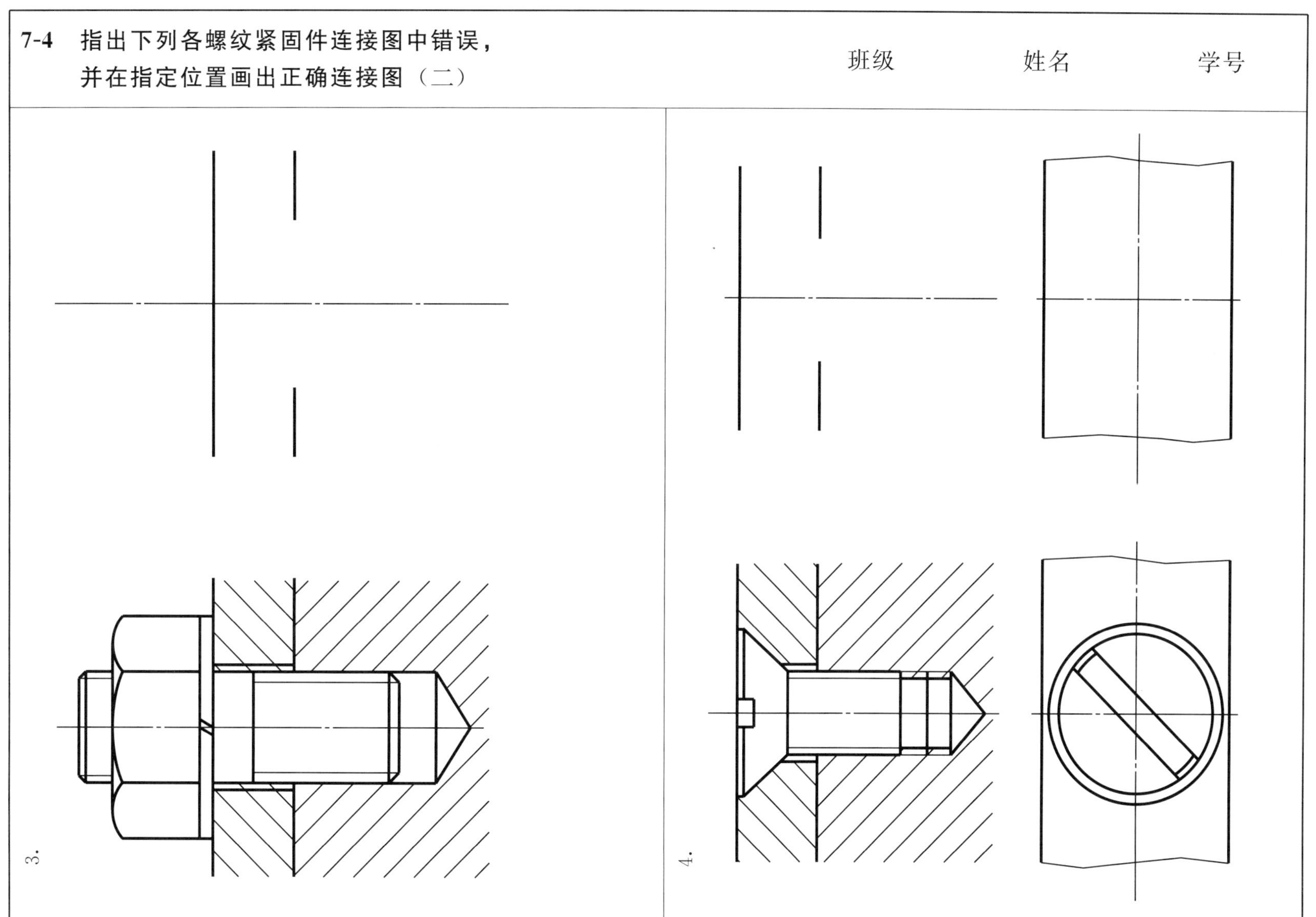

7-5 在 A4 图纸上，画出下列连接图（采用比例画法）（一） 班级 姓名 学号

1. 螺栓连接

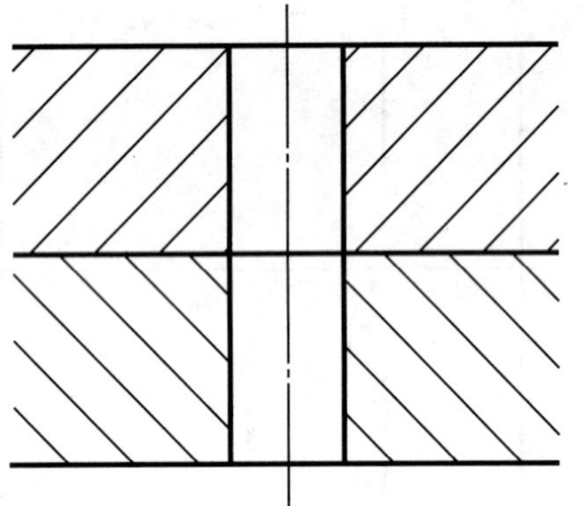

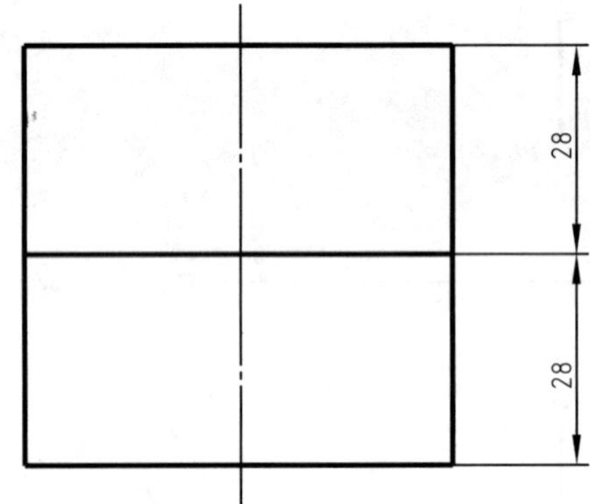

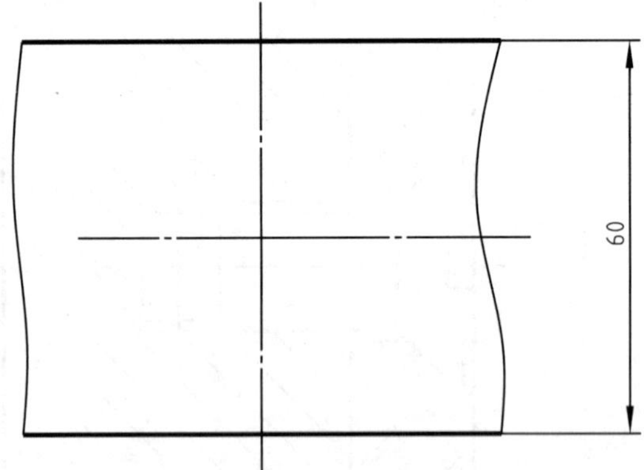

已知：

螺栓 GB/T 5782—2000-M16×1

螺母 GB/T 6170—2000-M16

垫圈 GB/T 97.2—2002-16-140HV

7-5　在 A4 图纸上，画出下列连接图（采用比例画法）（二）　　班级　　姓名　　学号

2. 双头螺柱连接

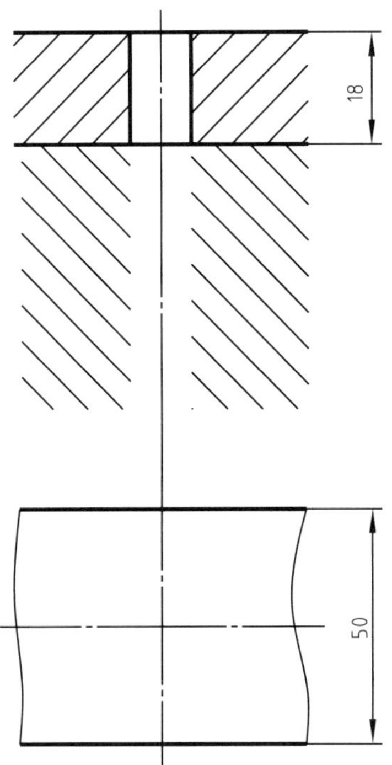

已知：

螺栓 GB/T 898—1988-M16×1

螺母 GB/T 6170—2000-M16

垫圈 GB/T 93—1987-16

3. 螺钉连接

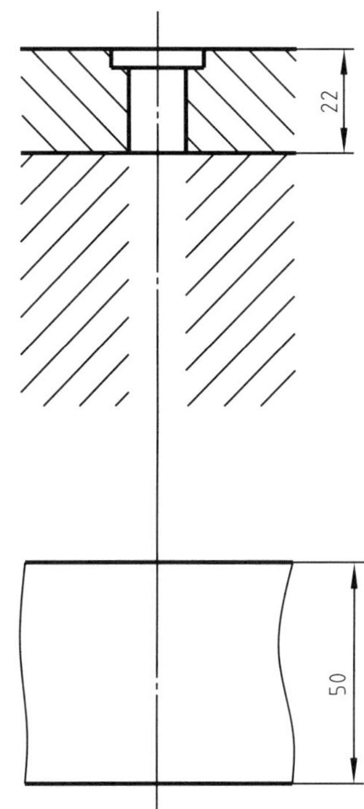

已知：

螺钉 GB/T 65—2000-M10×60

7-6 键连接画法

班级　　　　姓名　　　　学号

已知齿轮和轴，用 A 型普通平键连接，轴孔直径 26mm，键的长度为 28mm。

（1）写出键的规格标记；（2）查表确定键和键槽的尺寸，用 1∶2 画全下列各剖视图和断面图。

规定标记为：

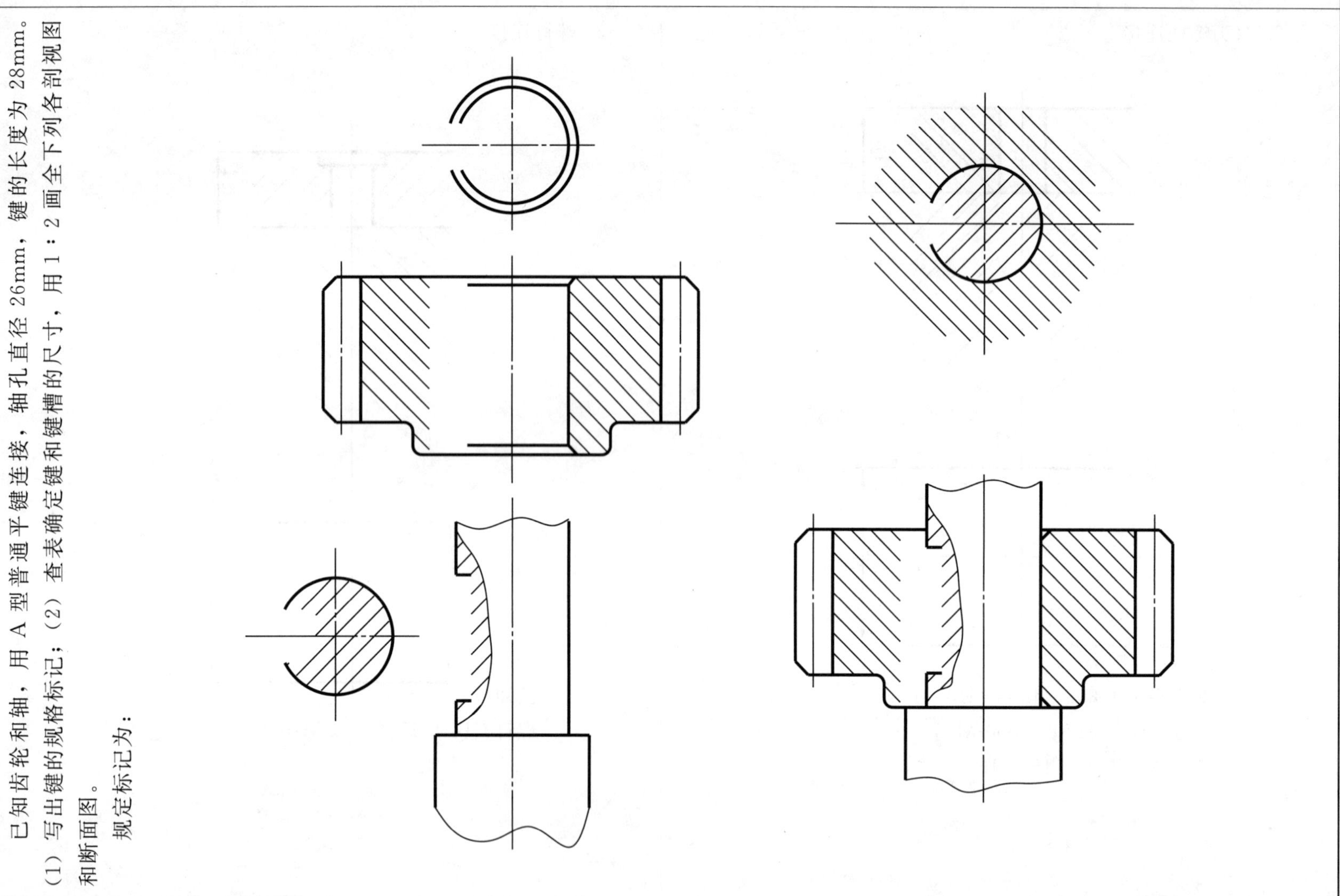

7-7 销连接画法

班级　　　　姓名　　　　学号

选出适当长度，画出销连接的装配图，并写出销的规定标记。

1. ϕ10 圆柱销连接　　　　规定标记为：________

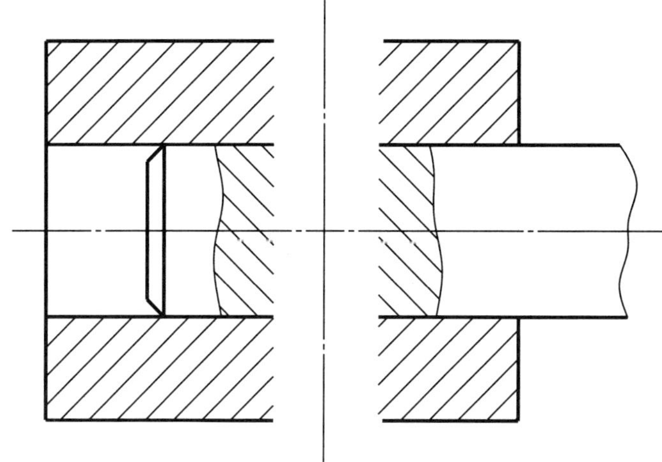

2. ϕ8 圆锥销连接　　　　规定标记为：________

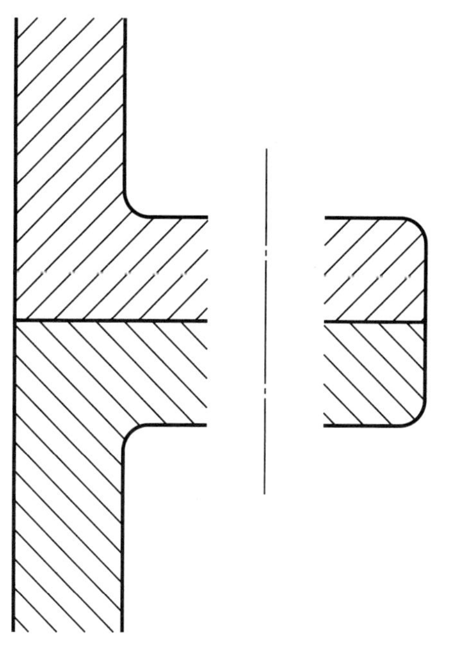

7-8 齿轮画法（一） 班级 姓名 学号

1. 已知一标准直齿圆柱齿轮，$m=3$、$z=28$，根据给定的参数，按规定画法补全齿轮的两个视图。

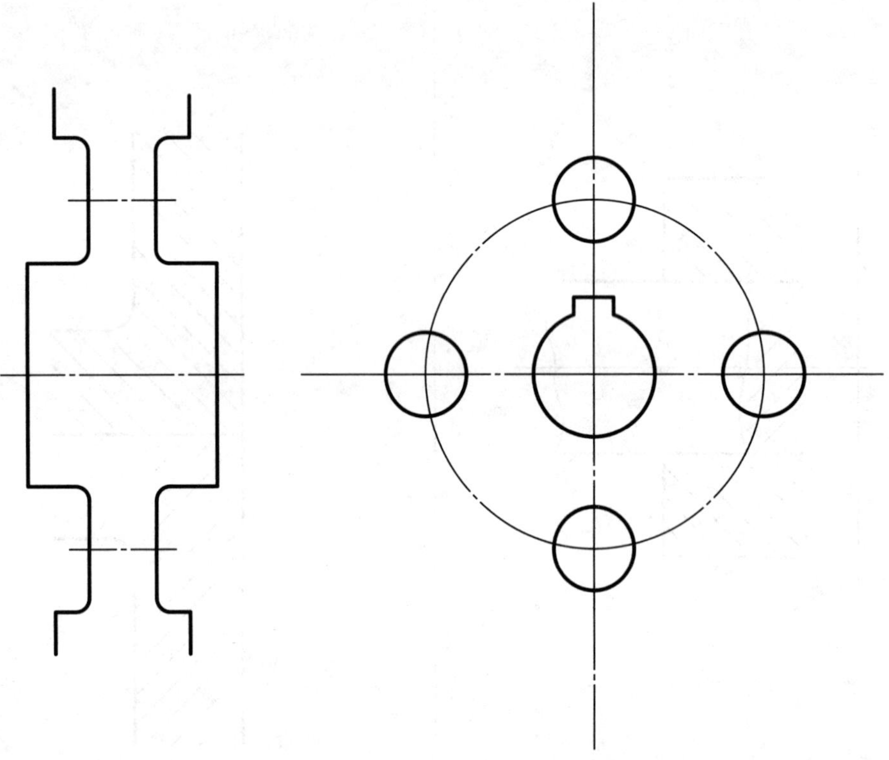

7-8 齿轮画法（二）　　　　班级　　　　姓名　　　　学号

2. 已知一对平板直齿圆柱齿轮啮合，模数 $m=2$，大齿轮的齿数 $z=36$，试计算两齿轮的主要尺寸，完成其啮合图。

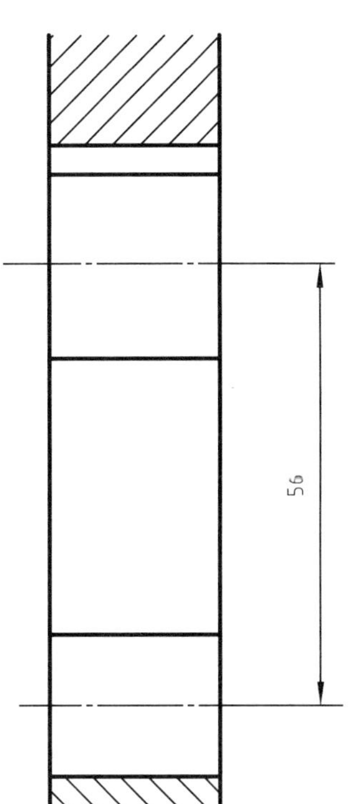

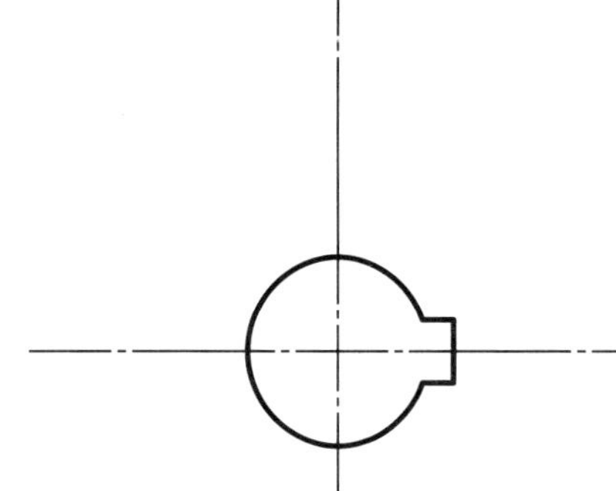

$d_1=$

$z_1=$

$d_2=$

$d_{a1}=$

$d_{f1}=$

$d_{a2}=$

$d_{f2}=$

7-9 滚动轴承画法（采用比例画法）　班级　姓名　学号

查表，并用规定画法画出下列指定的滚动轴承（另一半用通用画法）。

（1）深沟球轴承 6208　（2）推力球轴承 51208　（3）圆锥滚子轴承 30208

7-10 弹簧画法 班级 姓名 学号

已知圆柱螺旋压缩弹簧外径 $D=50$，簧丝直径 $d=6$，节距 $t=14$，总圈数 $n_1=8.5$，有效圈数 $n=6$，试画出弹簧的剖视图。

第 8 章　零件图

8-1　表面粗糙度　　班级　　姓名　　学号

将右边给出的表面粗糙度值标注在图中相应的表面上，并填空。

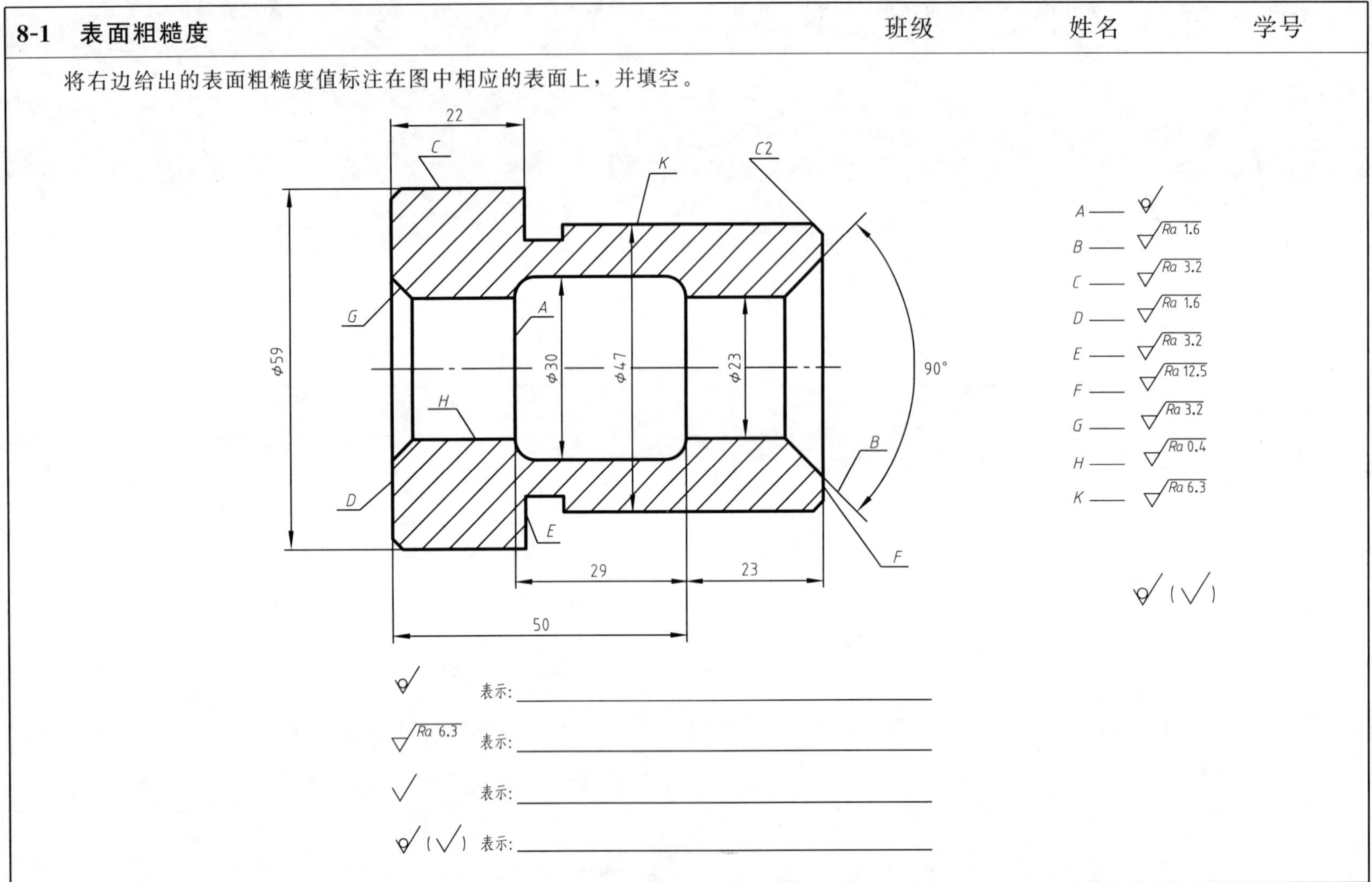

1. 用文字说明图中框格标注的含义。

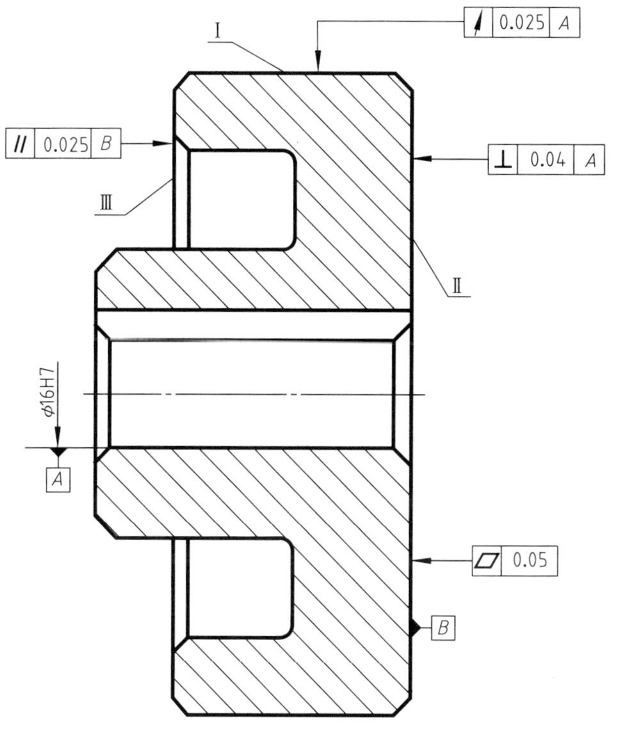

1. ∥ 0.025 B 的含义：______________________

____

2. ↗ 0.025 A 的含义：______________________

____

3. ⊥ 0.04 A 的含义：______________________

____

4. ▱ 0.05 的含义：______________________

____

5. ▼ A 的含义：______________________

2. 将文字说明的形位公差标注在图上。

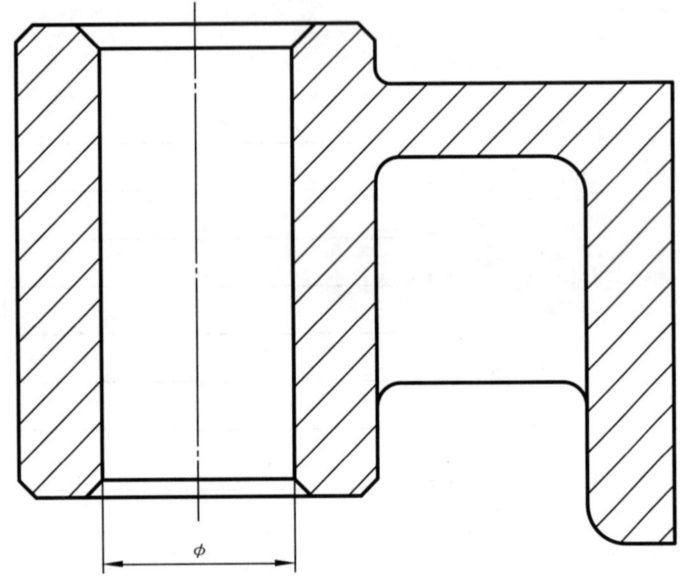

1. 孔 ϕ 轴线直线度公差值为 ϕ0.012mm。
2. 孔 ϕ 圆度公差值为 ϕ0.005mm。
3. 底面平面度公差值为 0.02mm。
4. 孔 ϕ 轴线对底平面的平行度公差为 0.03mm。

8-3 极限与配合（一）　　　　班级　　　　姓名　　　　学号

1. 标注轴和孔的基本尺寸及极限偏差值，并填空。

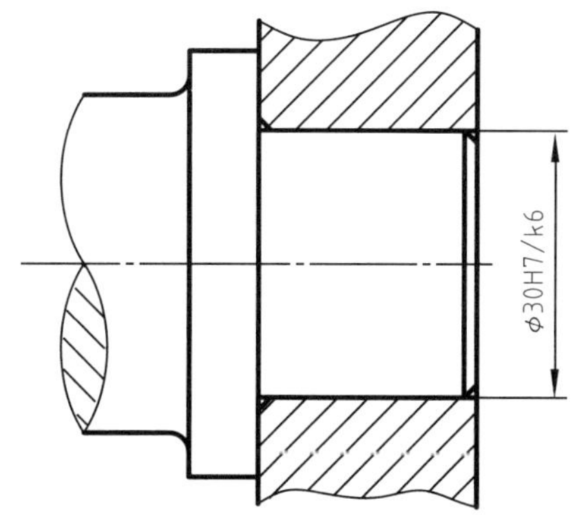

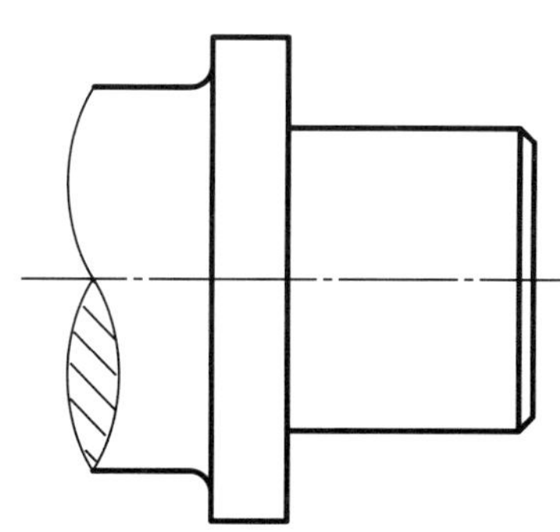

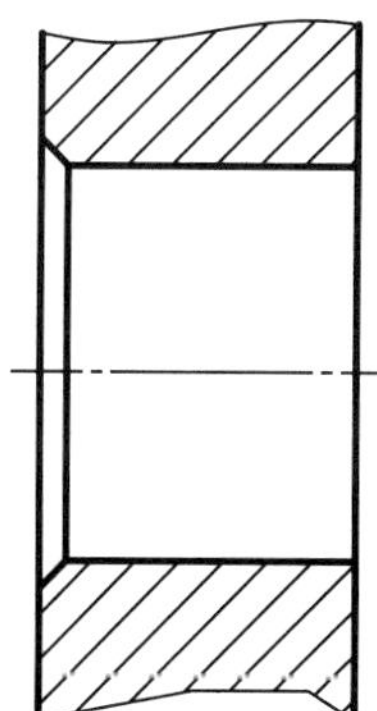

ϕ30 表示________，H7 表示________，查表得其上偏差________，下偏差________，公差________。

k6 表示________，查表得其上偏差________，下偏差________，公差________。

孔与轴的配合为________配合。

孔的最大极限尺寸是________，最小极限尺寸是________。

轴的最大极限尺寸是________，最小极限尺寸是________。

8-3 极限与配合（二）　　　　班级　　　　姓名　　　　学号

2. 标注轴和孔的基本尺寸及极限偏差值，并填空。

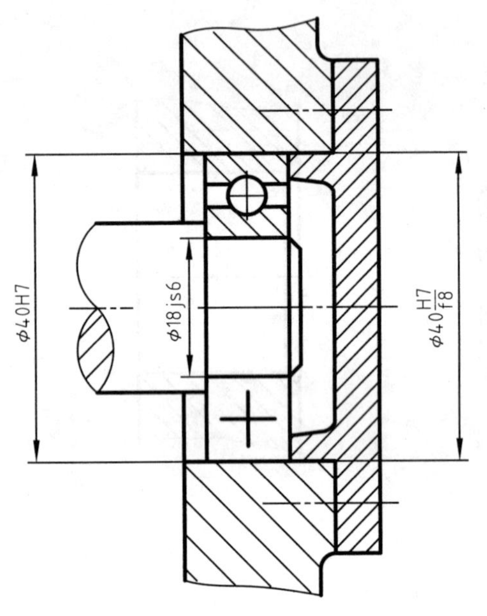

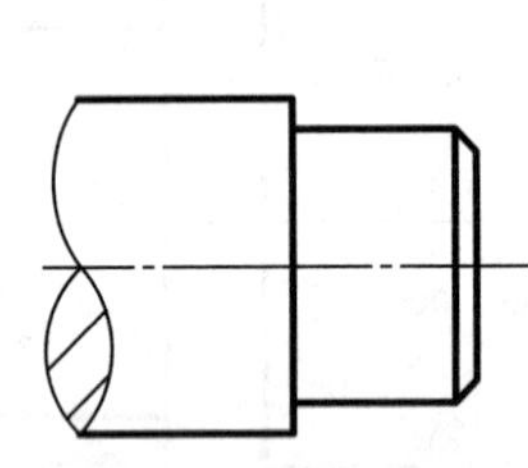

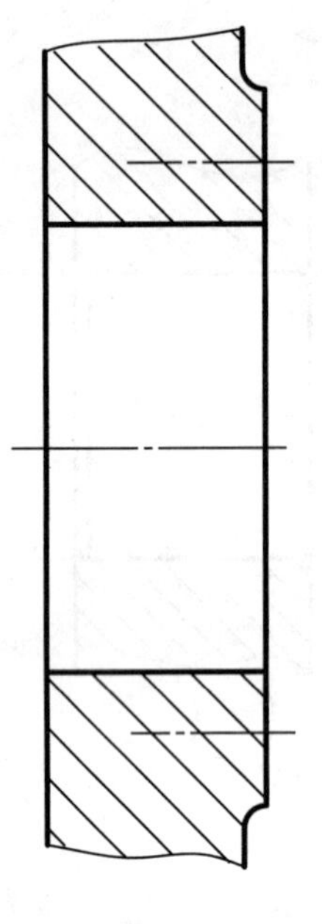

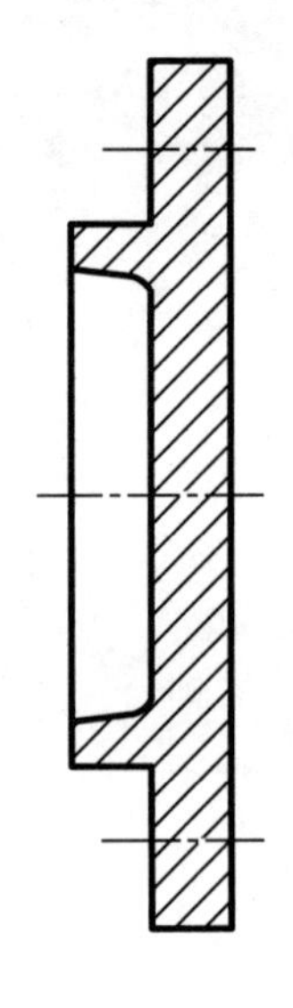

滚动轴承与座孔的配合为________制，座孔的基本偏差代号是________，公差等级为________级；上偏差________下偏差________公差________。

滚动轴承与轴的配合为________制，轴的基本偏差代号是________，公差等级为________级；上偏差________下偏差________公差________。

端盖与座孔的配合为________制，端盖的基本偏差代号是________，公差等级为________级，上偏差________下偏差________公差________。

8-4 尺寸标注（一）

班级　　　　姓名　　　　学号

1. 标注下图零件的线性尺寸（轴）。

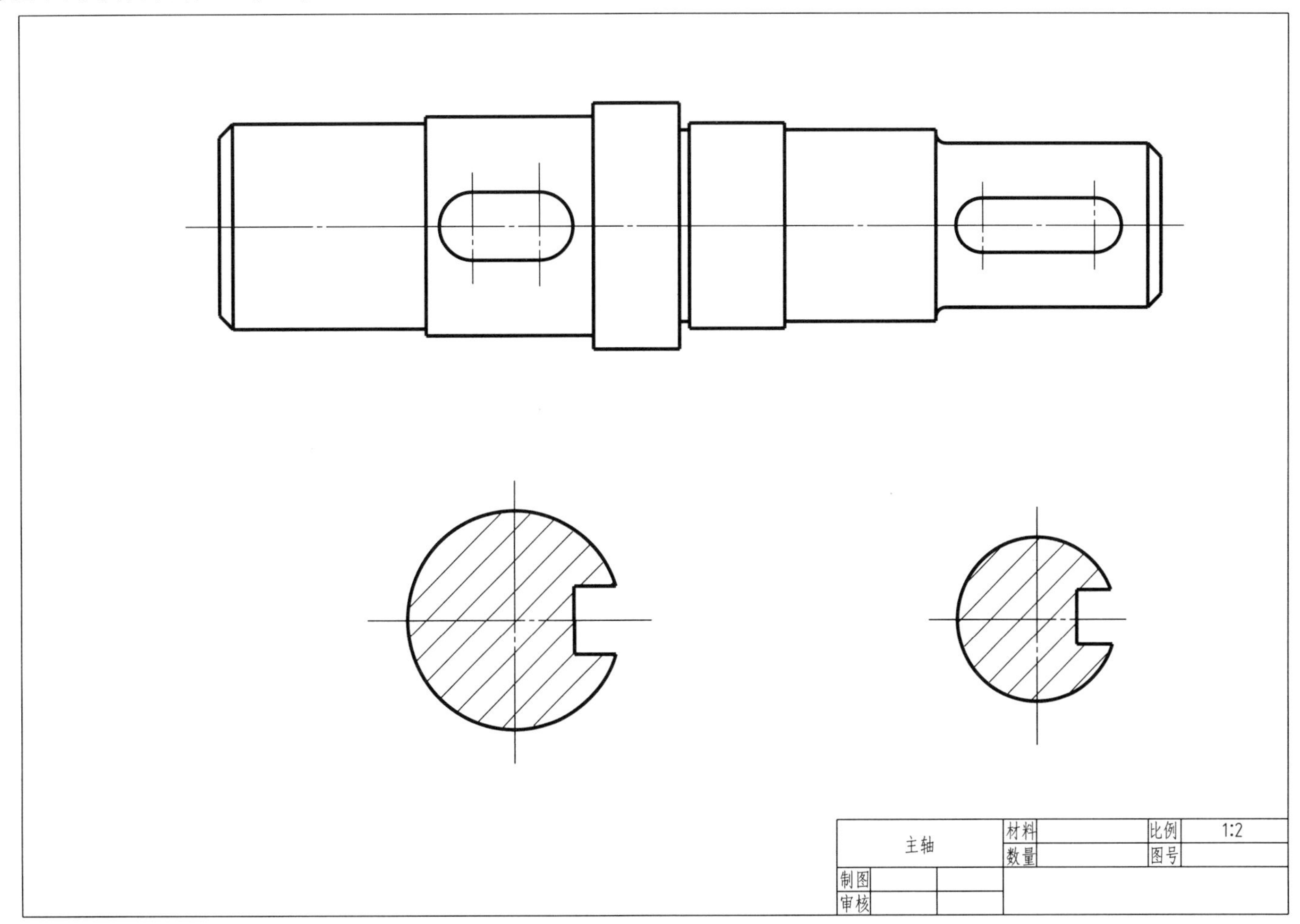

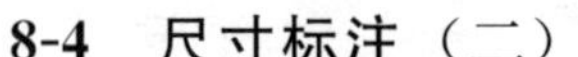

8-4 尺寸标注（二）

班级　　姓名　　学号

2. 标注下图零件的线性尺寸（阀盖）。

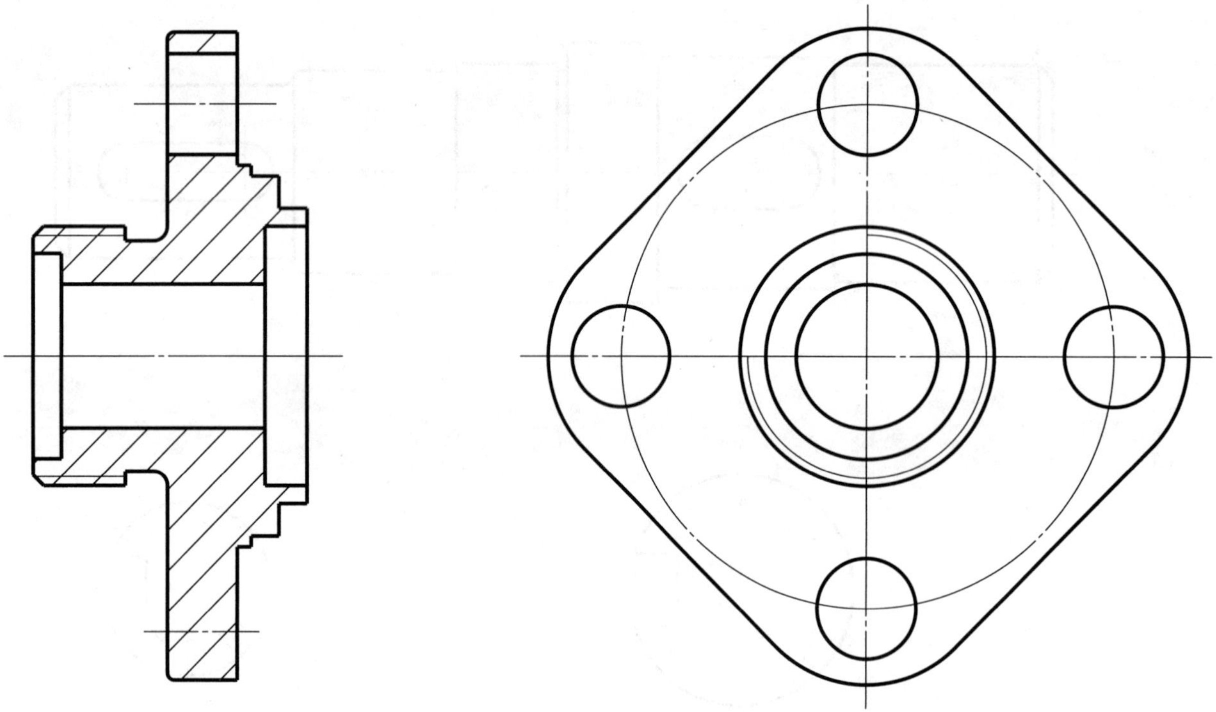

阀盖		材料		比例	1:2
		数量		图号	
制图					
审核					

3. 标注下列零件的线性尺寸。

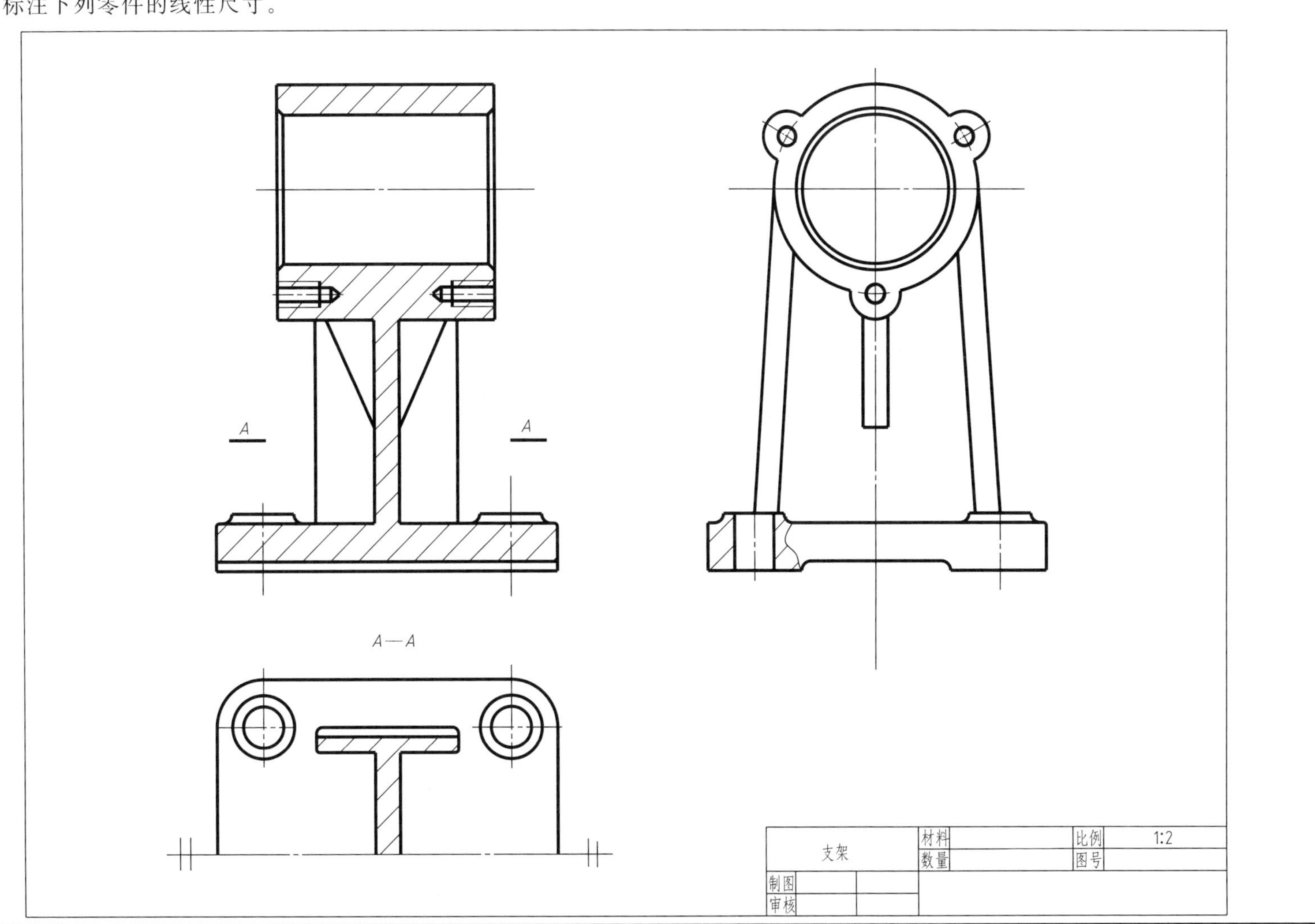

8-5 由零件立体图画零件工作图（一） 班级 姓名 学号

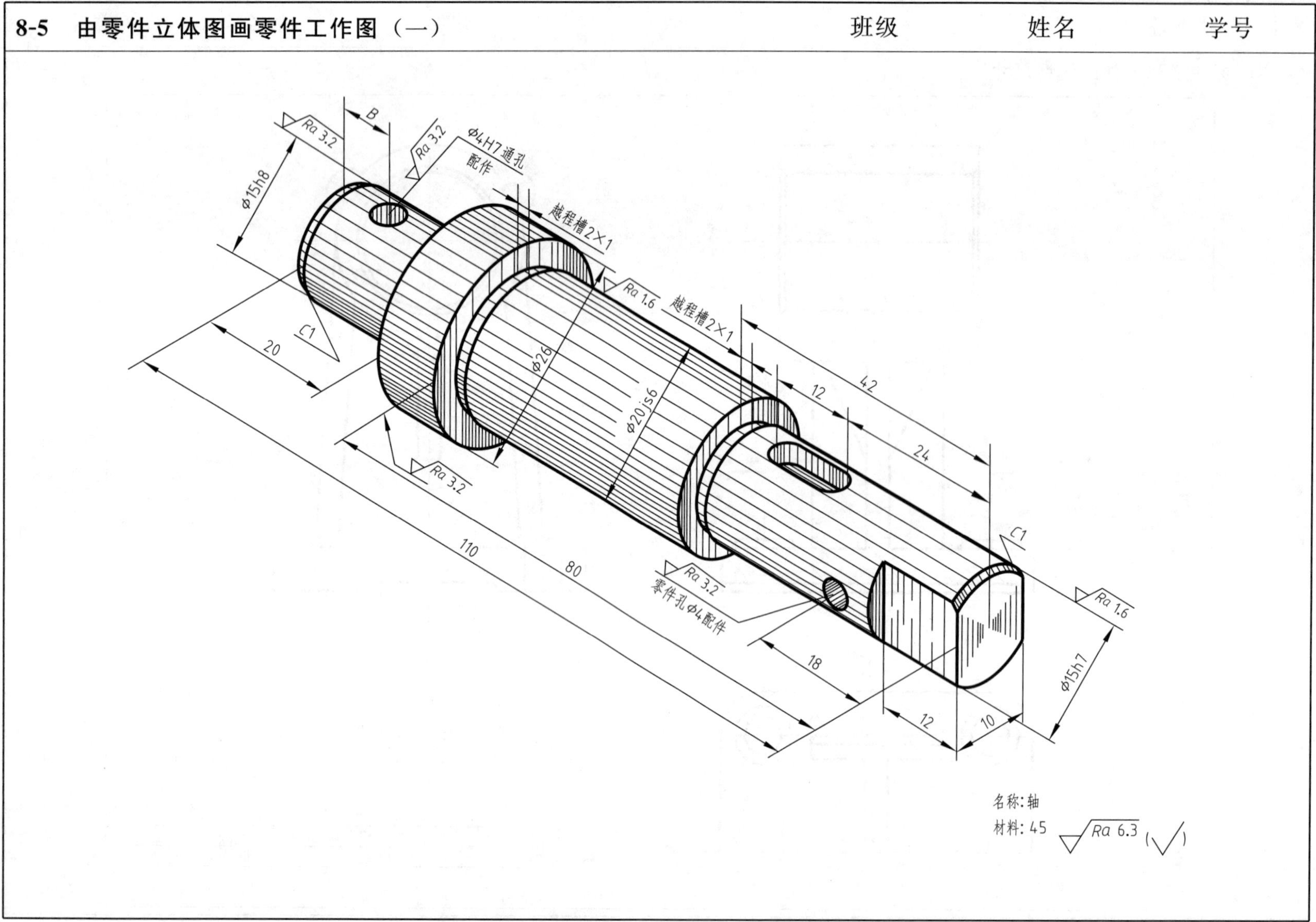

8-5 由零件立体图画零件工作图（二） 班级 姓名 学号

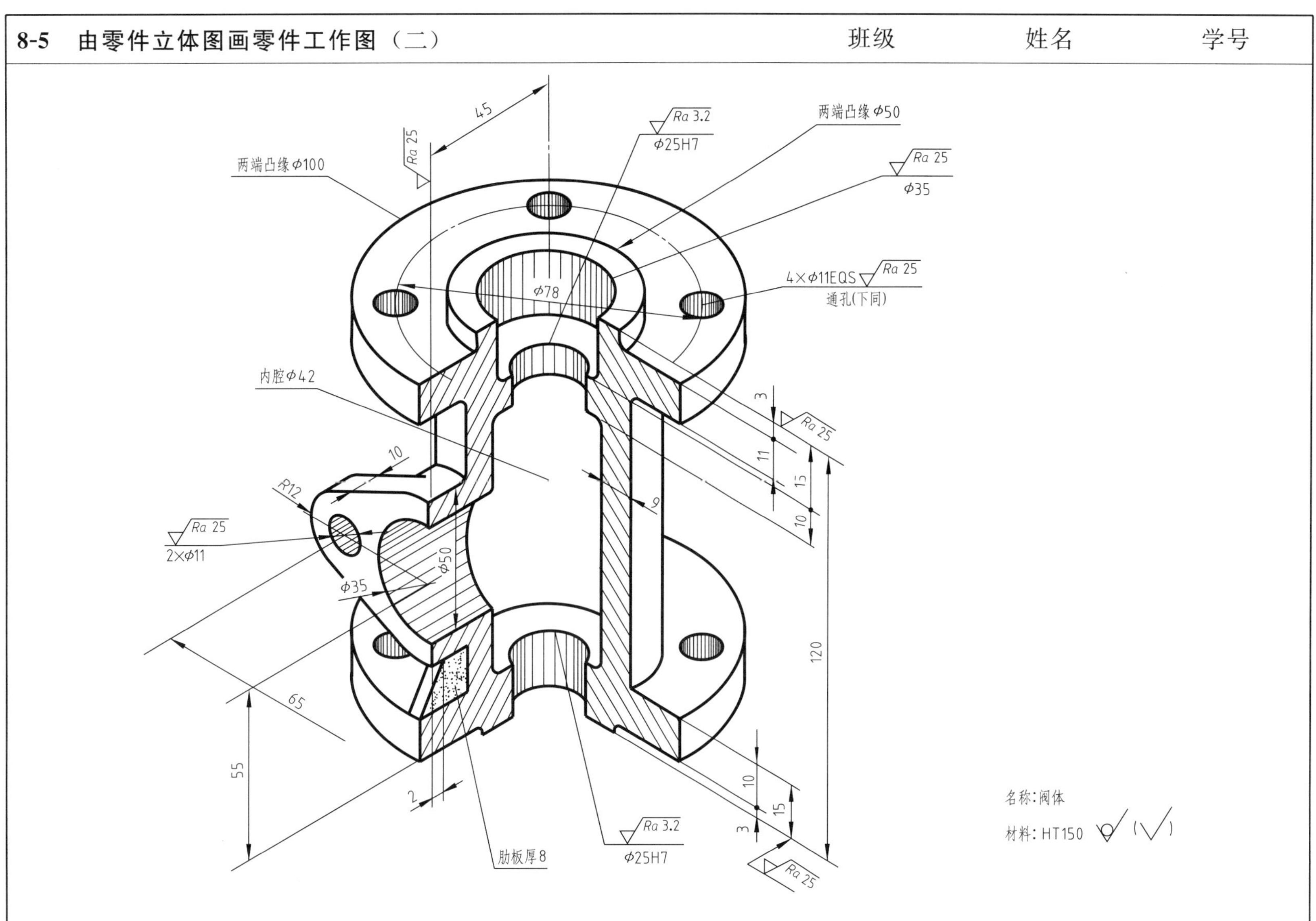

8-6 看懂零件图，想象该零件的结构形状，完成填空题（一）　　班级　　姓名　　学号

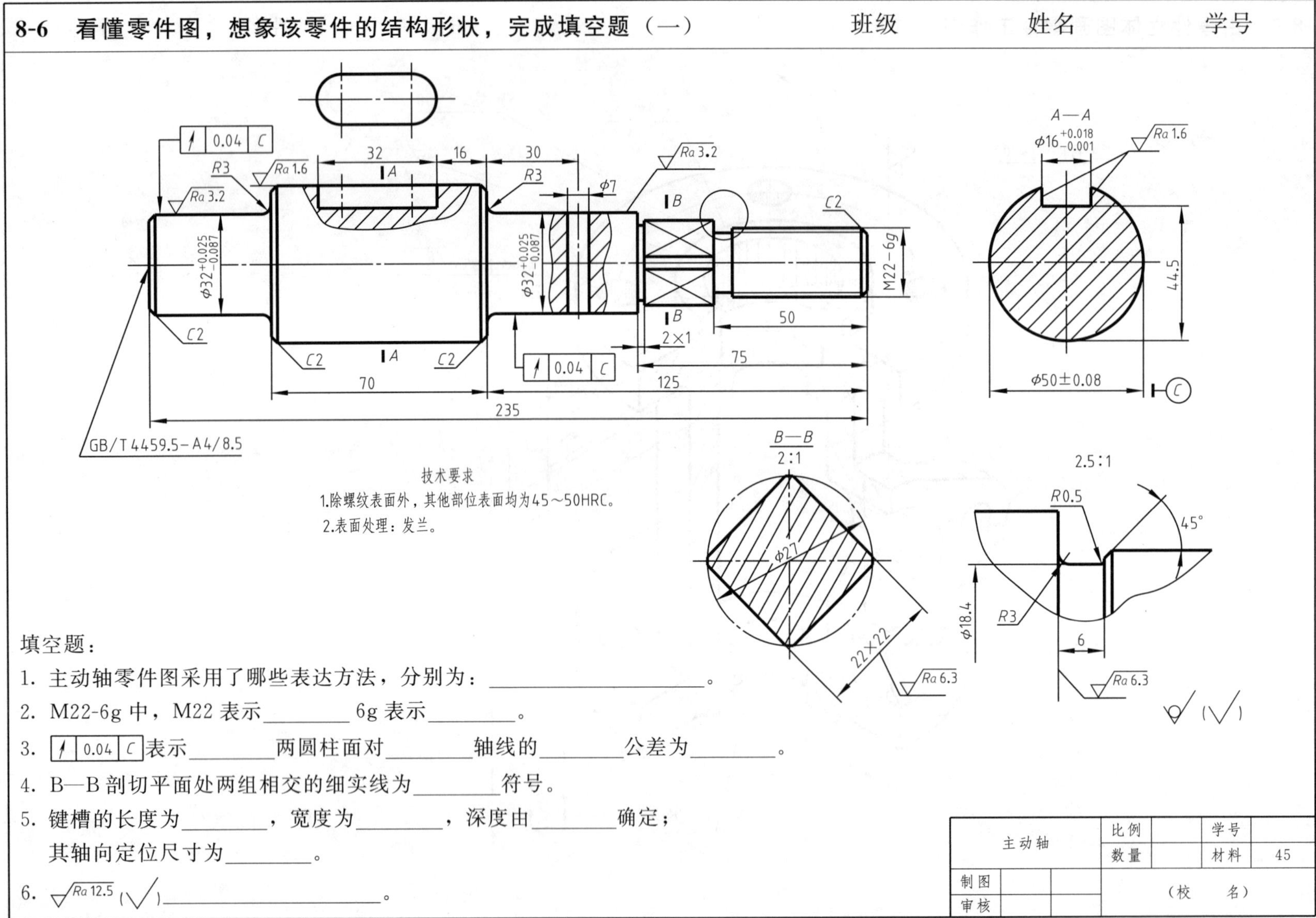

填空题：

1. 主动轴零件图采用了哪些表达方法，分别为：____________。
2. M22-6g 中，M22 表示________ 6g 表示________。
3. [↗ | 0.04 | C] 表示________两圆柱面对________轴线的________公差为________。
4. B—B 剖切平面处两组相交的细实线为________符号。
5. 键槽的长度为________，宽度为________，深度由________确定；其轴向定位尺寸为________。
6. Ra 12.5 (√)____________。

8-6 看懂零件图，想象该零件的结构形状，完成填空题（二）

班级　　　　姓名　　　　学号

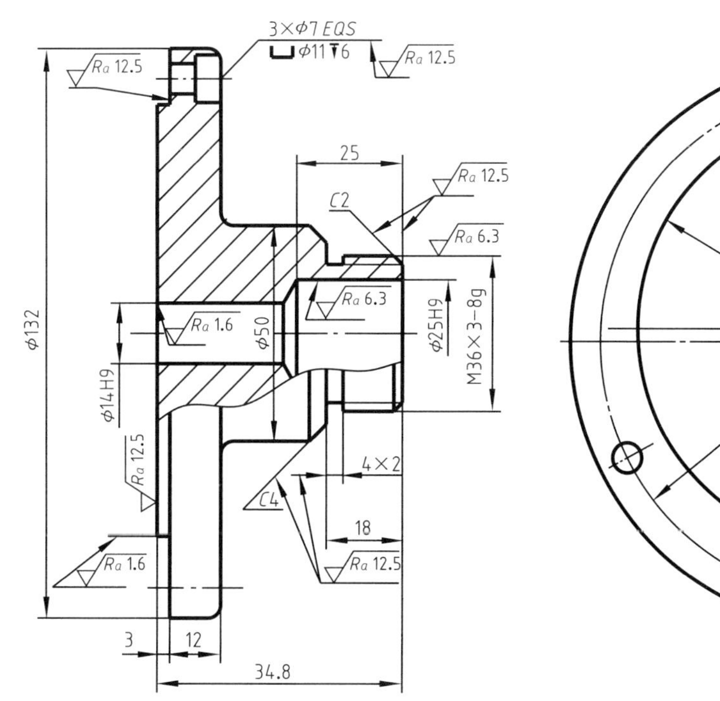

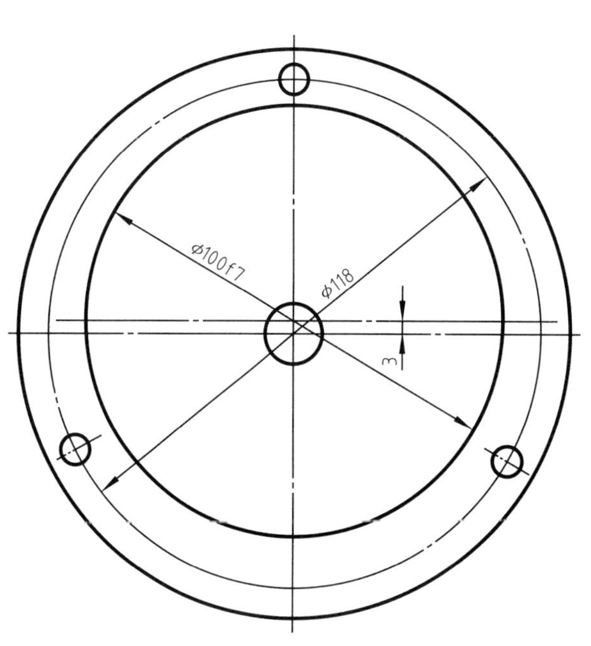

填空题：

1. 零件的主视图采用的是________剖视图。
2. 分析零件的轴线方向主要基准，用符号▽标在图中。
3. 3×ϕ7EQS 的含义：3 ________；ϕ7 ________；EQS ________。
4. ⌴ϕ11↧6 的含义；⌴ϕ11 ________ ↧6 ________。
5. ϕ100f7 的含义：ϕ100 ________；f ________；7 ________。

泵盖		比例		学号	
		数量		材料	HT150
制图			（校名）		
审核					

8-6 看懂零件图，想象该零件的结构形状，完成填空题（三） 班级 姓名 学号

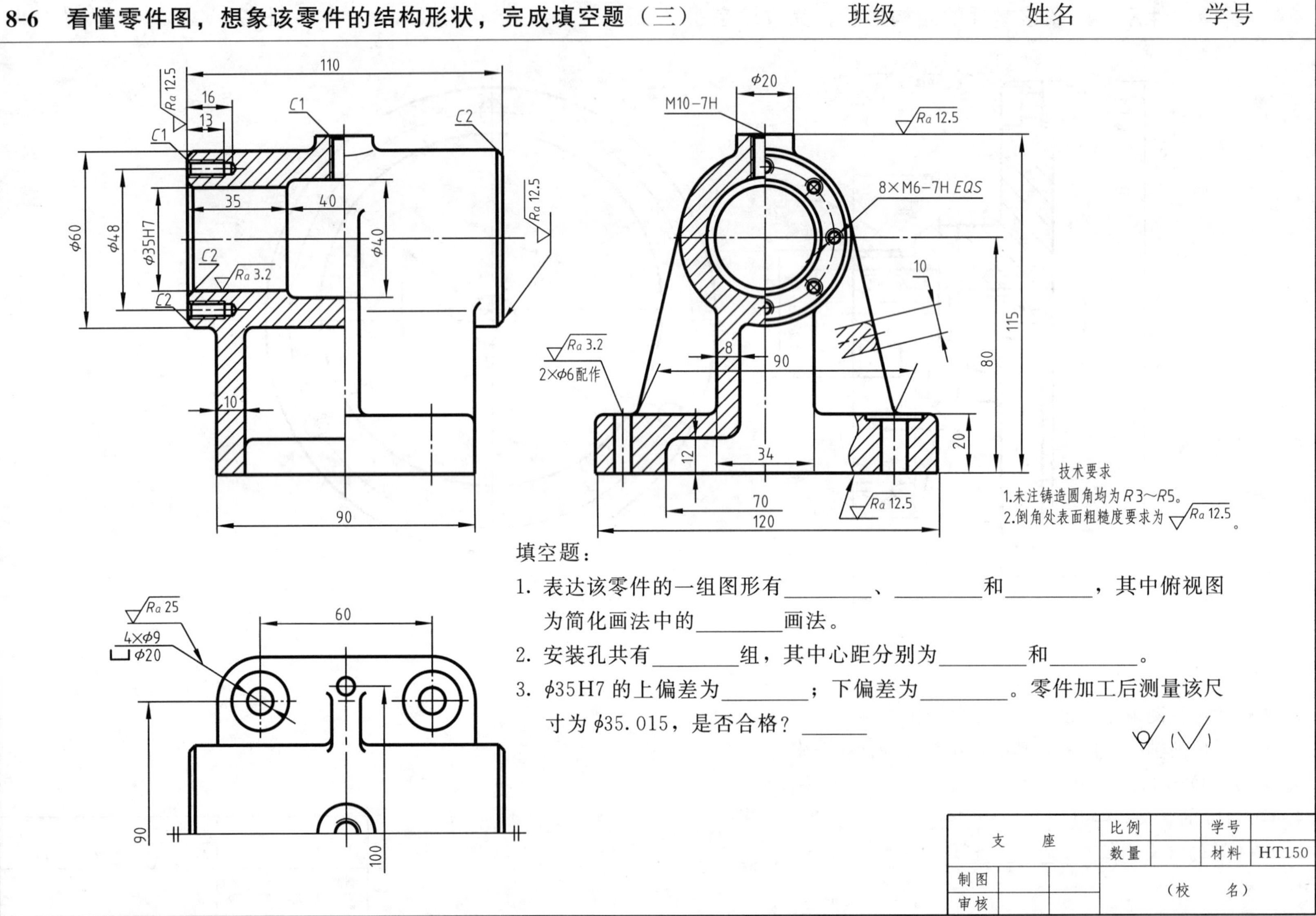

填空题：

1. 表达该零件的一组图形有________、________和________，其中俯视图为简化画法中的________画法。
2. 安装孔共有________组，其中心距分别为________和________。
3. φ35H7 的上偏差为________；下偏差为________。零件加工后测量该尺寸为 φ35.015，是否合格？______

支 座			比例		学号	
			数量		材料	HT150
制图			（校 名）			
审核						

8-6 看懂零件图，想象该零件的结构形状，完成填空题（四） 班级 姓名 学号

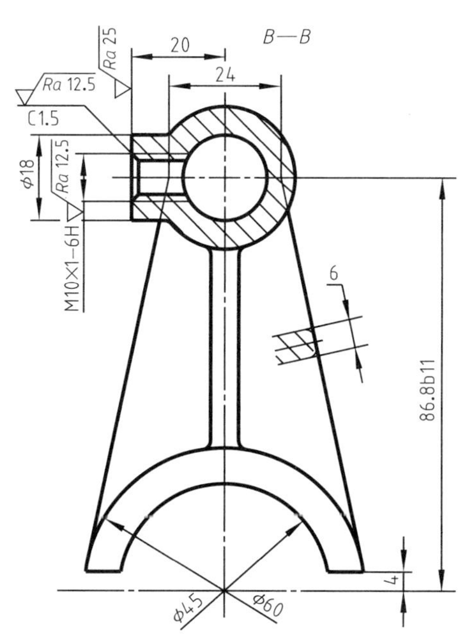

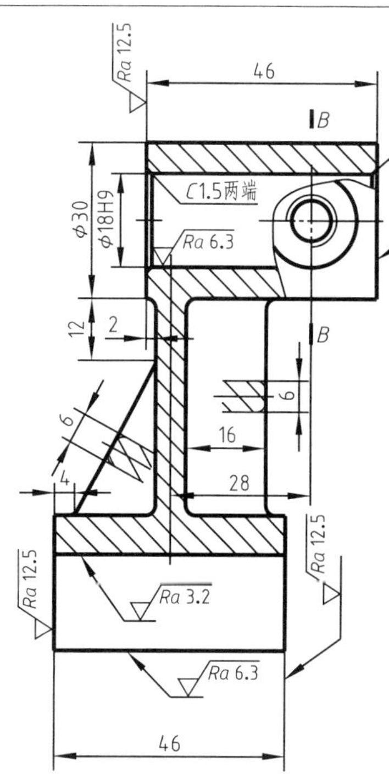

技术要求
1.未注圆角为R3～R5;
2.铸件不得有气孔、沙眼等缺陷;
3.铸件应退火处理。

填空题：

1. 根据零件名称和结构形状，该零件属于________类零件。
2. 在加工表面中，指出表面粗糙度要求最高（用○圈出）和最低（用□圈出）的表面。
3. 该零件的材料为________，其毛坯用________方法获得。
4. 解释含义 ✓(✓)________。

拨 叉		比例		学号	
		数量		材料	HT150
制图			（校 名）		
审核					

9-1　根据千斤顶的装配示意图和零件图，绘制装配图（一）　　班级　　姓名　　学号

一、作业要求

参照千斤顶的示意图，看懂全部零件图，再根据部件的装配顺序，绘制其装配图。

二、工作原理

千斤顶是机械安装和汽车维修中经常使用的一种起重工具，它利用螺旋传动来顶举物体。旋转穿在螺杆孔中的绞杠，螺杆在螺套中依靠螺纹连接作上、下移动顶垫上的重物则由于螺杆的上升而被顶起。螺杆的顶部是球面，顶垫上的螺钉与螺杆连接但不固定，以防止顶垫随螺杆的旋转而落。螺套安装在底座中，利用螺钉定位。

7	螺钉 M10×12	1		GB/T 73—1985
6	顶垫	1	45	
5	螺钉 M8×12	1		GB/T 75—1985
4	绞杠	1	30	
3	螺杆	1	45	
2	螺套	1	QAT9-4	
1	底座	1	HT200	
序号	名称	数量	材料	备注

千斤顶		比例		学号	
		数量		材料	
制图					
审核					

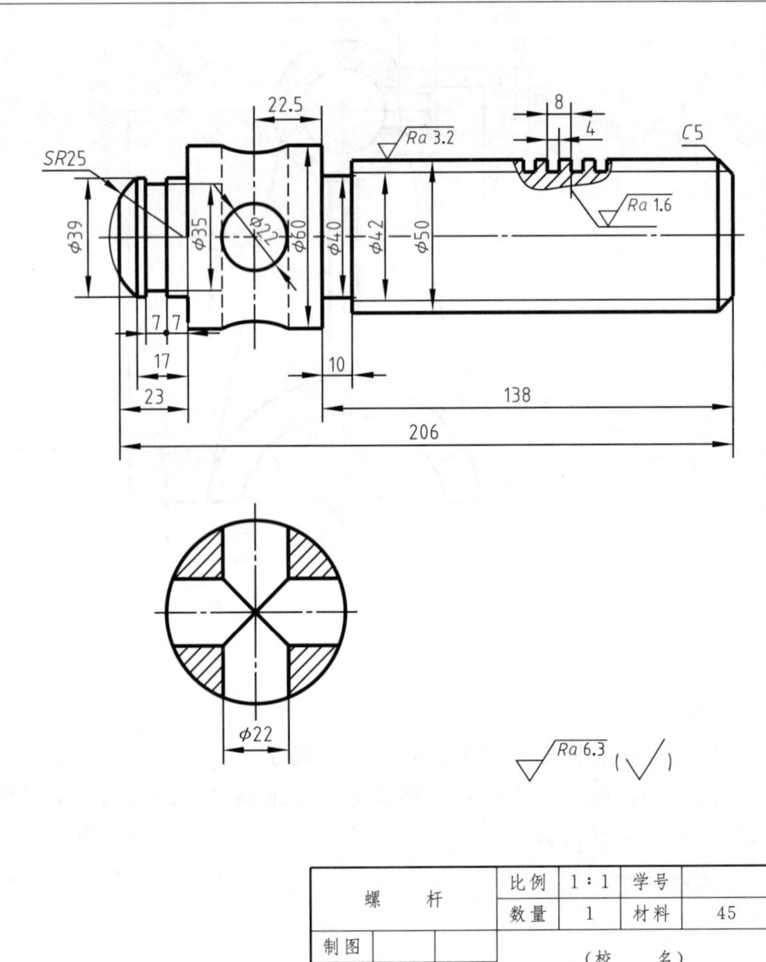

9-1 根据千斤顶的装配示意图和零件图，绘制装配图（二） 班级 姓名 学号

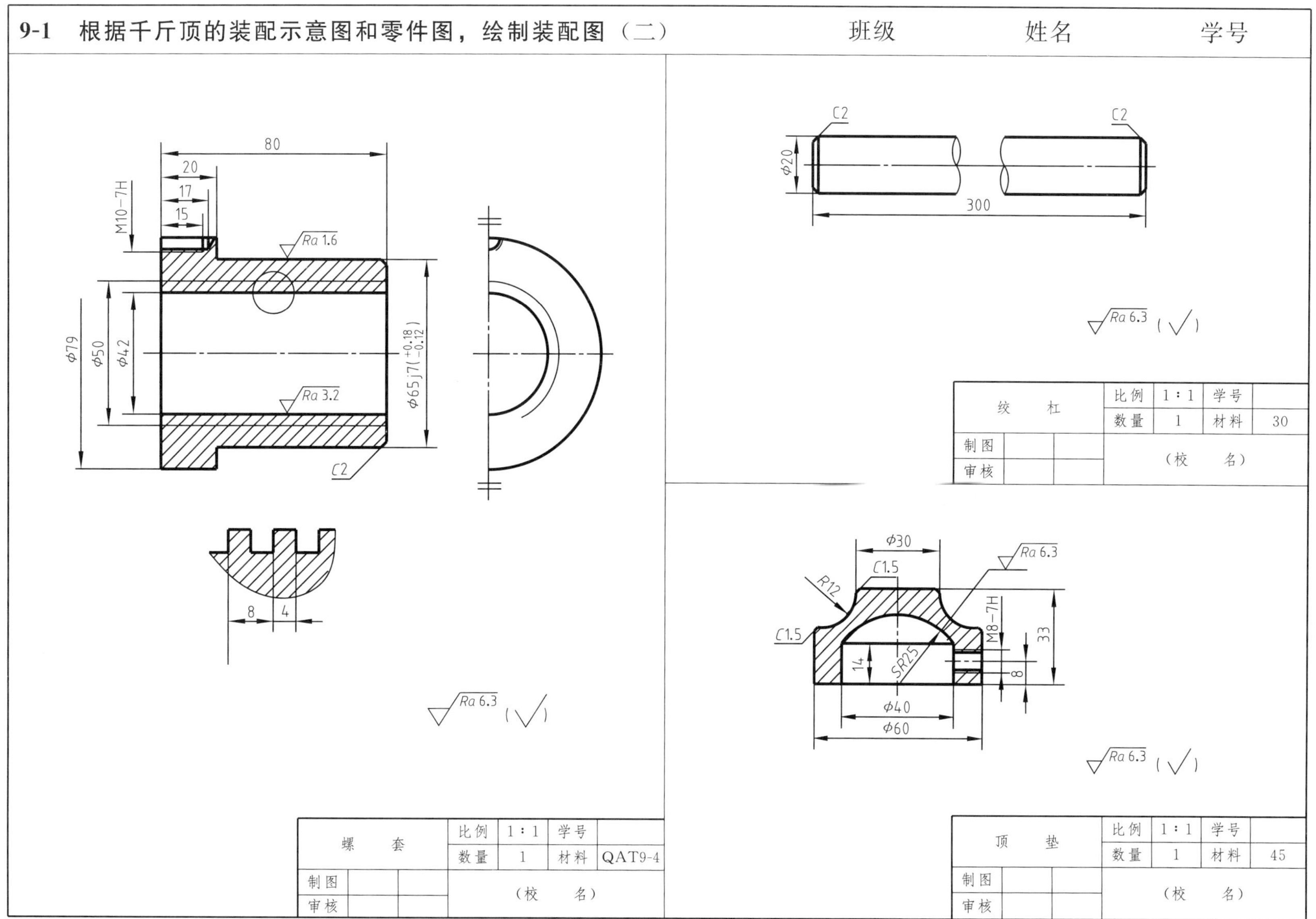

9-1　根据千斤顶的装配示意图和零件图，绘制装配图（三）　　　班级　　　姓名　　　学号

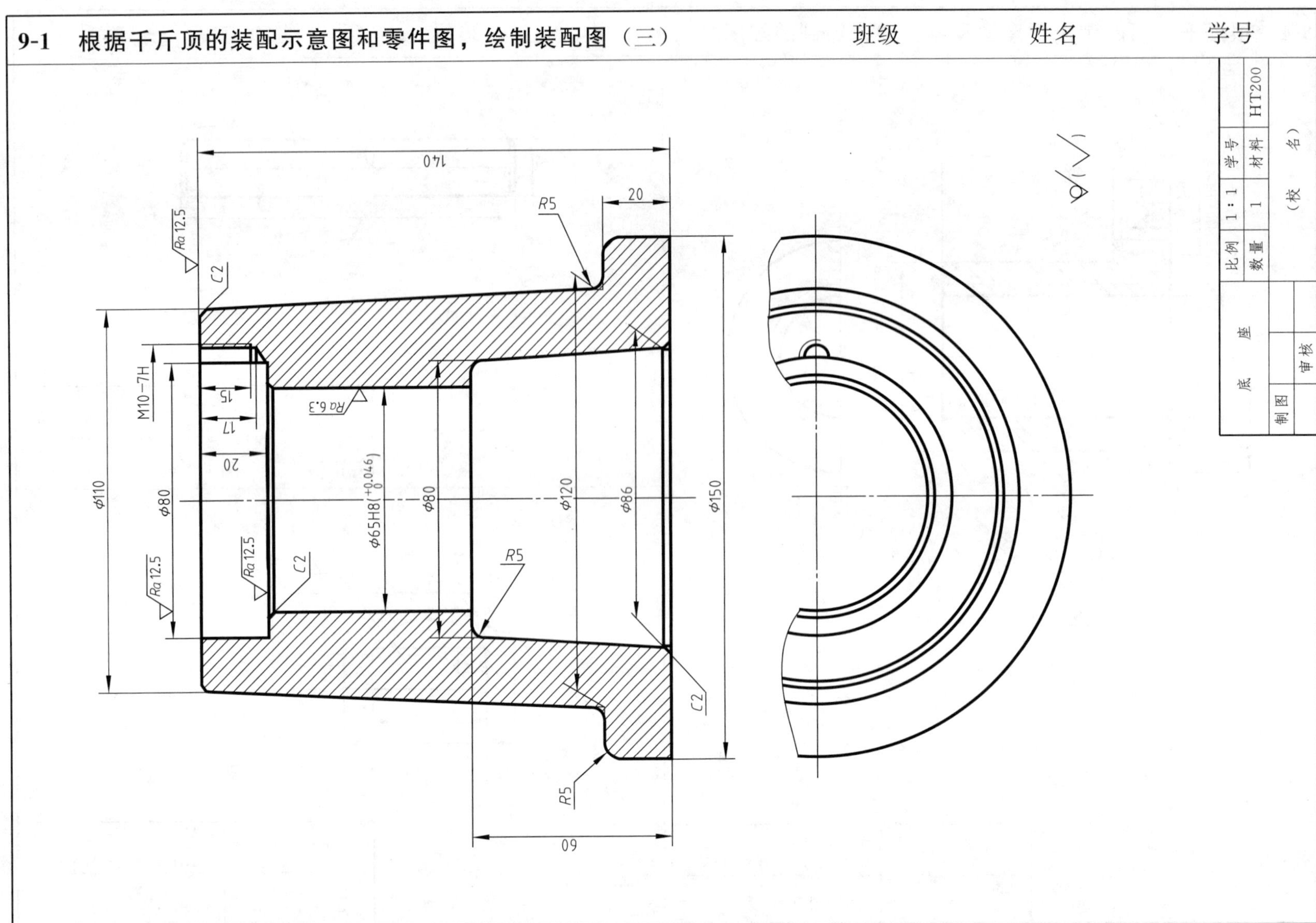

9-2 根据铣刀头的装配示意图和零件图，绘制装配图（一） 班级 姓名 学号

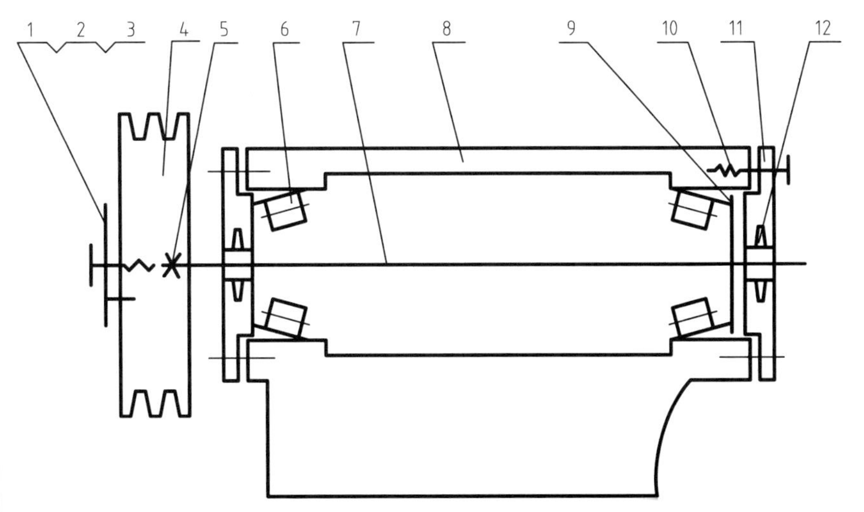

一、作业要求

参照铣刀头的装配示意图，仔细阅读零件图，根据部件的装配顺序，绘制其装配图。

二、工作原理

在轴的右端安装铣刀盘，动力通过皮带传至皮带轮，皮带轮带动轴及铣刀盘旋转实现铣削加工。

序号	名　　称	数量	材料	备　　注
12	毡圈	2	羊毛毡	
11	端盖	2	HT200	
10	螺钉 M8×20	12	35	GB/T 70—1985
9	调整环	1	35	
8	座体	1	HT200	
7	轴	1	45	
6	轴承 30307	2	GCr15	GB/T 297—1994
5	键	1	45	GB/T 1096—2003
4	带轮 A 型	1	HT150	
3	销 $\phi3\times12$	1	35	GB/T 119.1—2000
2	螺钉 M6×18	1	35	GB/T 68—2000
1	挡圈	1	35	

铣刀头	比例		学号	
	数量		材料	
制图				
审核				

9-2 根据铣刀头的装配示意图和零件图，绘制装配图（二） 班级 姓名 学号

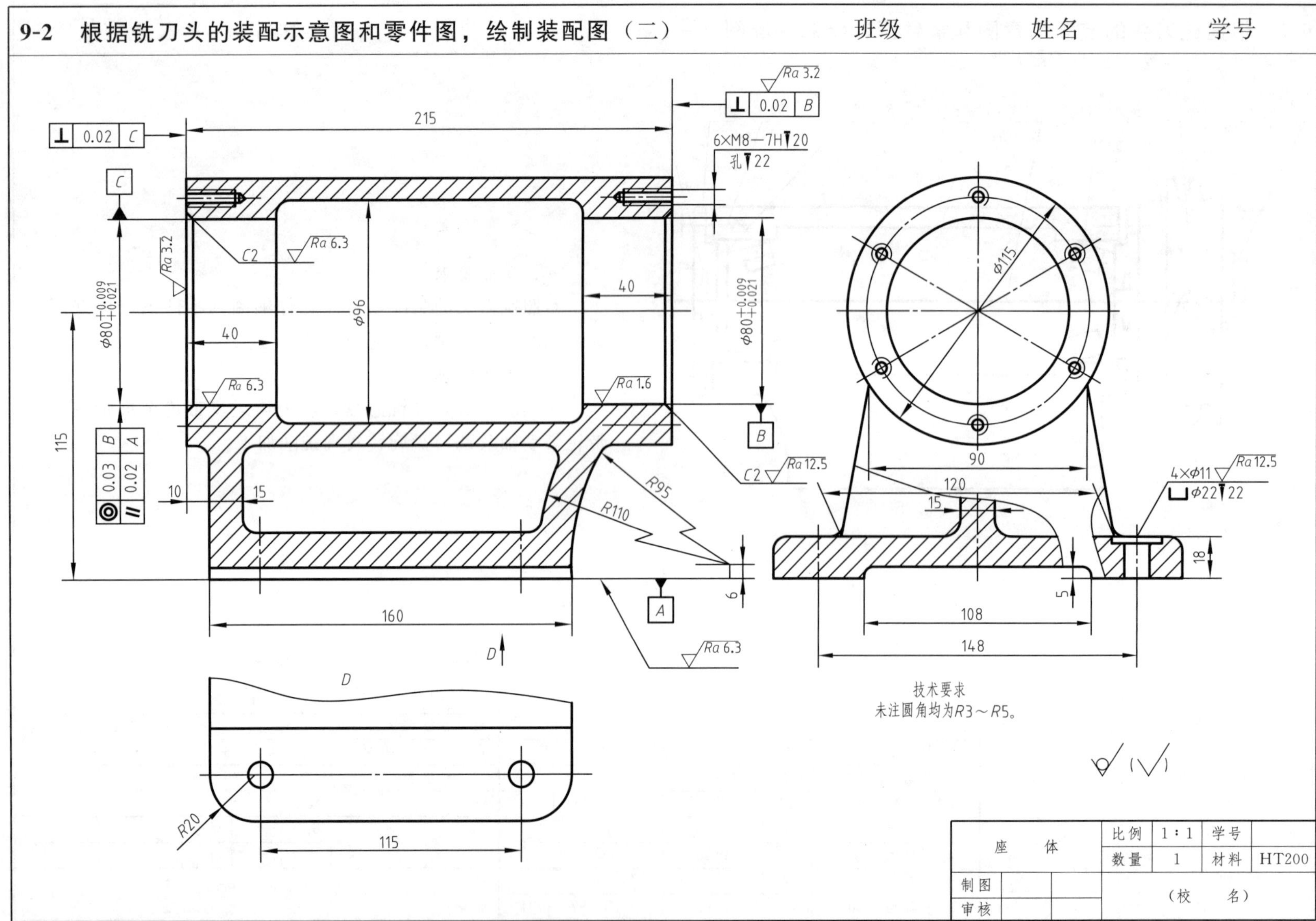

座体		比例	1:1	学号	
		数量	1	材料	HT200
制图		（校名）			
审核					

9-2 根据铣刀头的装配示意图和零件图，绘制装配图（三） 班级 姓名 学号

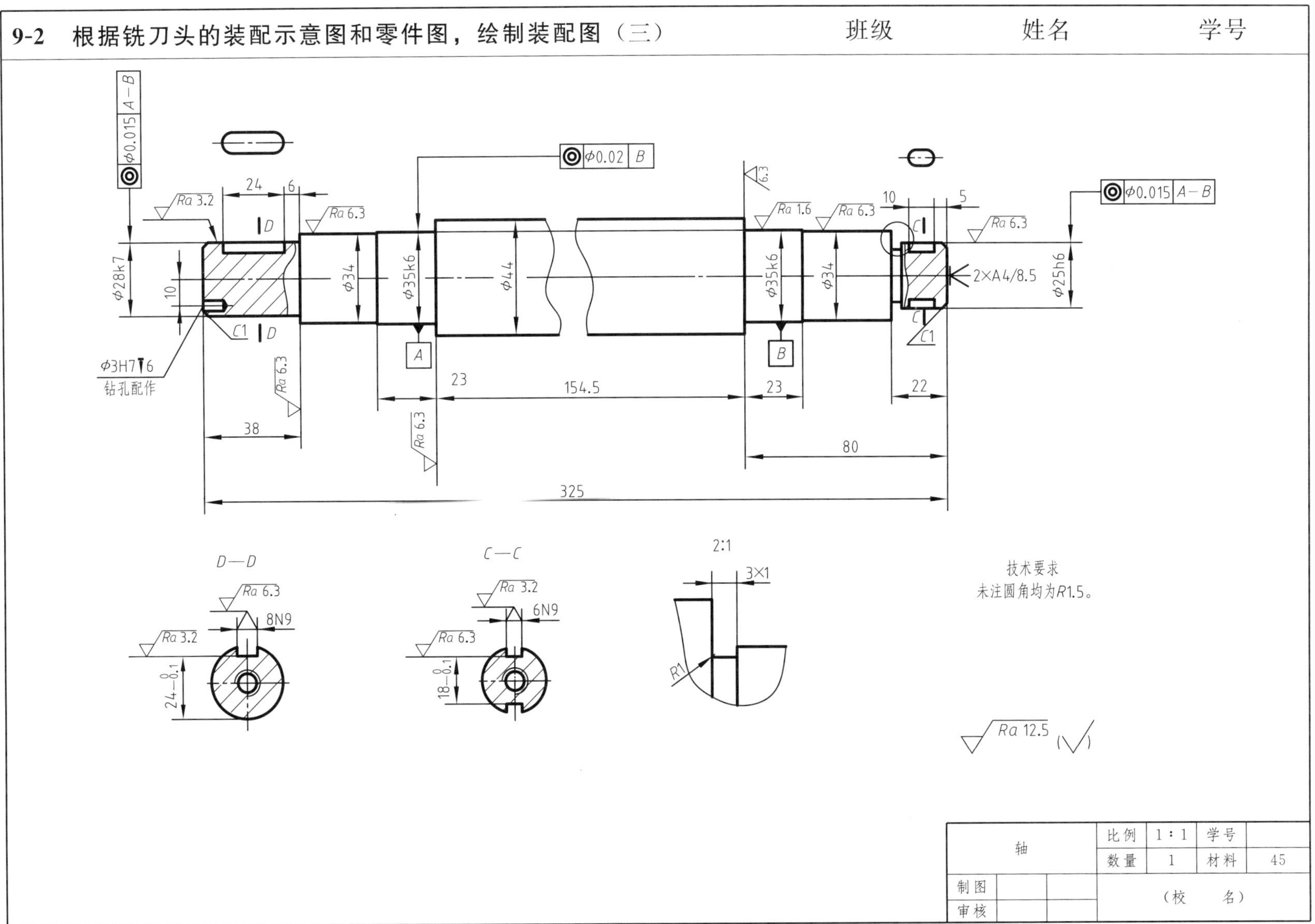

9-2　根据铣刀头的装配示意图和零件图，绘制装配图（四）　　班级　　姓名　　学号

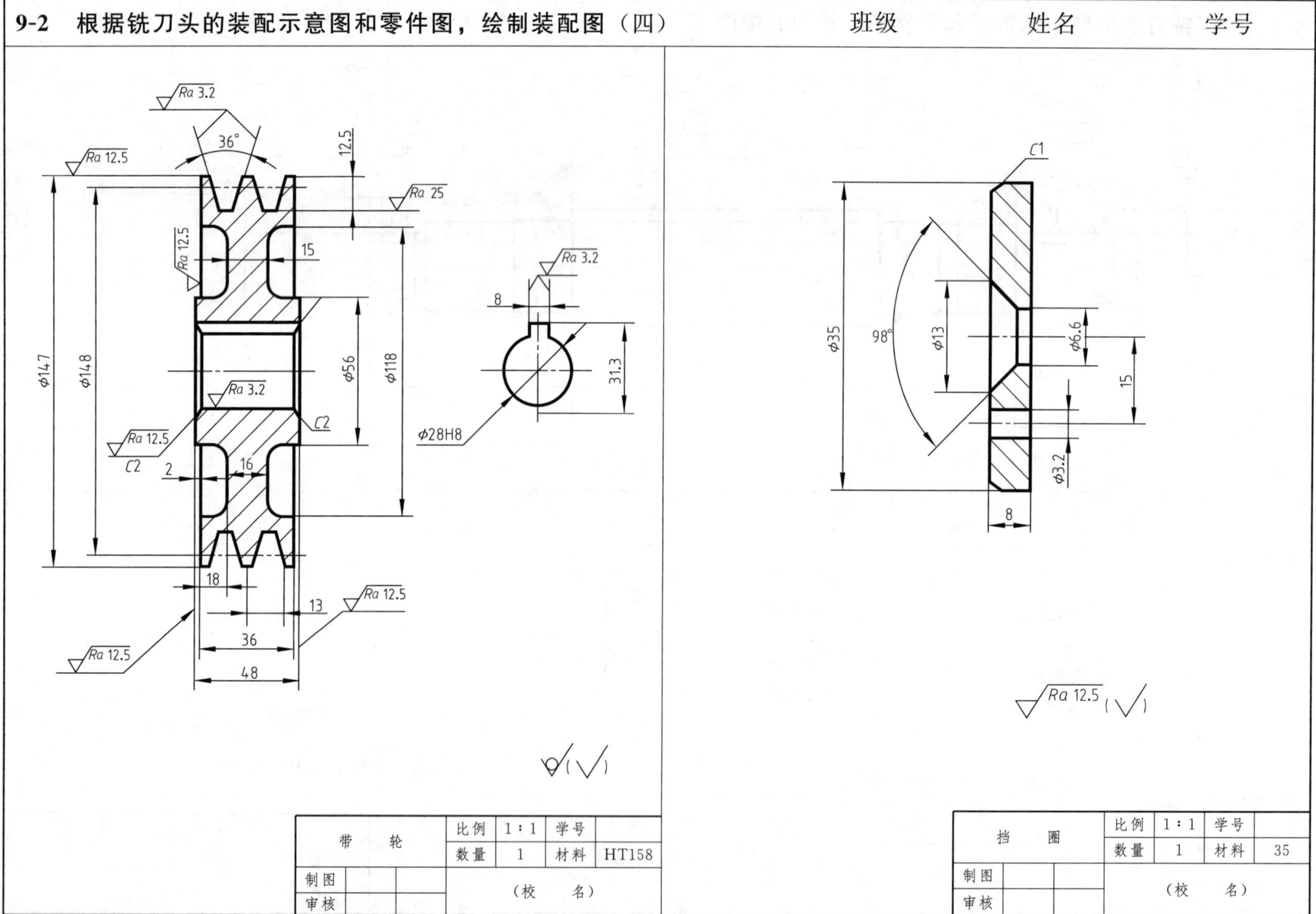

带　轮	比例	1∶1	学号	
	数量	1	材料	HT158
制图			（校　　名）	
审核				

挡　圈	比例	1∶1	学号	
	数量	1	材料	35
制图			（校　　名）	
审核				

9-2 根据铣刀头的装配示意图和零件图，绘制装配图（五） 班级 姓名 学号

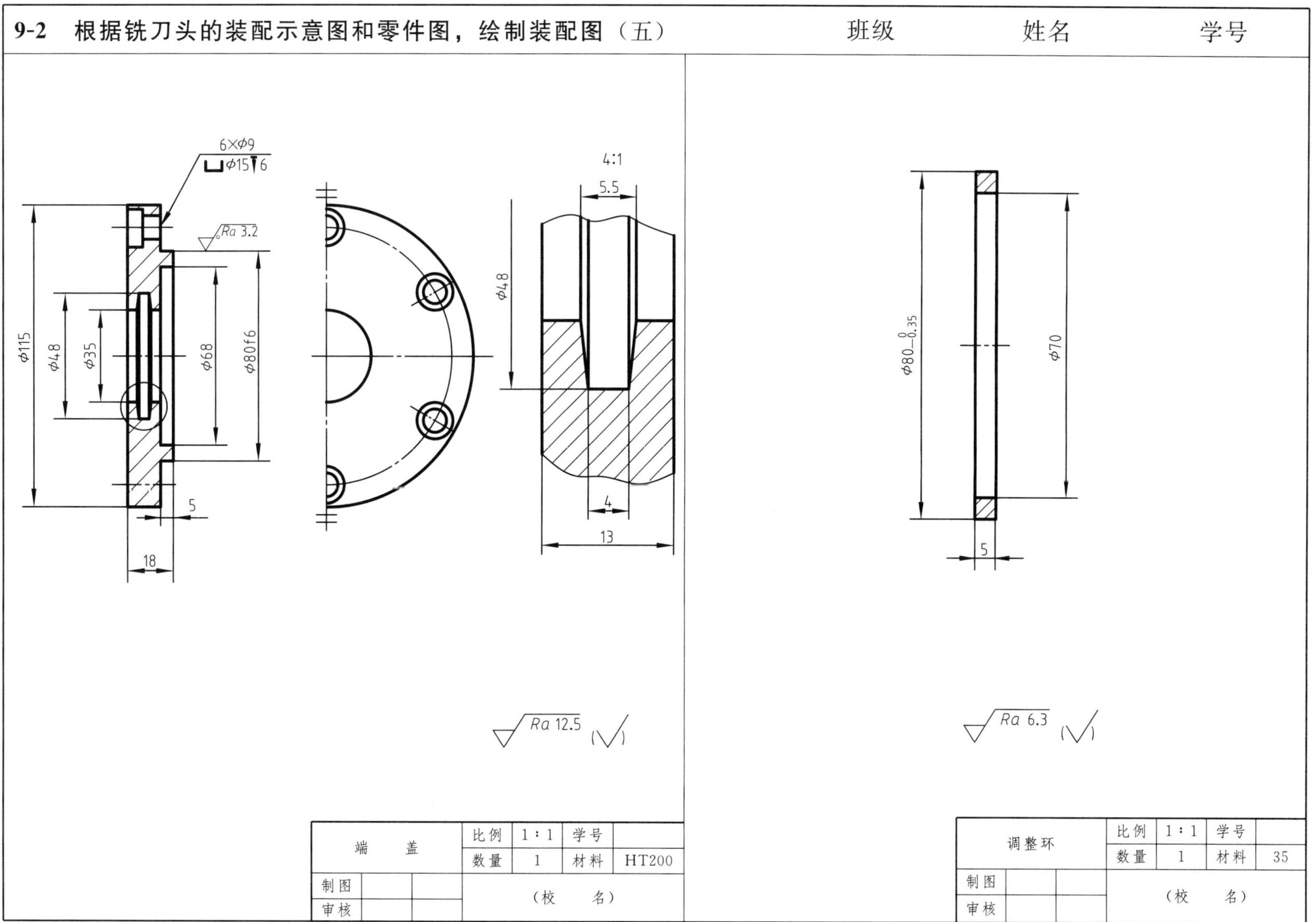

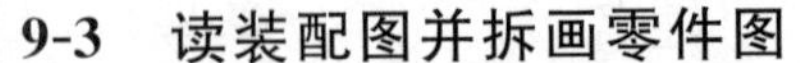

9-3 读装配图并拆画零件图

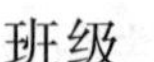

班级　　姓名　　学号

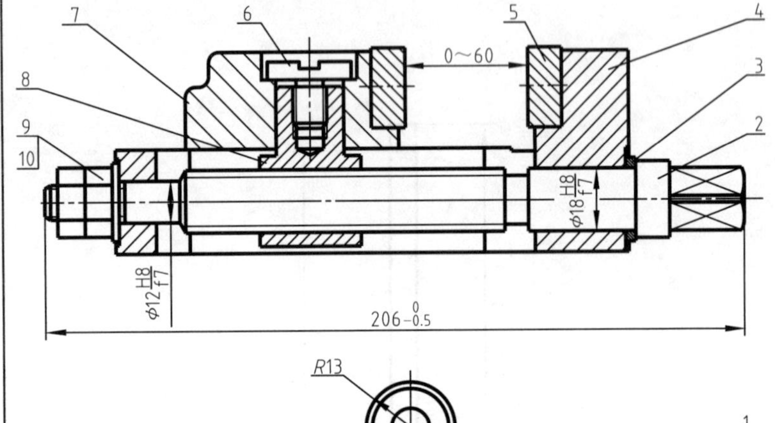

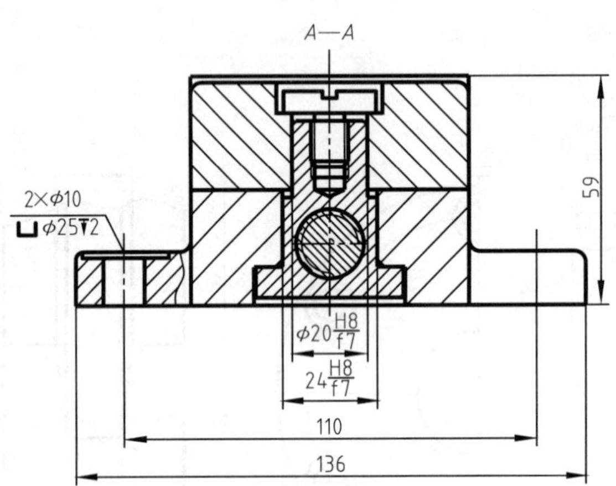

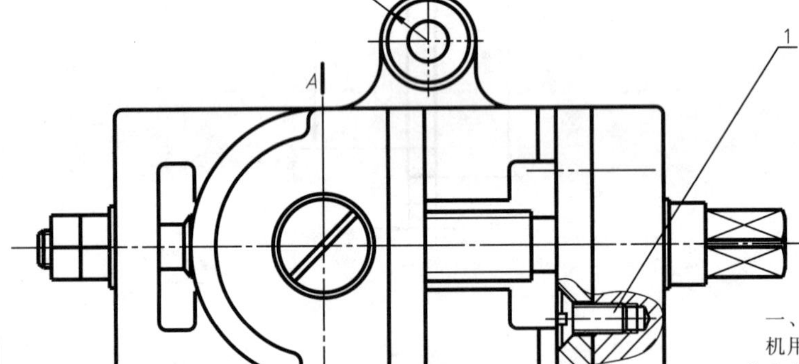

一、工作原理

机用虎钳是机床上用来夹紧工件的一种夹具。当顺时针或逆时针旋转螺杆时，螺杆带动方块螺母使活动钳口沿钳座作直线移动，从而改变了两钳口的间距，起到夹紧或松开工件的作用。

二、回答下列问题

1. 左视图采用了________表达方法？
2. 机用虎钳共有________件，其中标准件有________件。
3. 图中 ϕ18H8/f7 的含义是什么？
4. 解释⌴ϕ25↧2 符号的含义。
5. 拆画钳座或活动钳口的零件图。

序号	名　称	数量	材料	备　注
10	螺母 M10	2	A3	GB/T 6170—2000
9	垫圈 10	1	A3	GB/T 97.1—2002
8	方块螺母	1	HT200	
7	活动钳口	1	A3	
6	压紧螺钉	1	A3	
5	钳口	2	A3	
4	钳座	1	HT150	
3	调整垫	1	A3	
2	螺杆	1	35	
1	螺钉 M8×20	4	A3	GB/T 68—2000

机用虎钳	比例	1∶1	学号	
	数量		材料	
制图				
审核				

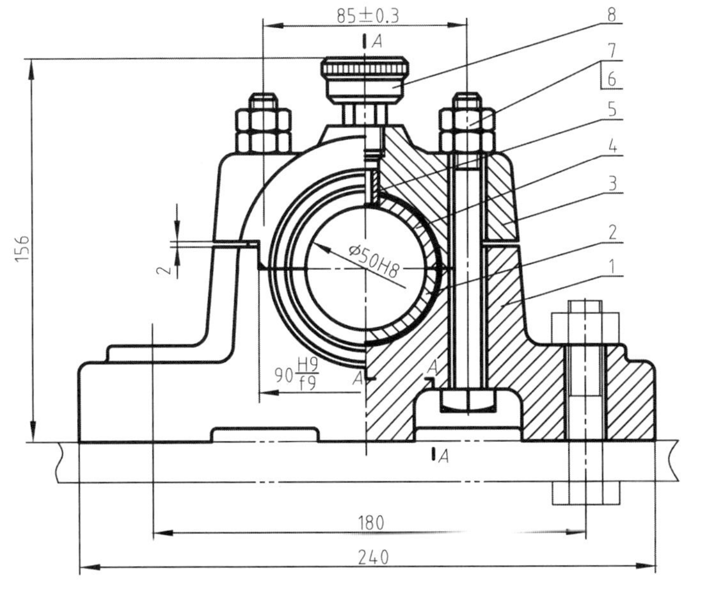

拆去油杯等

A—A

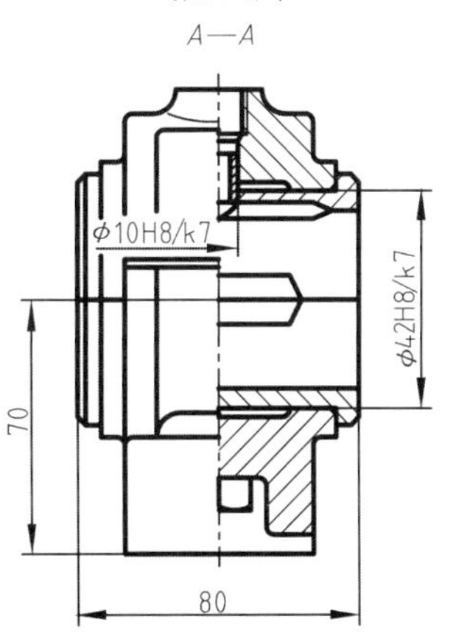

一、工作原理

滑动轴承是用来支撑轴的一个部件。工作时，由于被支撑轴带动油杯回转，从而用轴承座内的润滑油，以改善轴与轴衬之间的工作条件。

二、回答下列问题

1. 主视图采用了____表达方法？
2. 左视图采用了____表达方法？
3. 滑动轴承共有____件？
4. 解释 $\phi 42H8/k7$ 配合代号的含义？
5. 轴承盖和轴承座是怎样连接的？
6. 拆画轴承座的零件图。

拆去轴承盖、上轴衬等

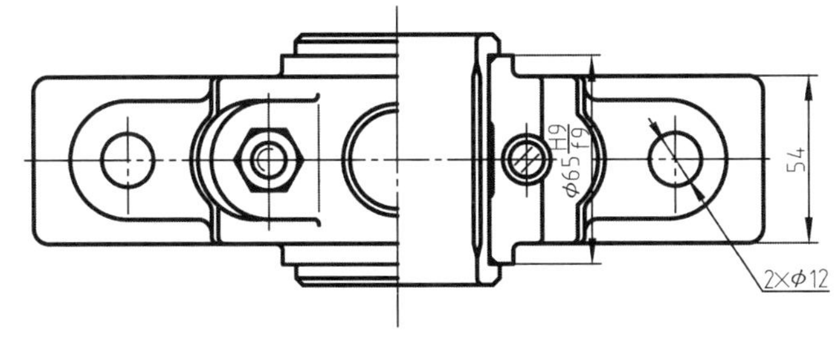

技术要求

1. 上、下轴衬与轴承座及轴承盖之间应保证接触良好。
2. 轴承装配后再加工油孔。
3. 调整试转后，工作面涂一层防锈油。

序号	名称	数量	材料	备注
8	油杯	1	HT20-40	JB 275—79
7	螺母 M12	4	A3	GB/T 6170—2000
6	螺栓 M12×120	2	A3	GB/T 5782—2000
5	轴衬固定套	1	A3	
4	上轴衬	1	青铜	
3	轴承盖	1	HT15-33	
2	下轴衬	2	青铜	
1	轴承座	1	HT15-33	

滑动轴承		比例		学号	
		数量		材料	
制图		（校　　名）			
审核					

第 10 章　计算机绘图

10-1　绘制平面图形（一）　　班级　　姓名　　学号

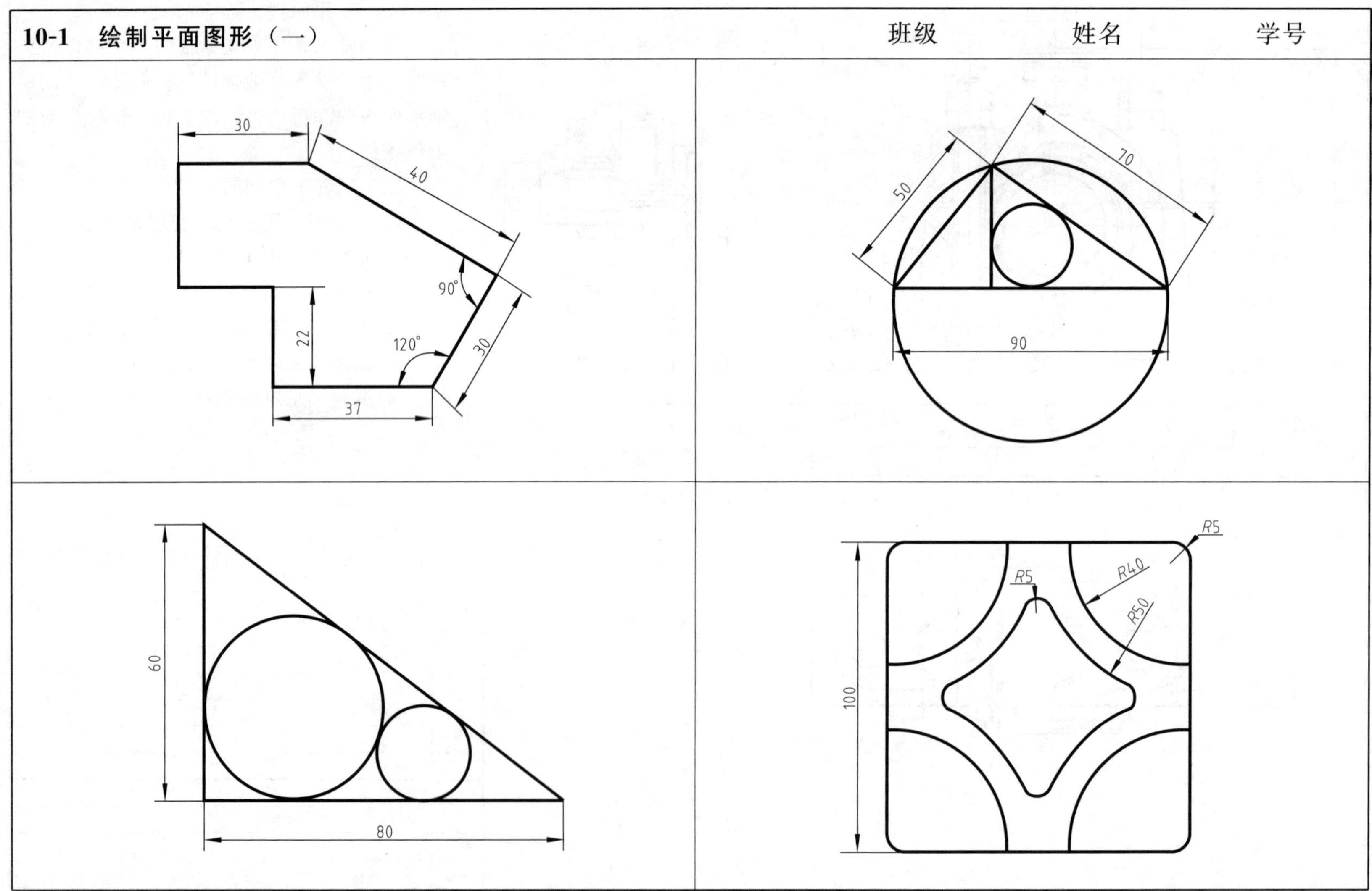

10-1　绘制平面图形（二）（尺寸自定）	班级	姓名	学号

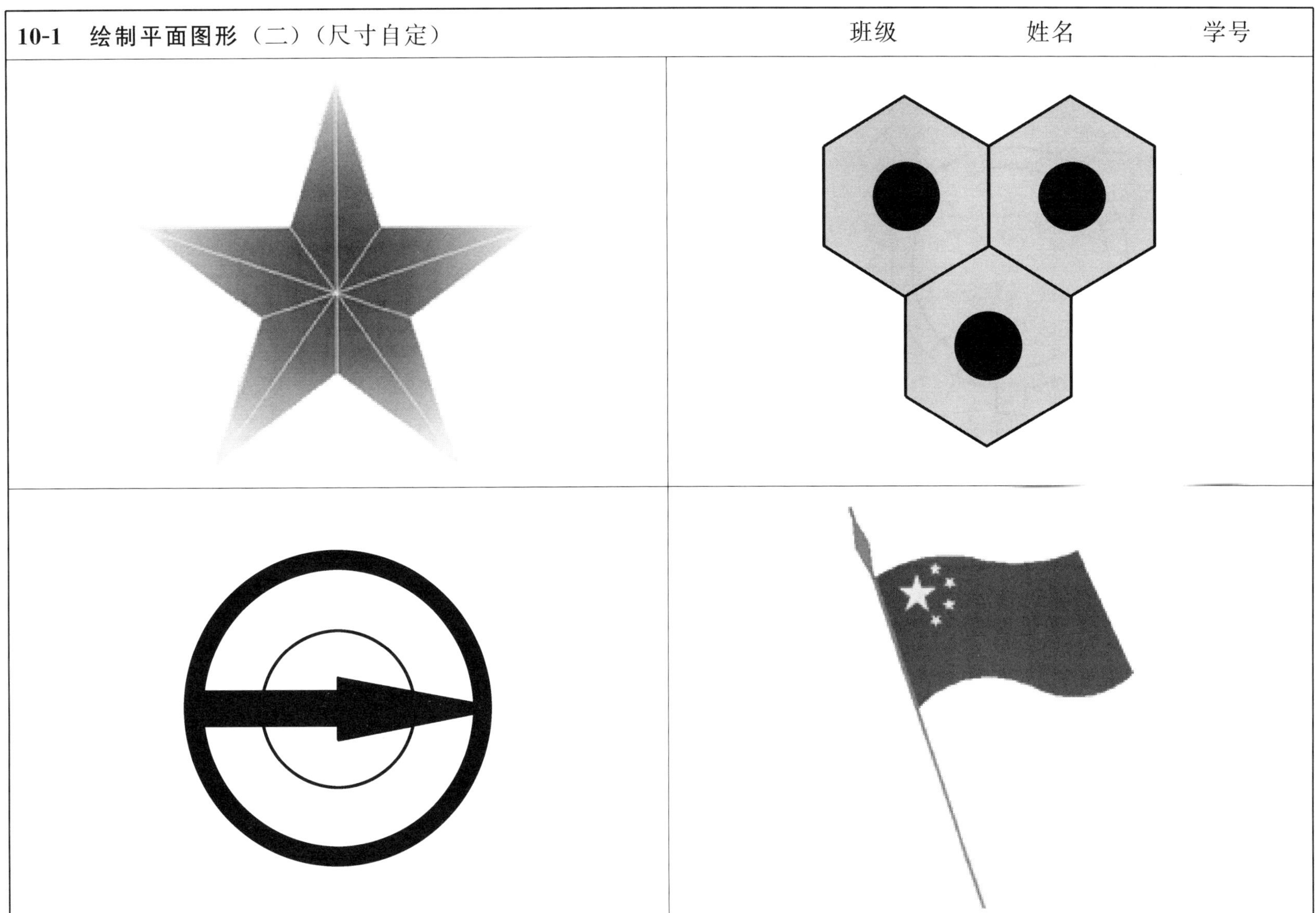

10-1 绘制平面图形（三）　　班级　　姓名　　学号

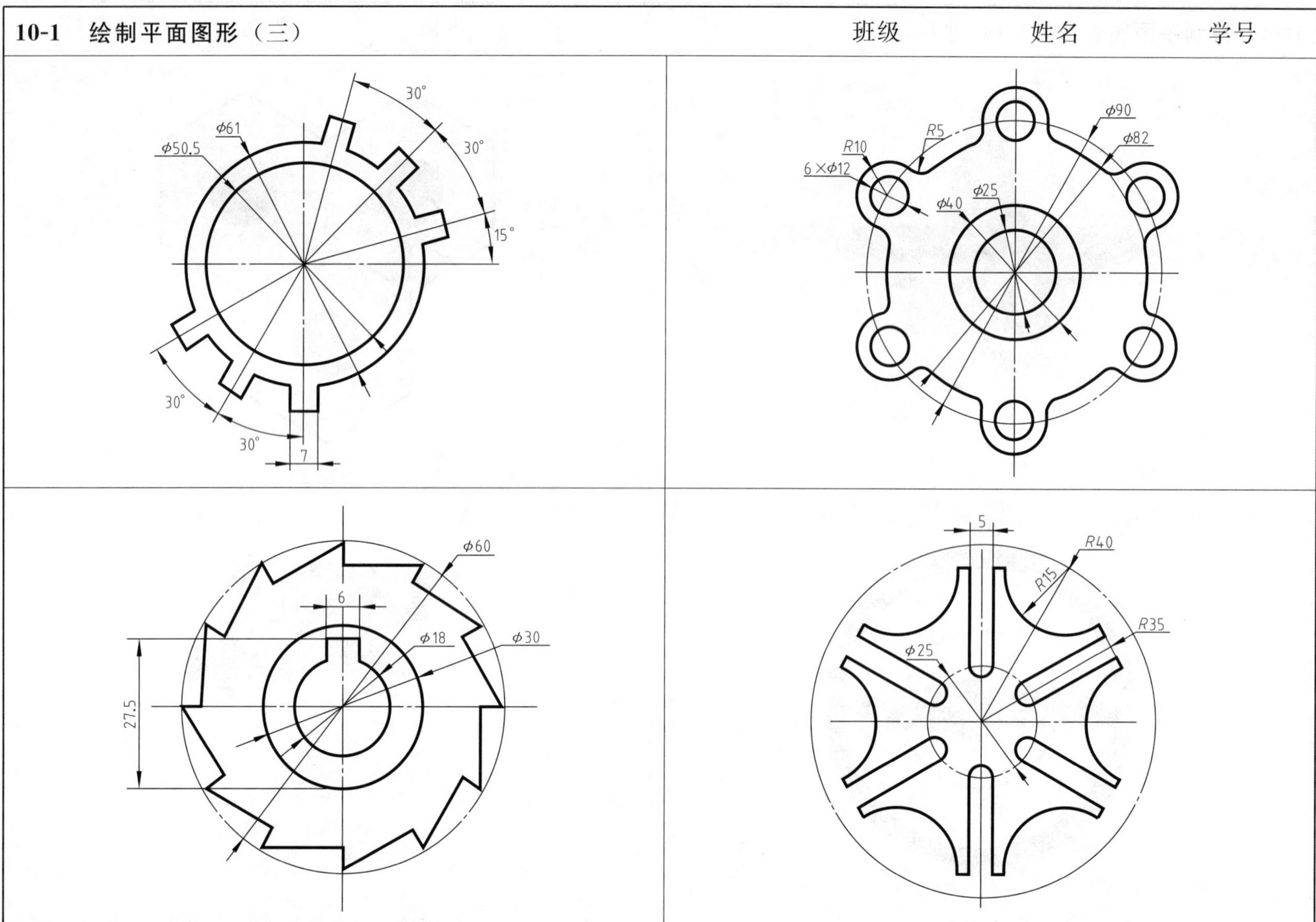

10-1 绘制平面图形（四） 班级 姓名 学号

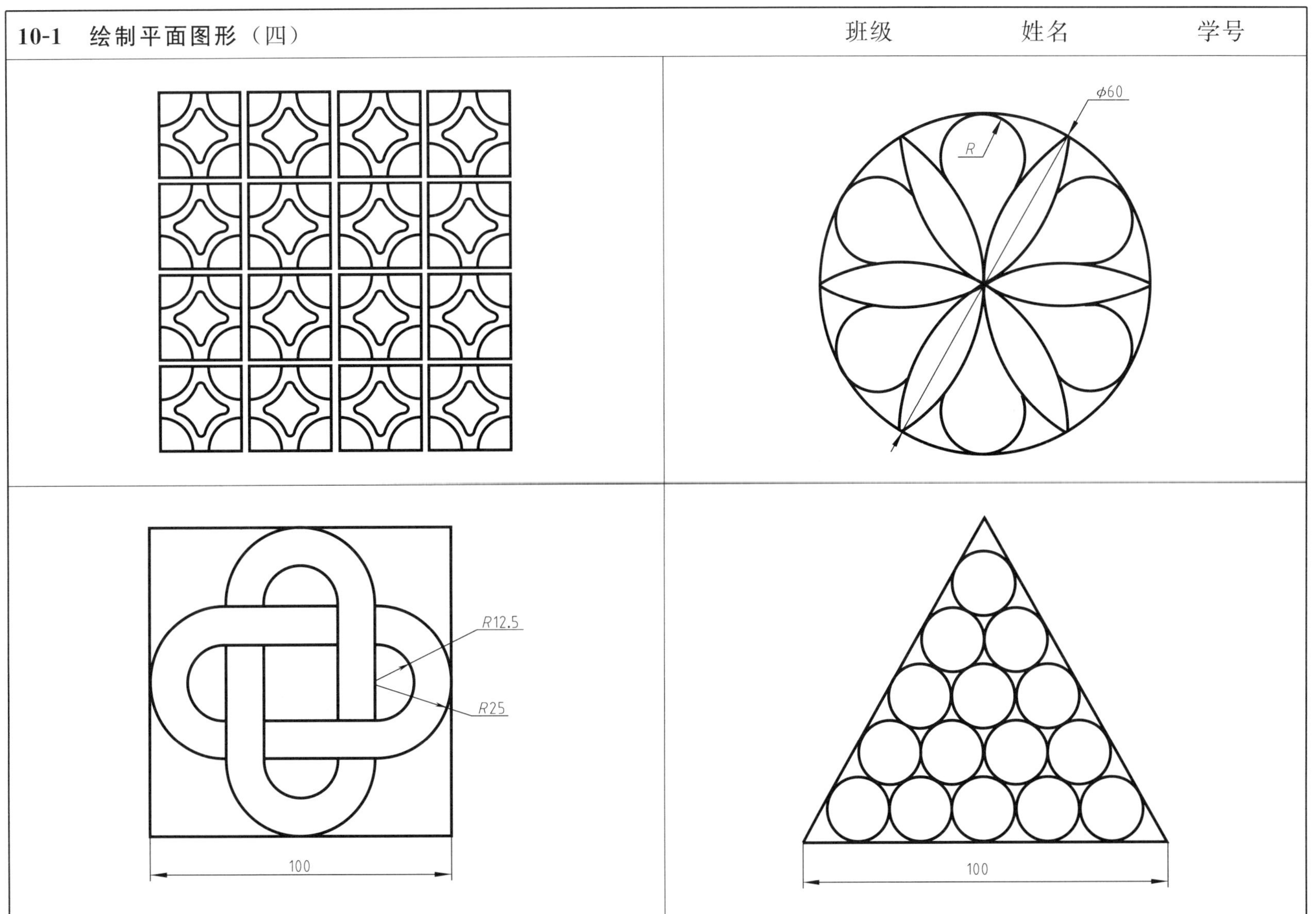

10-1　绘制平面图形（五）　　　　　　　　　　　　　　　　　　班级　　　　　　姓名　　　　　　学号

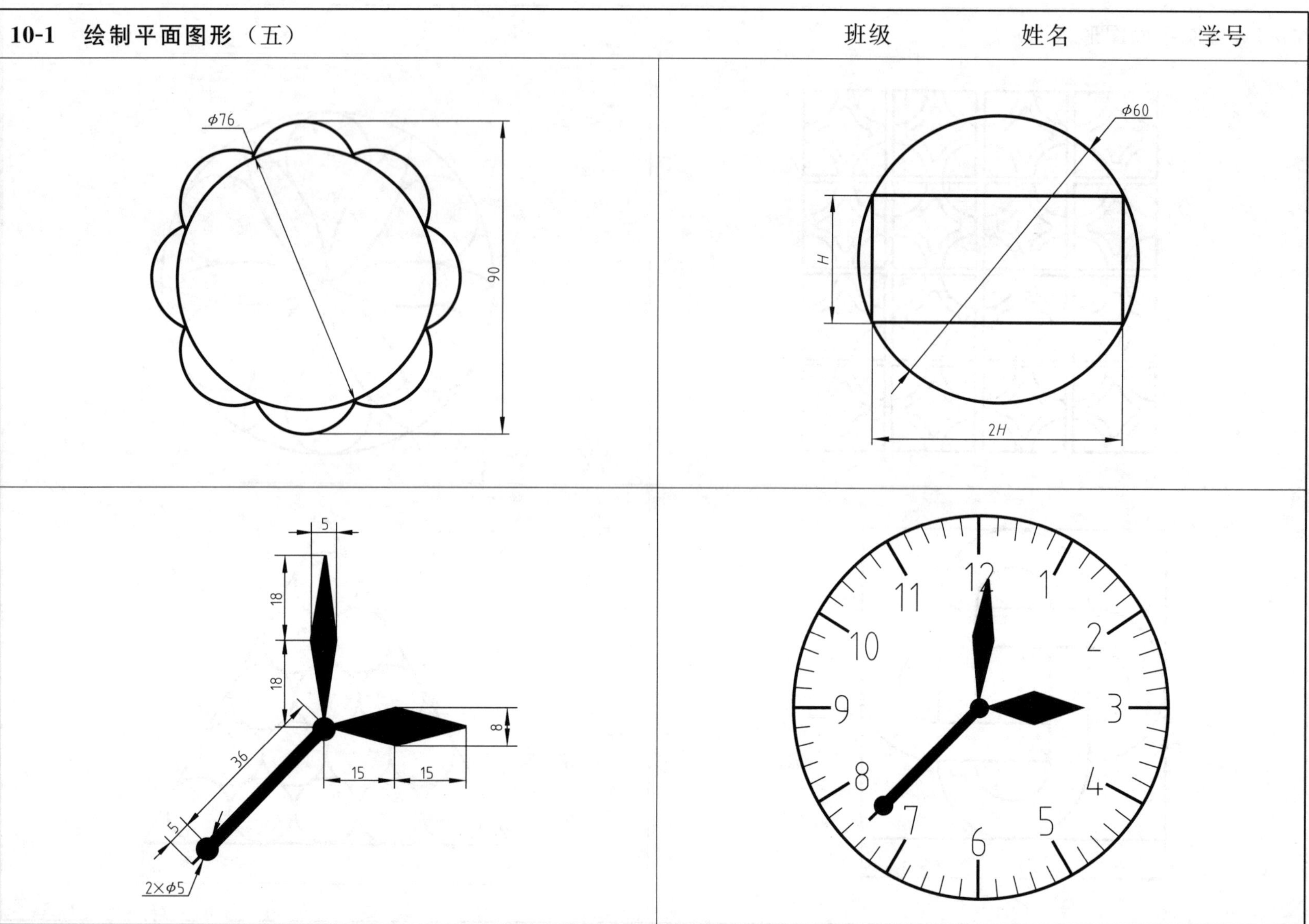

10-1 绘制平面图形（六）　　班级　　姓名　　学号

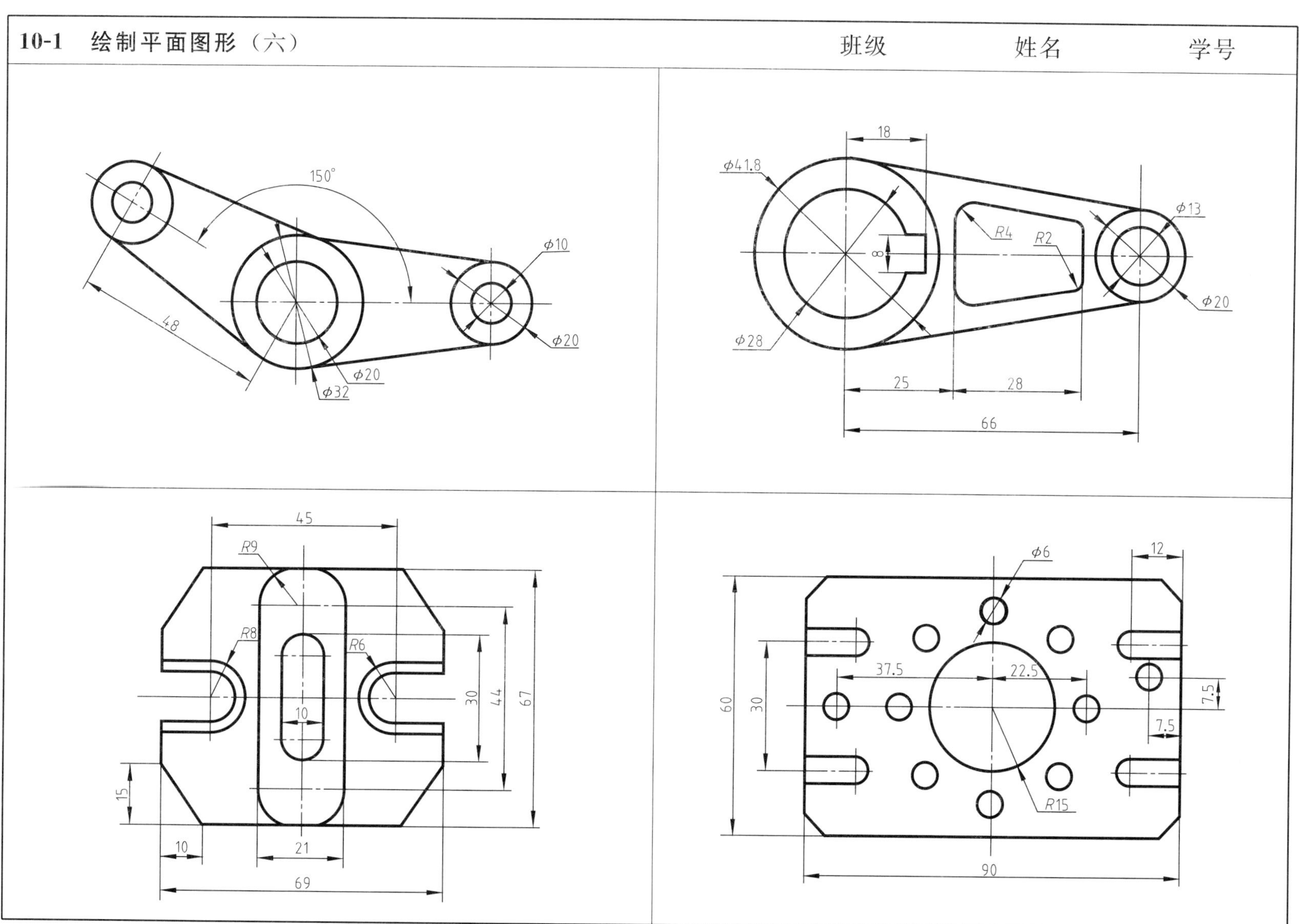

10-1 绘制平面图形（七） 班级 姓名 学号

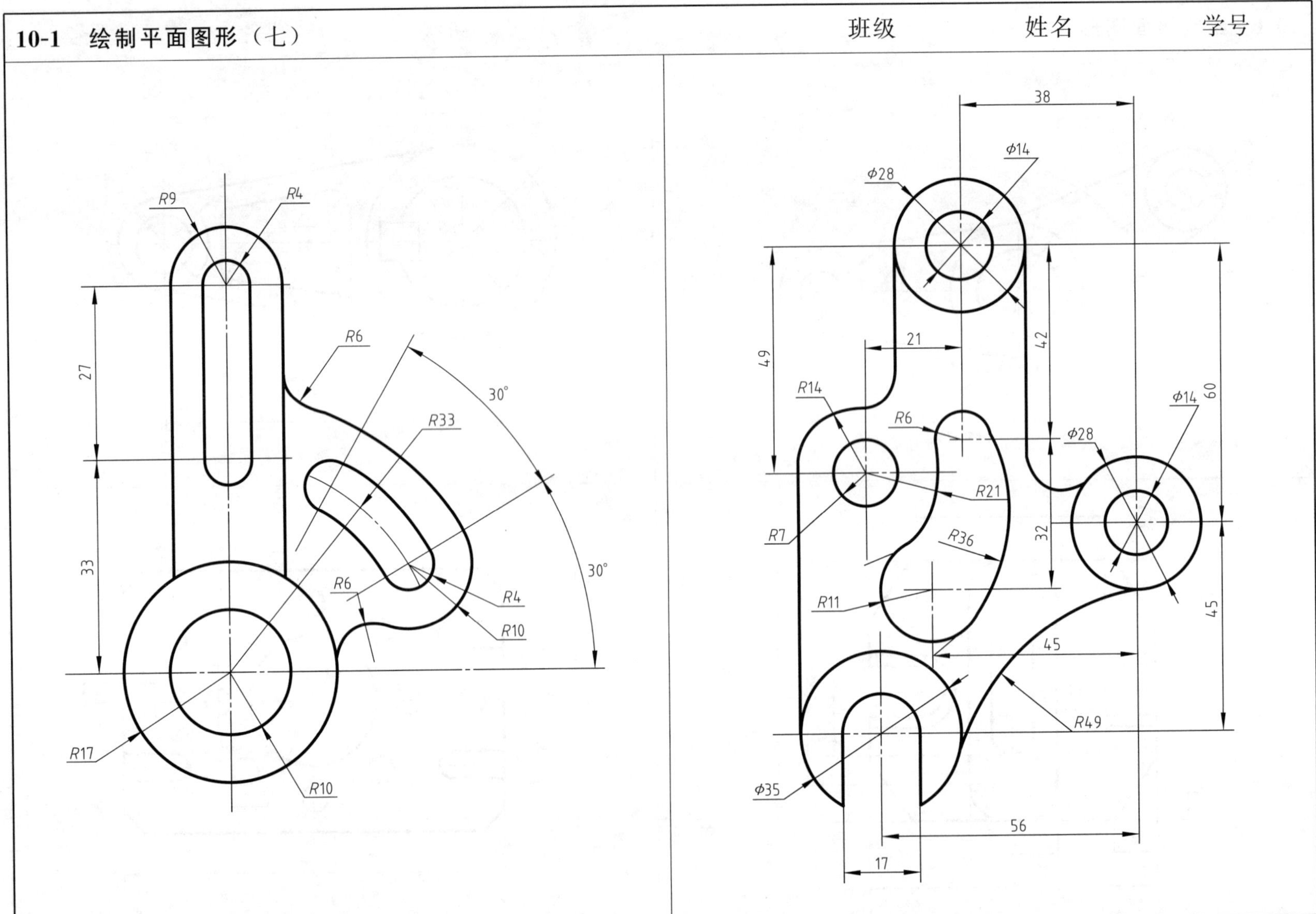

10-2 图块与文本

班级 姓名 学号

1. 定义粗糙度图块及属性。

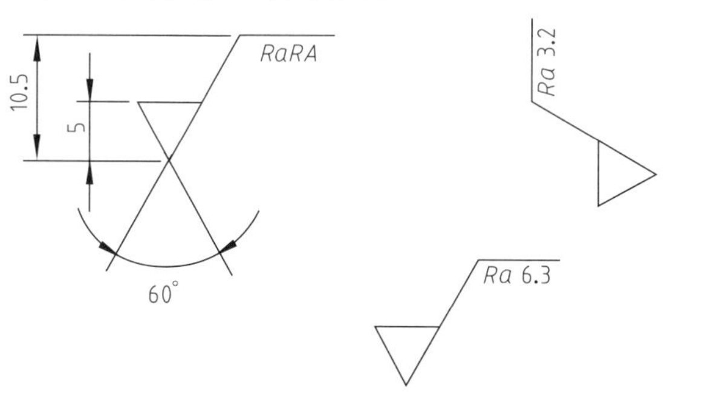

2. 定义长仿宋体文字样式并书写下列文本（字高为 7mm 和 5mm）。

技术要求

1. 铸造不得有砂眼及缩孔；

2. 铸造圆角半径为$R1$～$R3$。

3. 绘制、填写标题栏，并定义为图块。

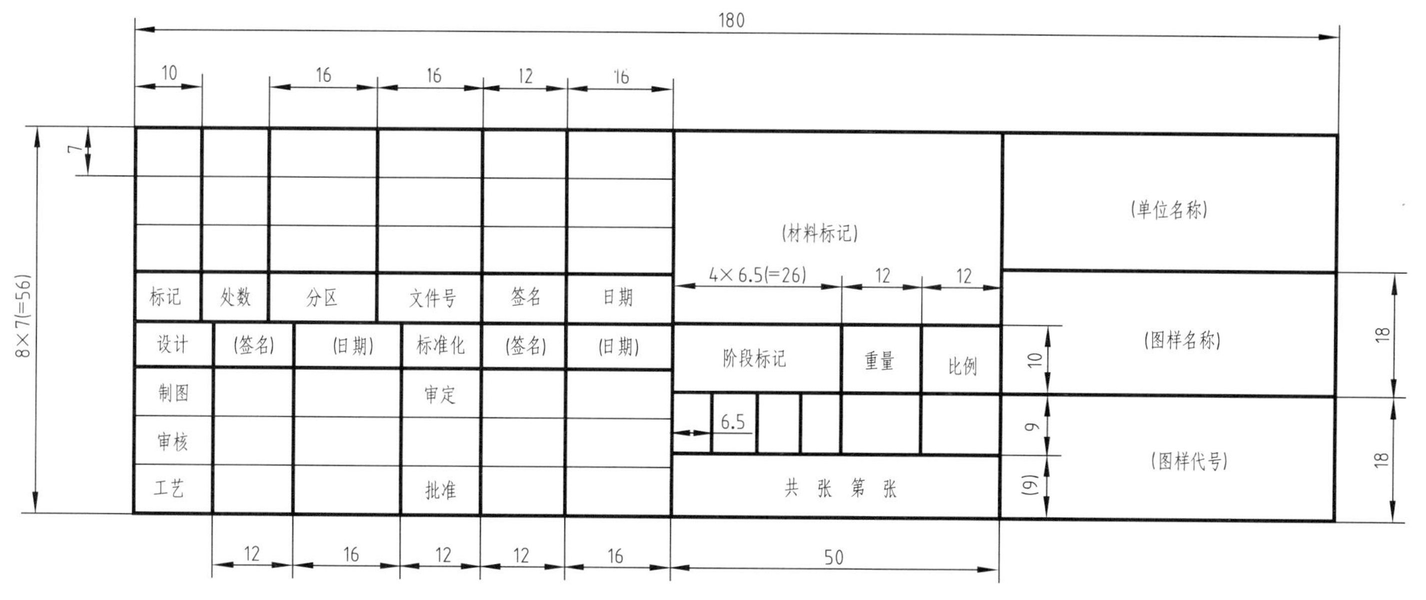

10-3 绘制三视图并标注尺寸 班级 姓名 学号

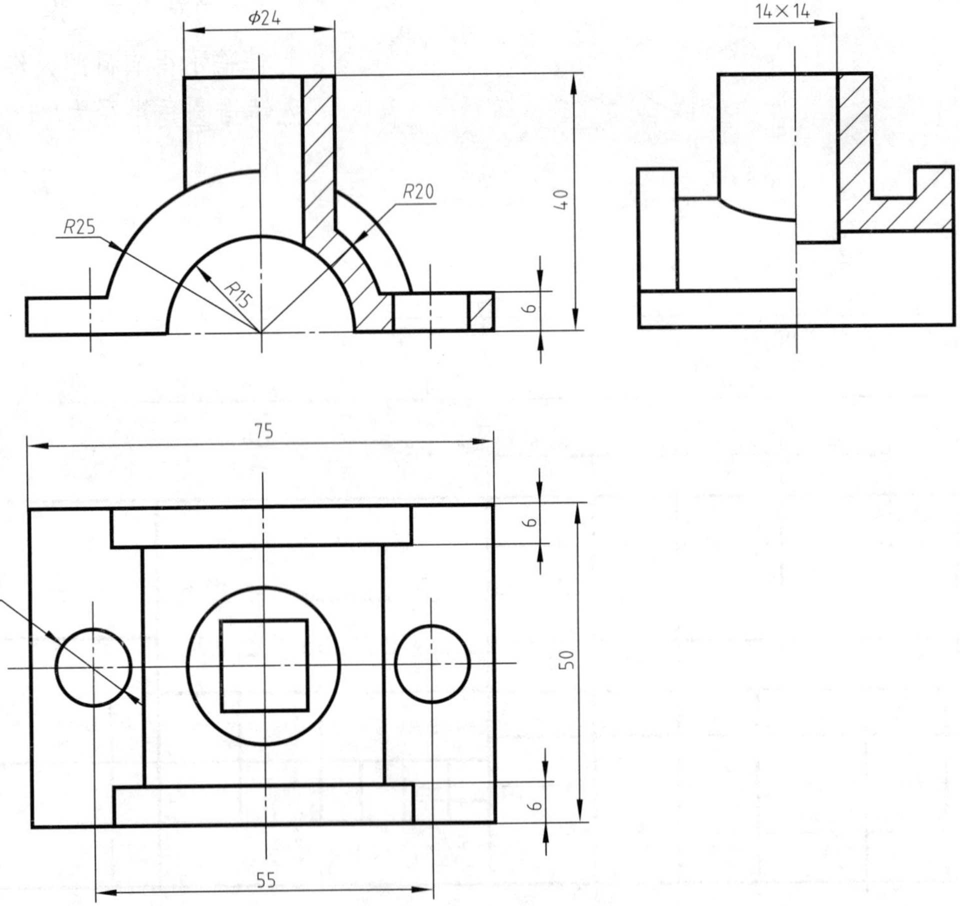

$\phi 24$

14×14

R20

R25

R15

40

6

75

6

2×$\phi 12$

50

6

55

10-4　绘制零件图并插入 A4 图框　　班级　　姓名　　学号

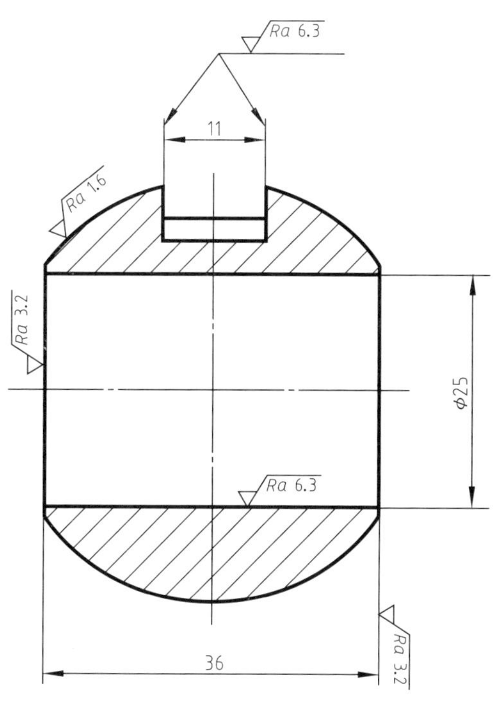

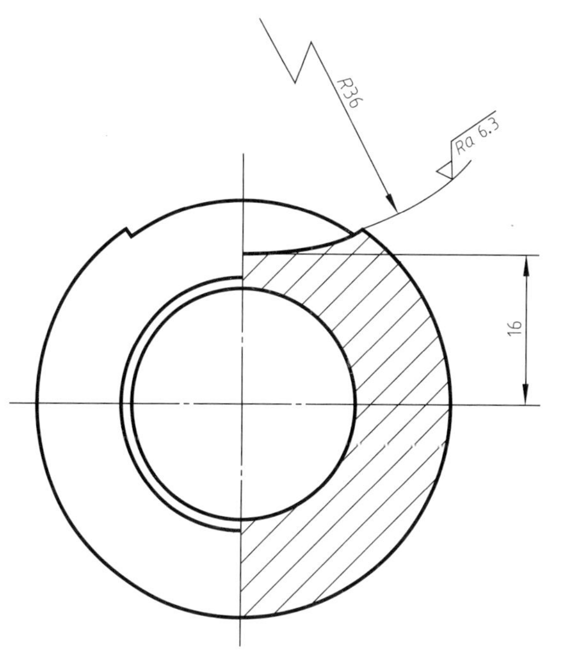

技术要求
1.表面高频淬火50～55HRC；
2.去毛刺，锐边。

10-5 绘制螺栓连接图

班级　　　姓名　　　学号

1. 将以下螺纹连接件图分别定义为图块。

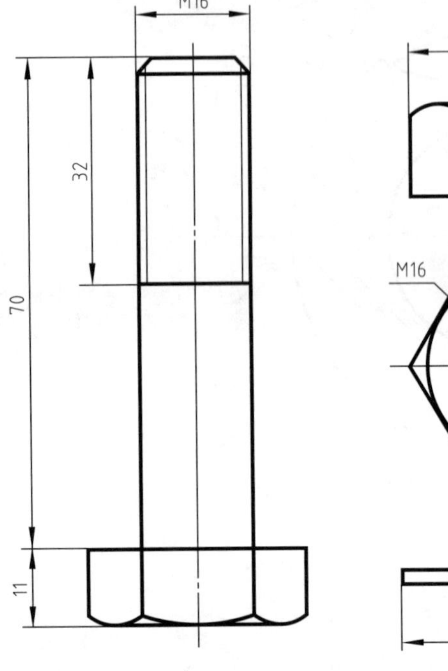

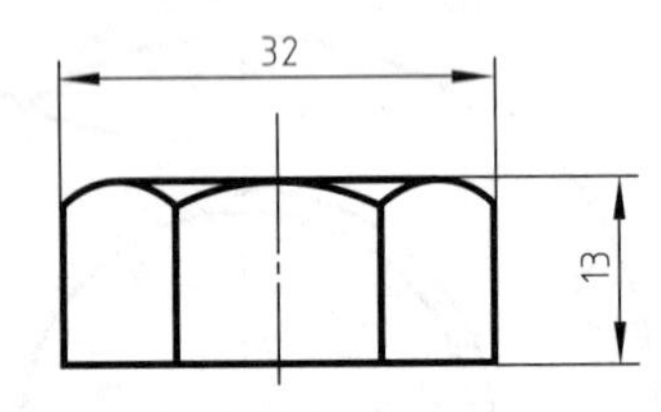

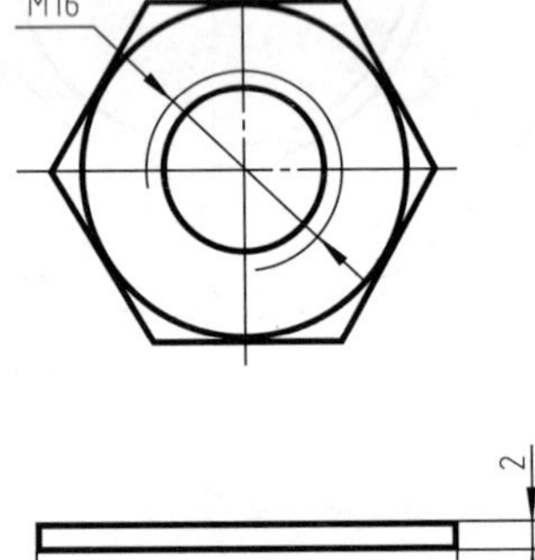

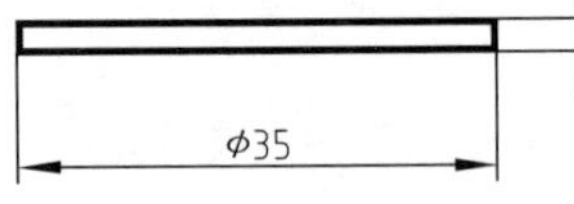

2. 借助螺纹连接件图块完成螺纹连接图。

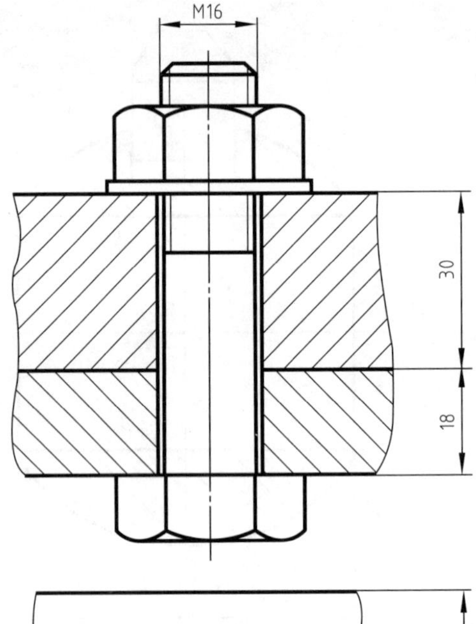

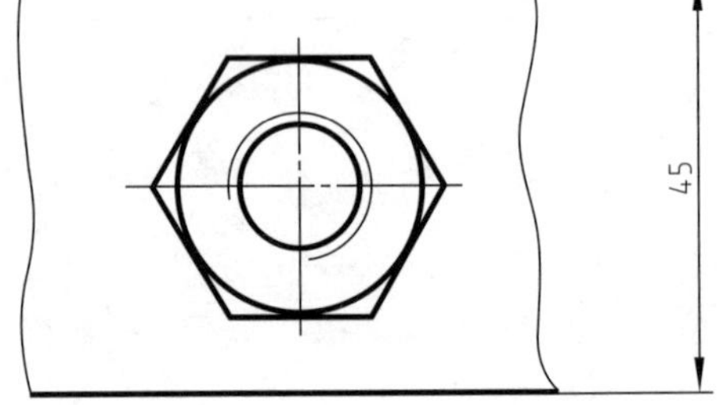

10-6 按给定的零件图绘制装配图

班级　　　　姓名　　　　学号

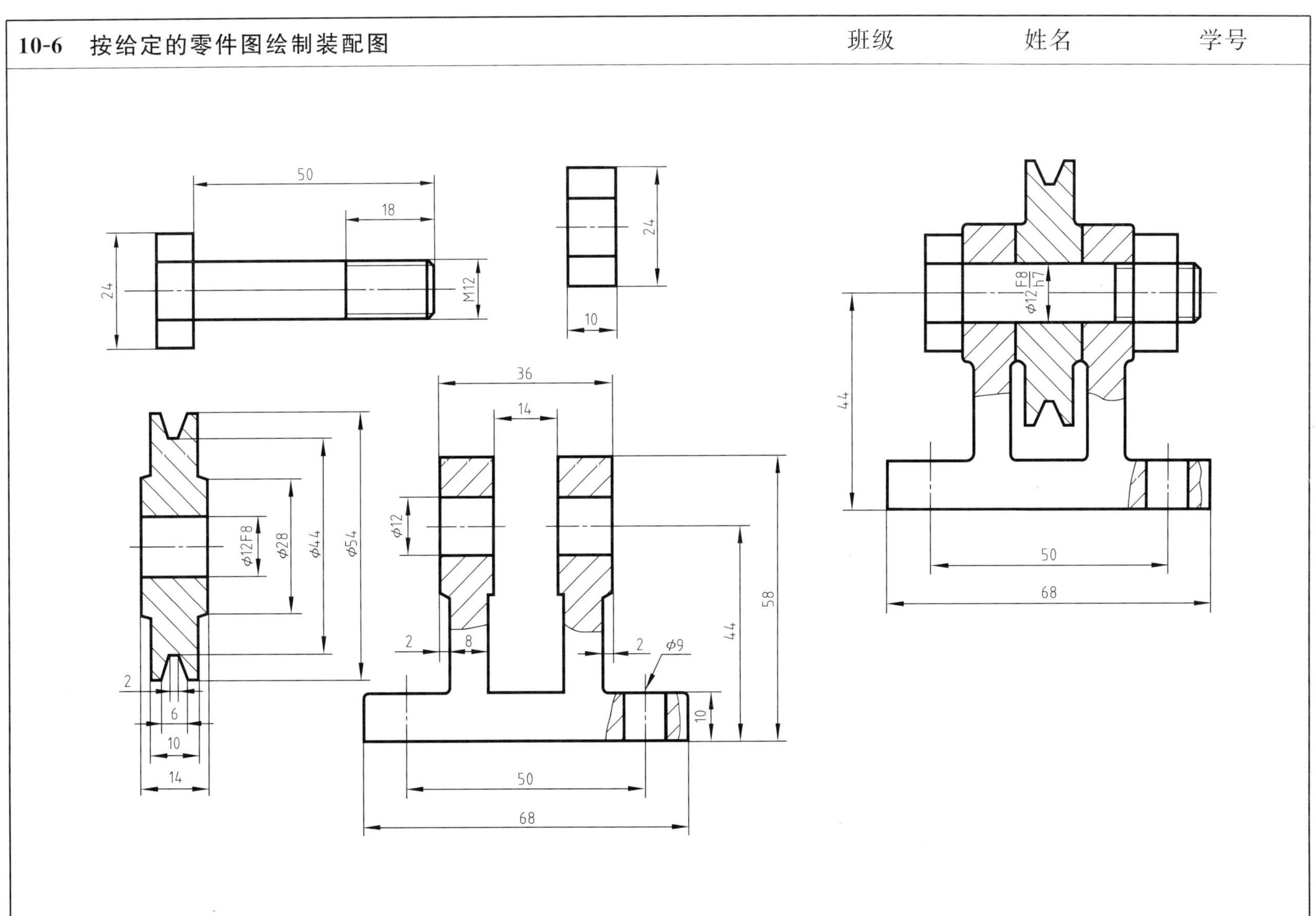

部分习题参考答案

第 2 章　点、直线和平面的投影参考答案

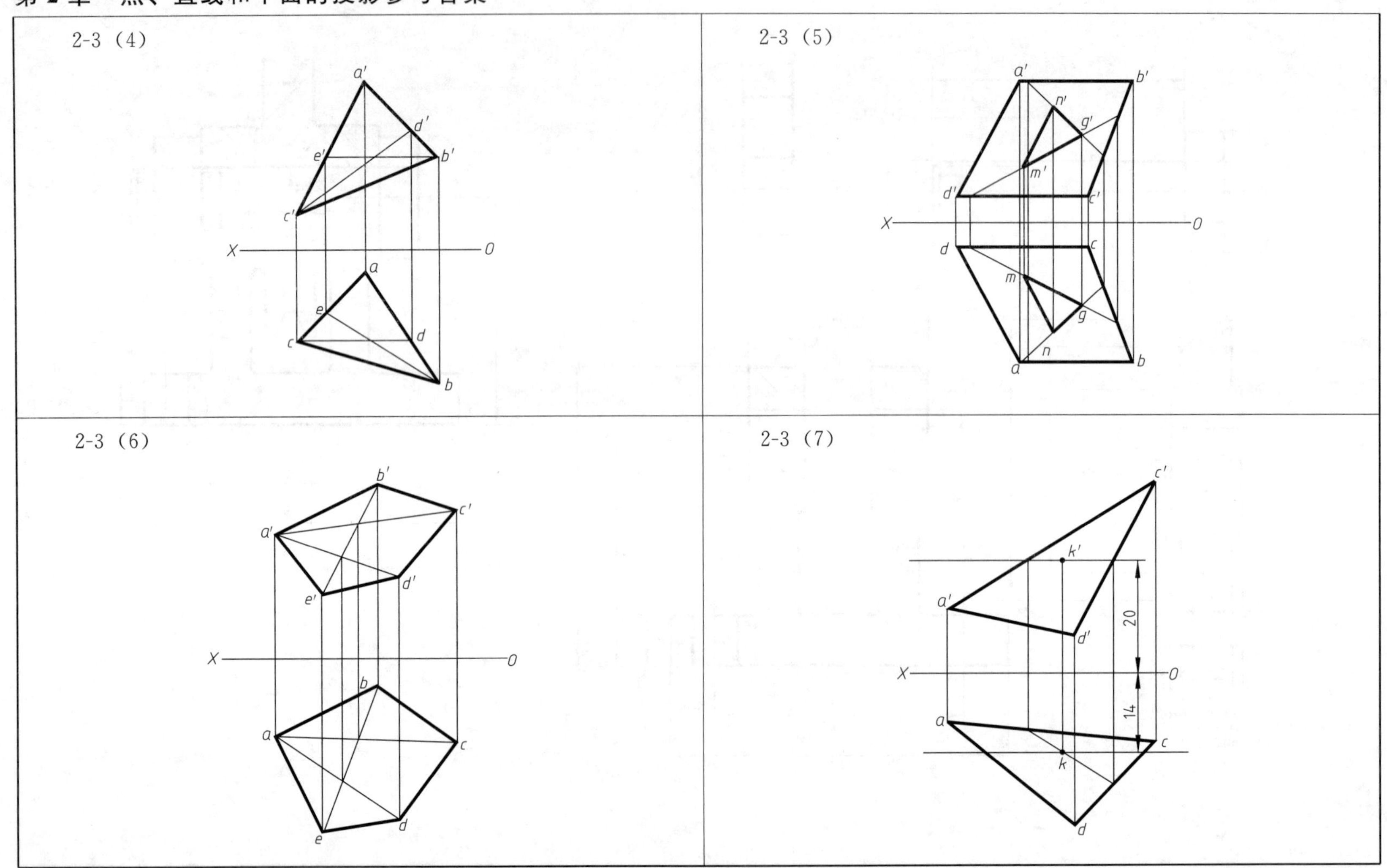

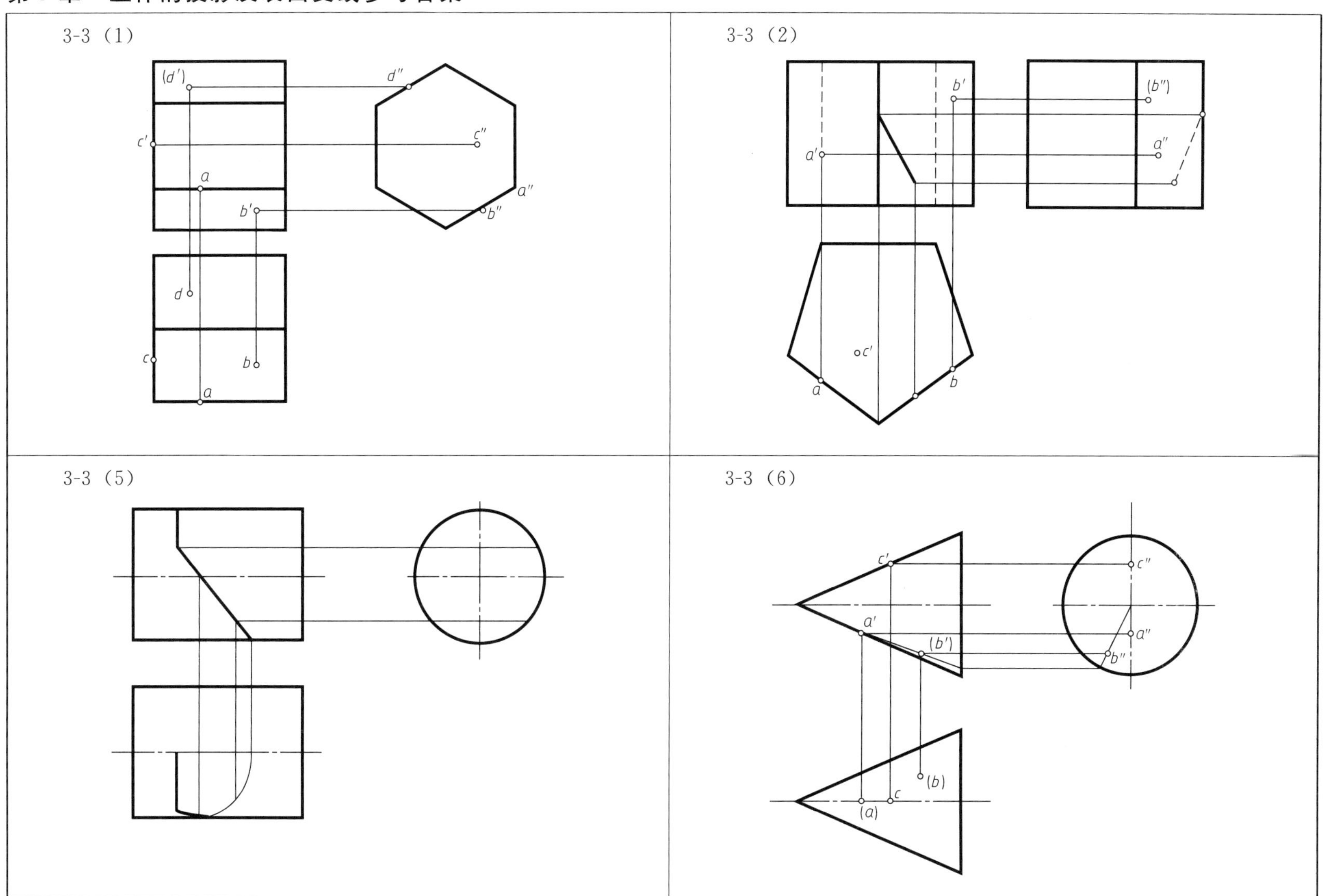
3-3（1）
(d′)
d″
c′
c″
a
a″
b′
b″
d
c
b
a
3-3（2）
b′
(b″)
a′
a″
c′
a
b
3-3（5）
3-3（6）
c′
c″
a′
(b′)
a″
b″
(b)
c
(a)

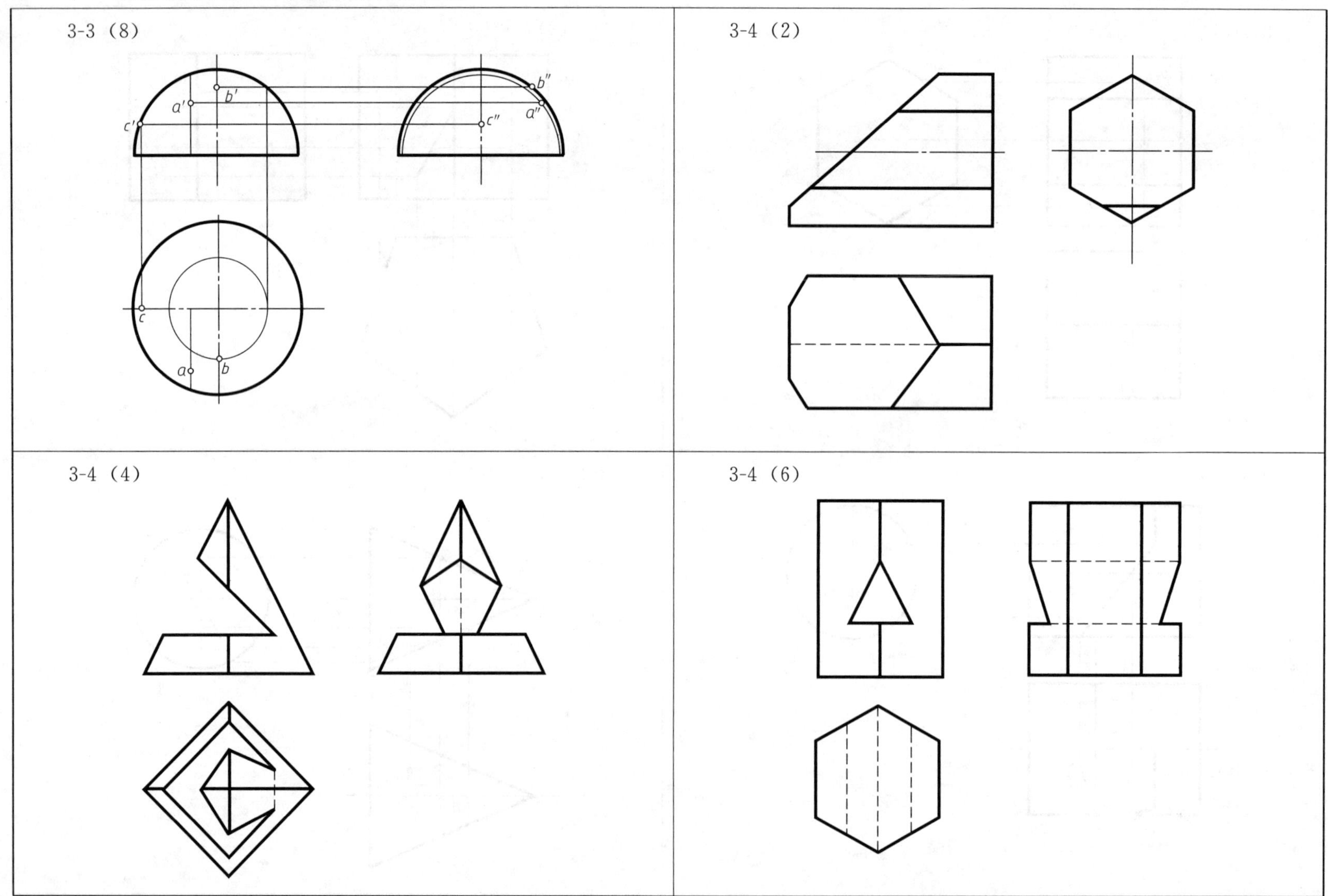
3-3（8）
b''
b'
a'
a''
c'
c''
c
a
b
3-4（2）
3-4（4）
3-4（6）

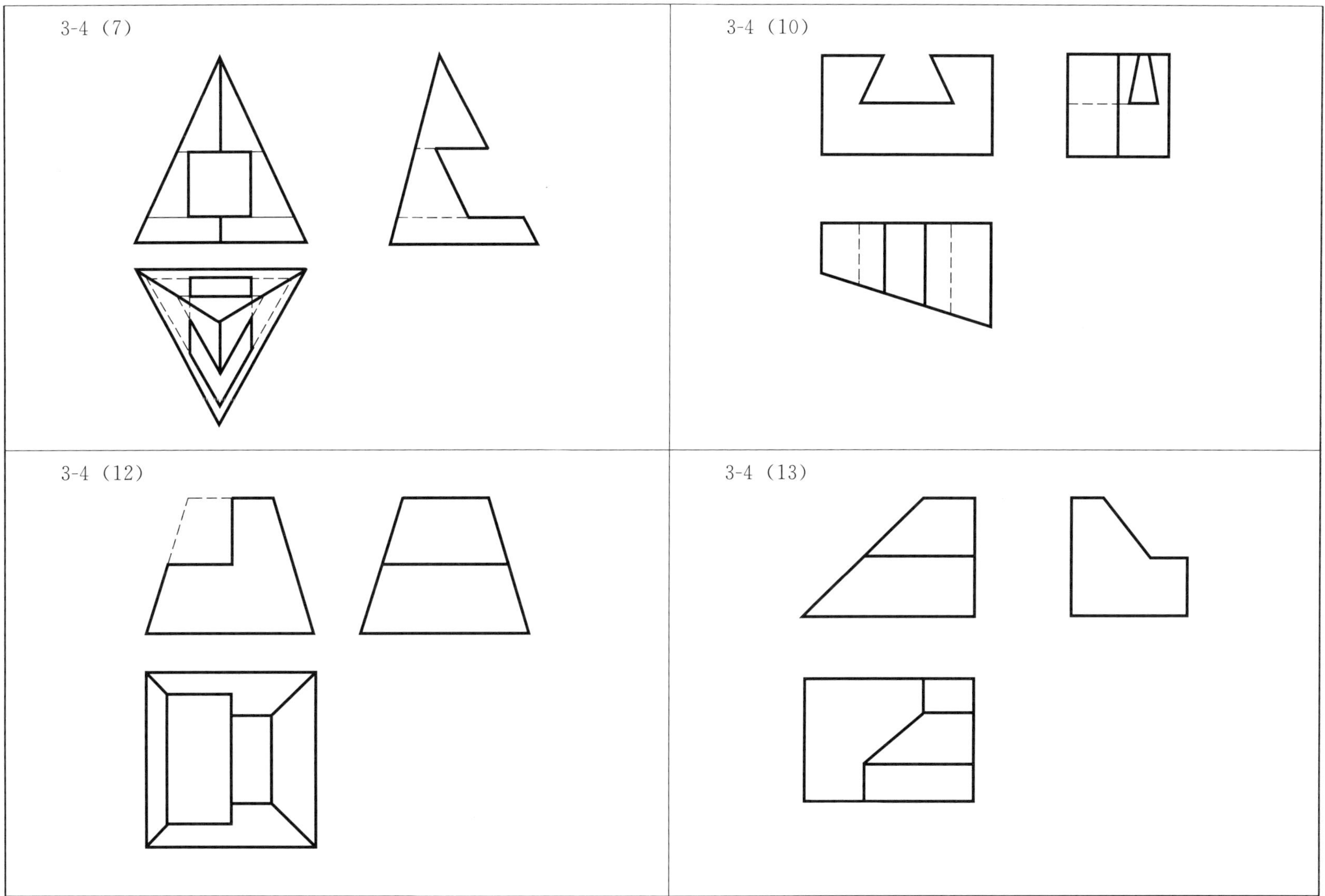
3-4（7）
3-4（10）
3-4（12）
3-4（13）

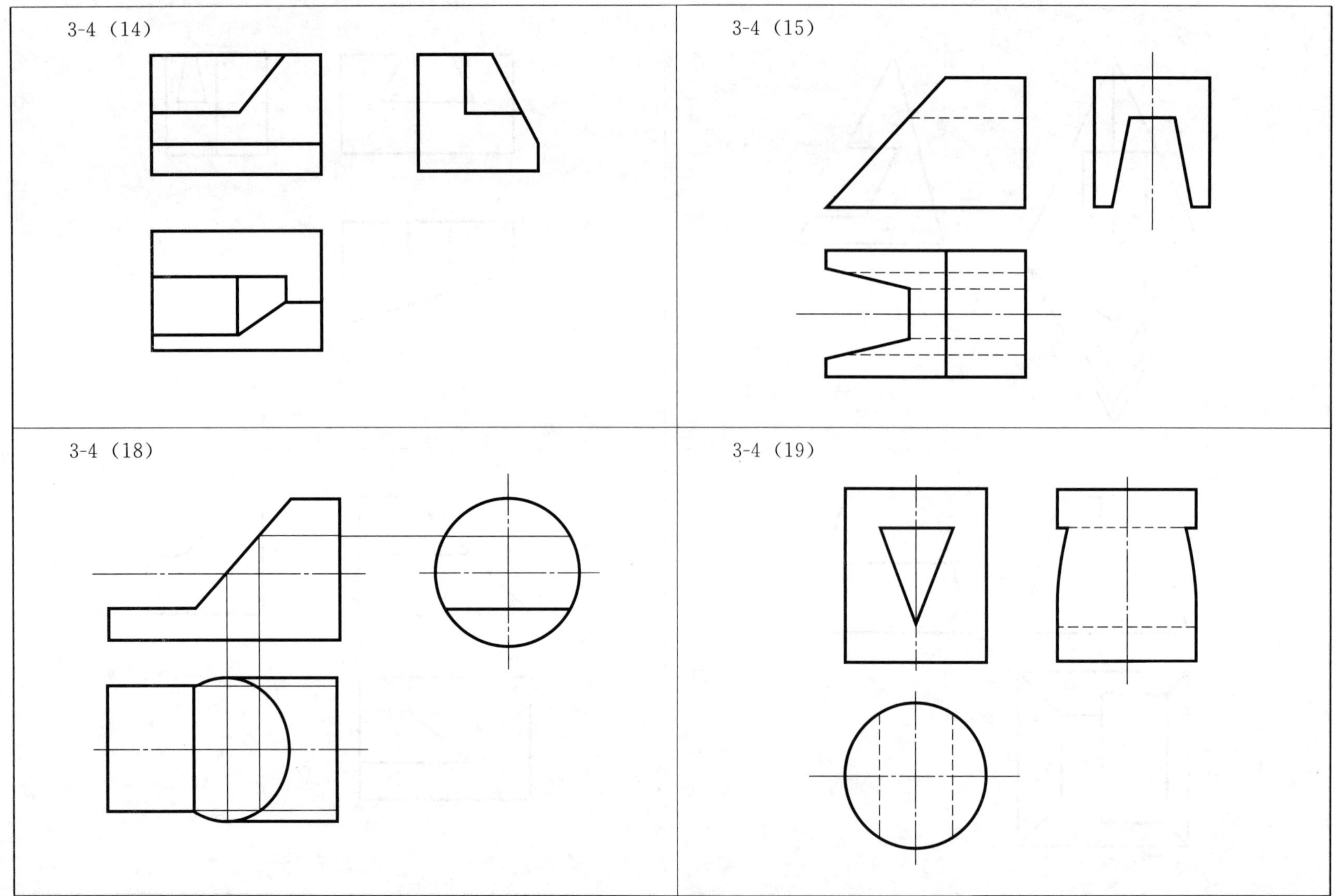
3-4（14）
3-4（15）
3-4（18）
3-4（19）

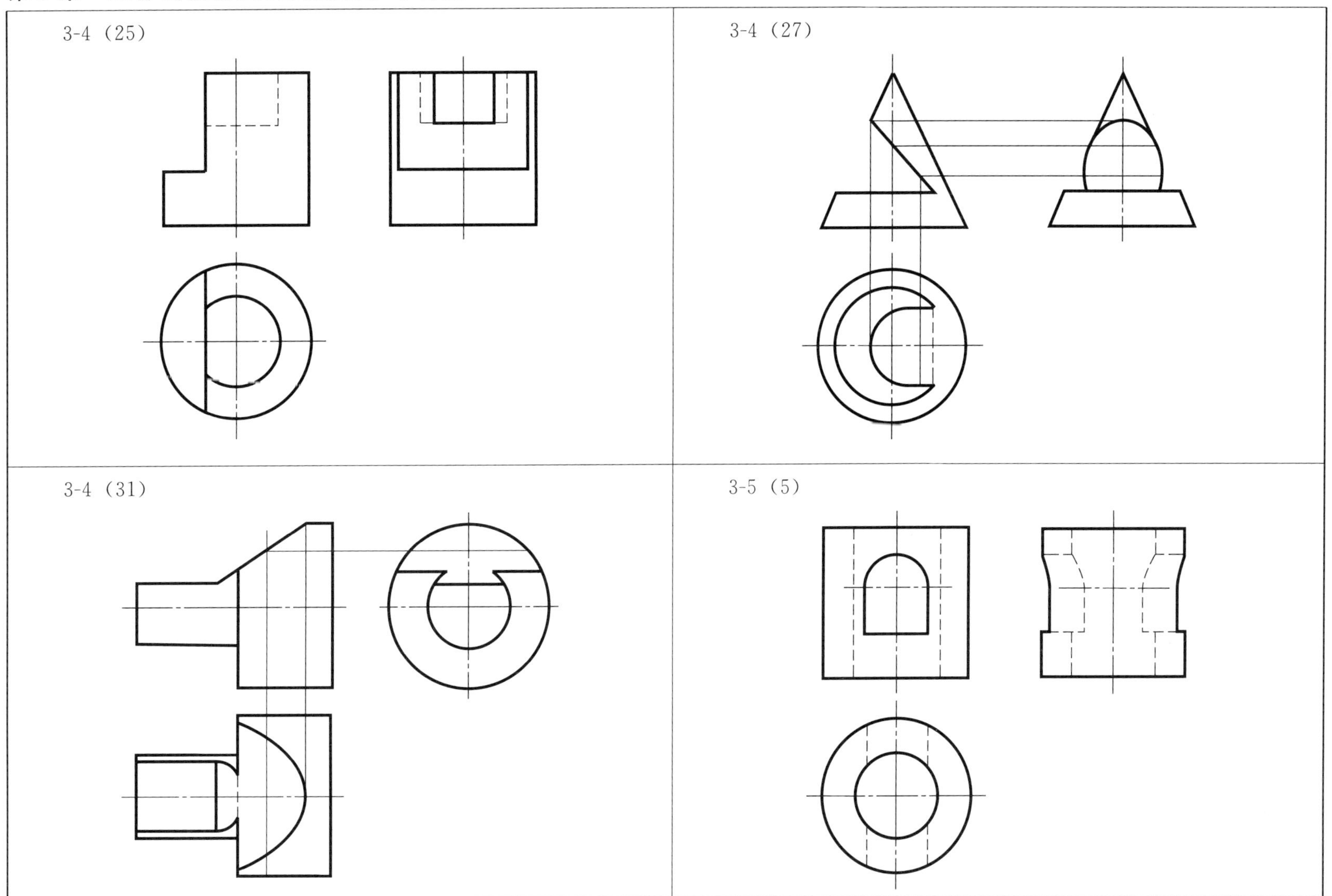
3-4（25）
3-4（27）
3-4（31）
3-5（5）

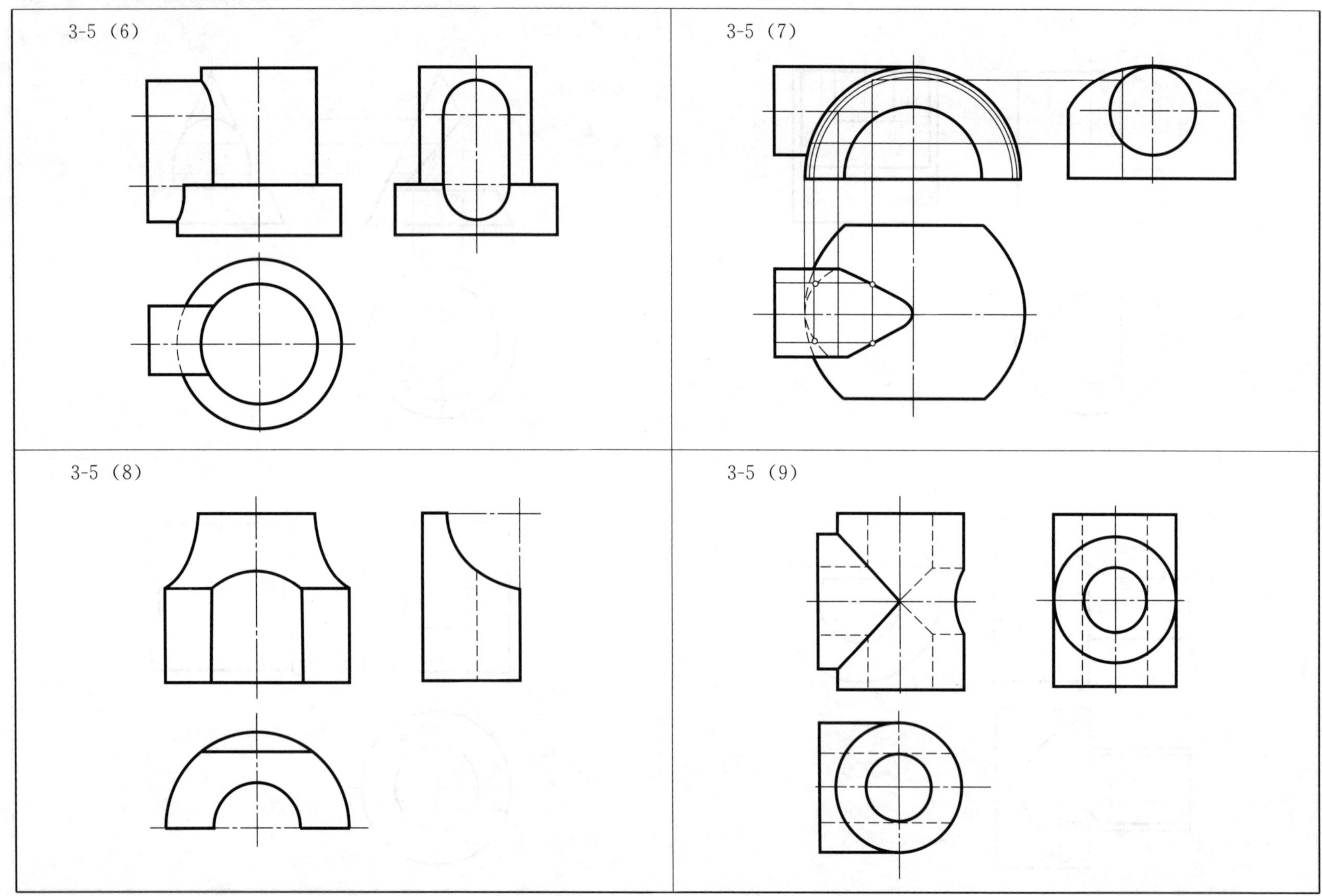
3-5（6）
3-5（7）
3-5（8）
3-5（9）

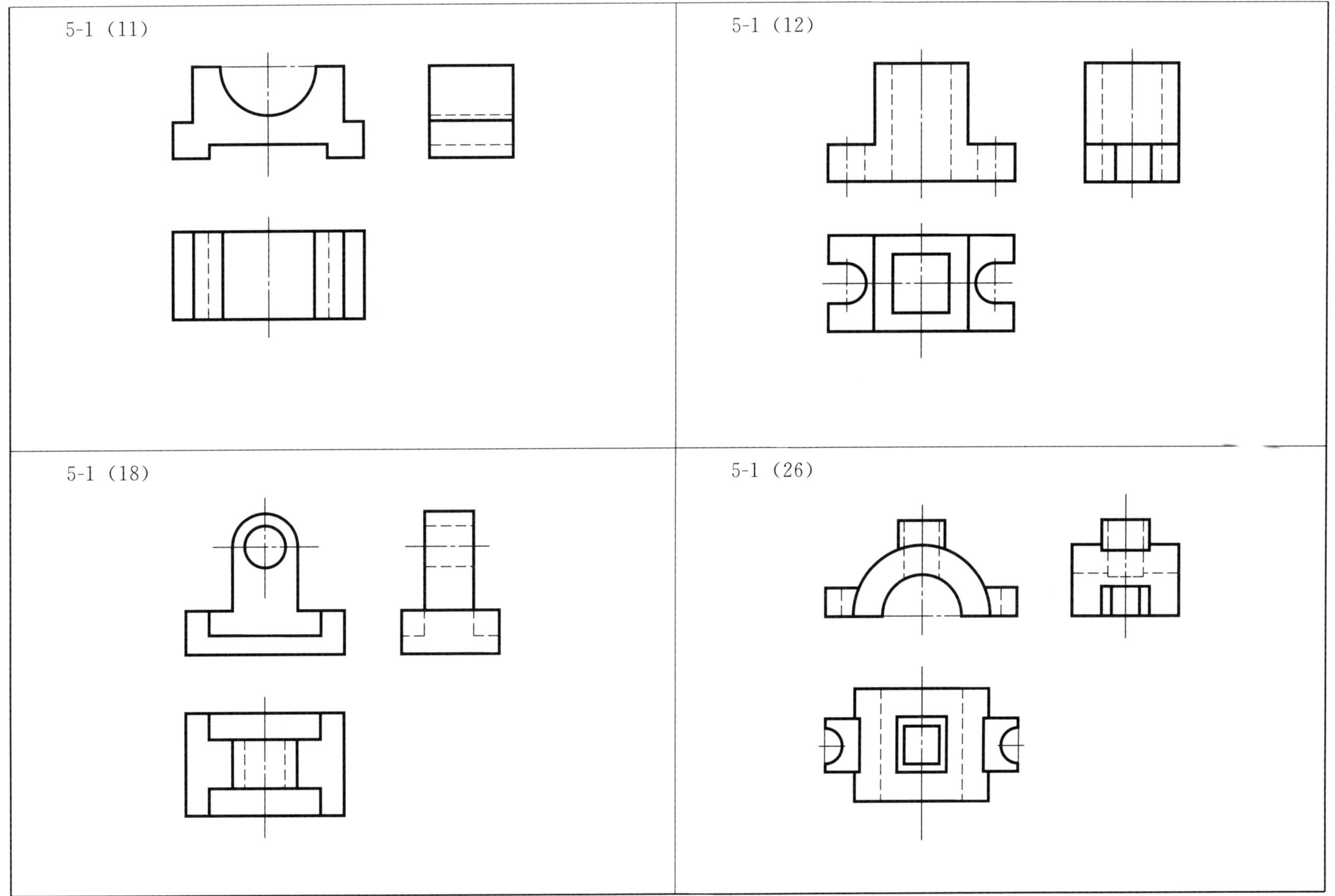
5-1（11）
5-1（12）
5-1（18）
5-1（26）

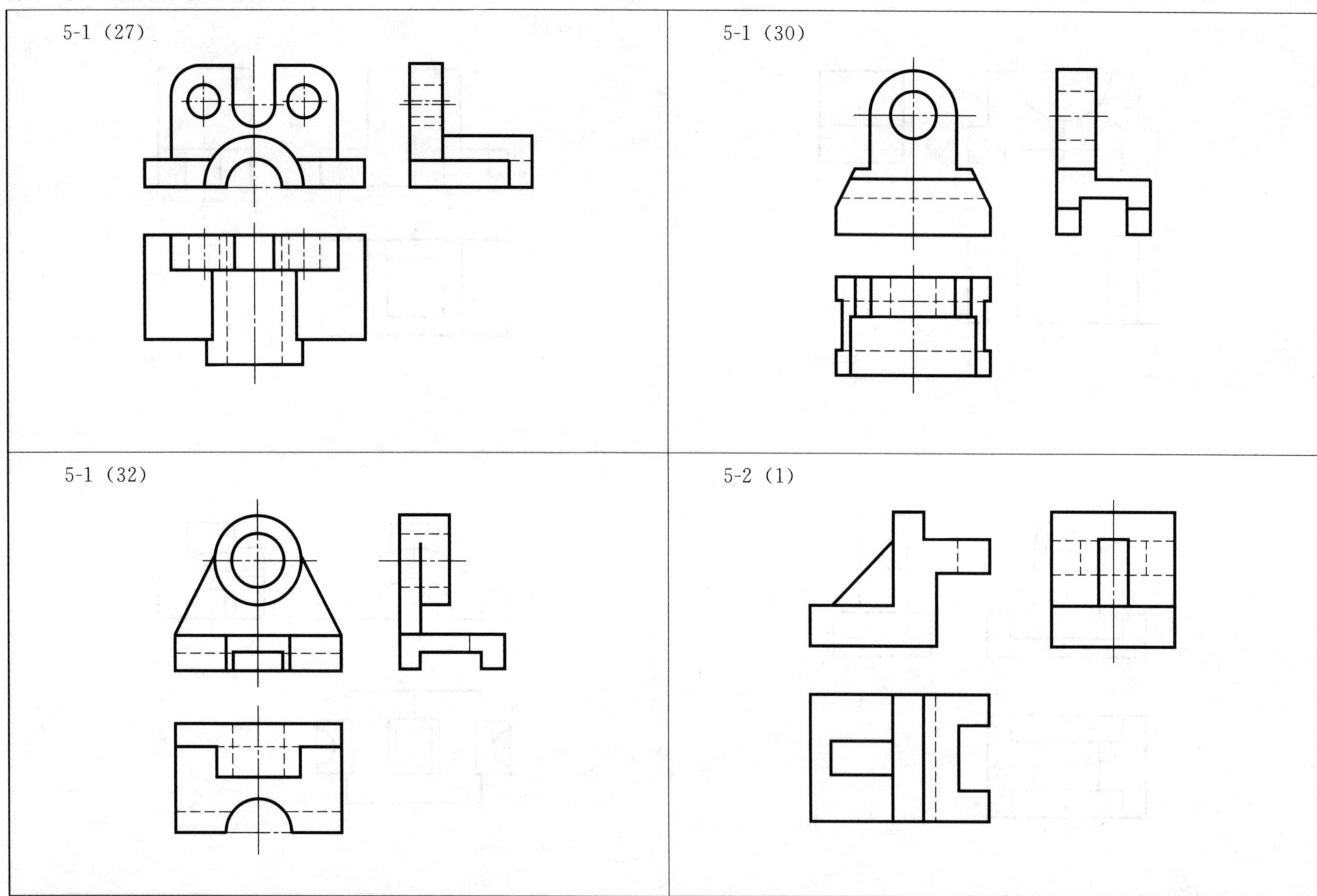
5-1 (27)
5-1 (30)
5-1 (32)
5-2 (1)

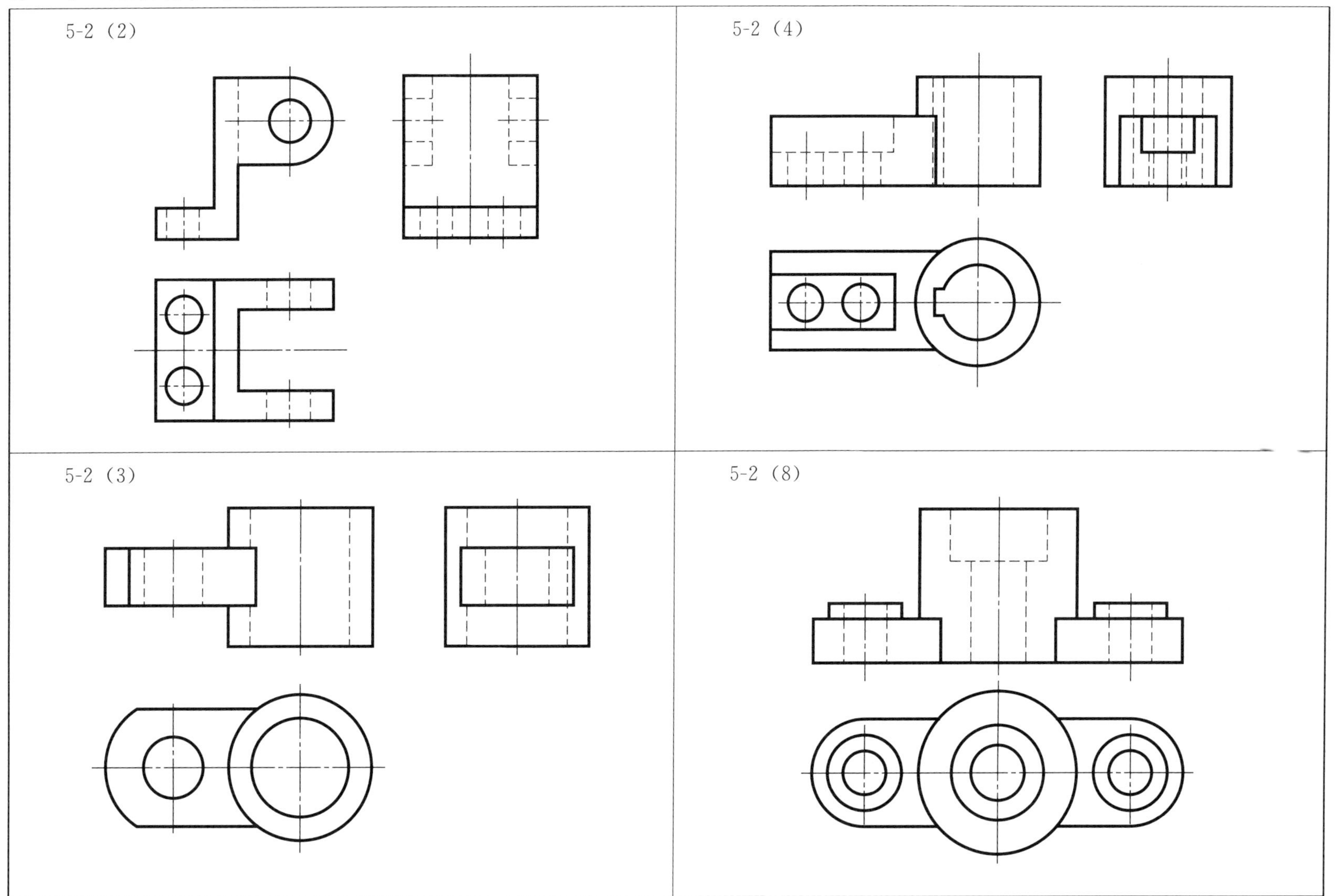
5-2（2）
5-2（4）
5-2（3）
5-2（8）

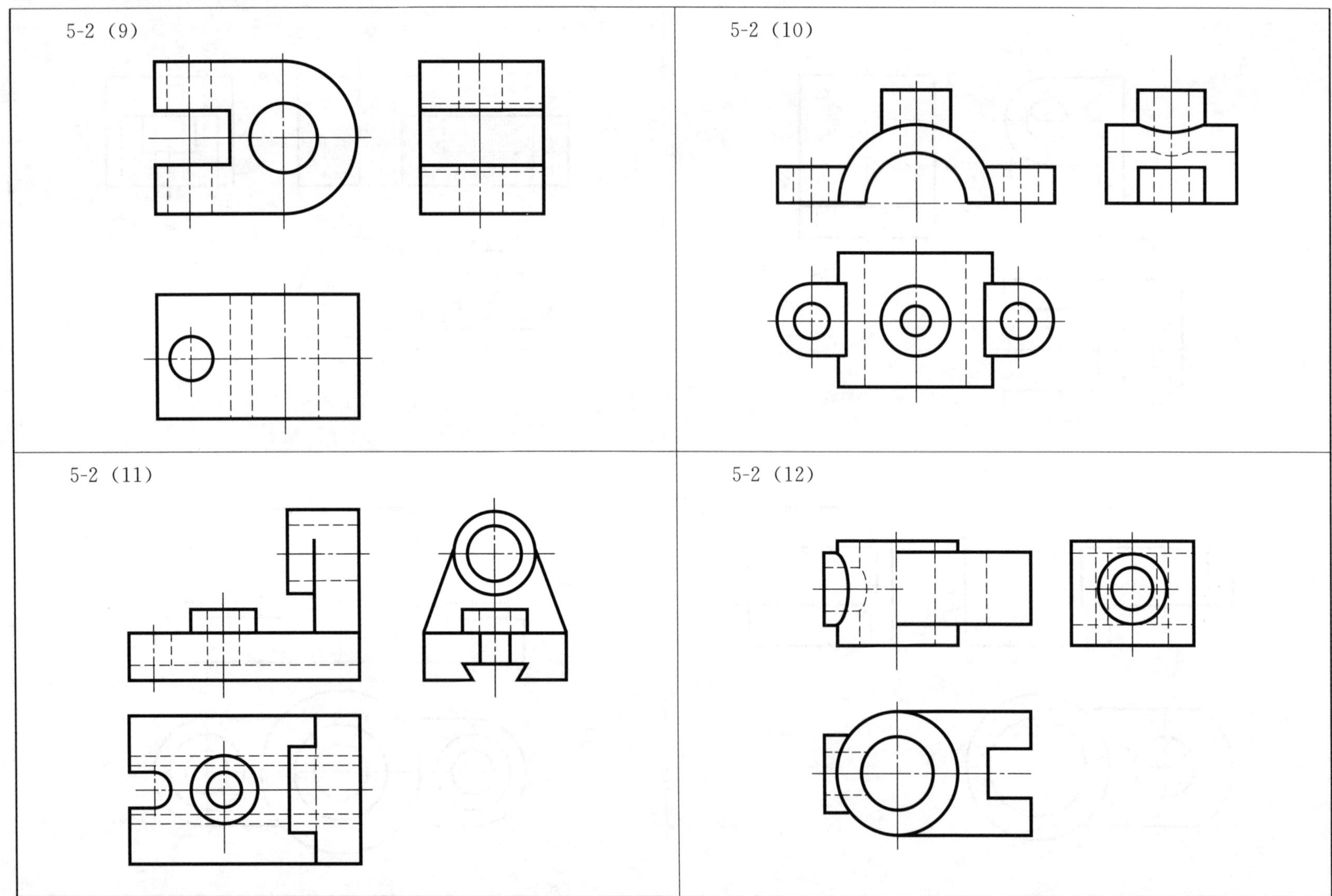
5-2（9）
5-2（10）
5-2（11）
5-2（12）

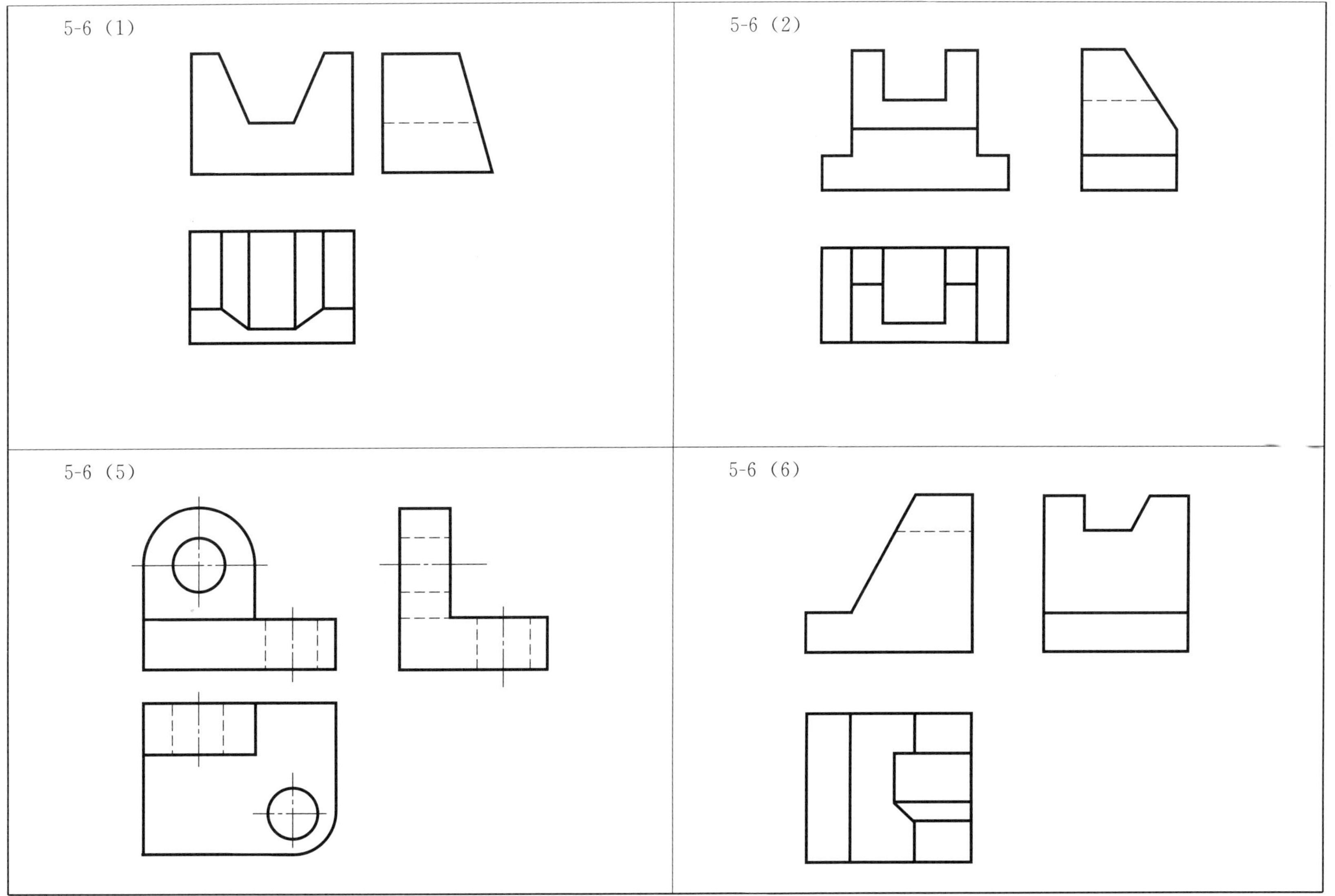
5-6（1）
5-6（2）
5-6（5）
5-6（6）

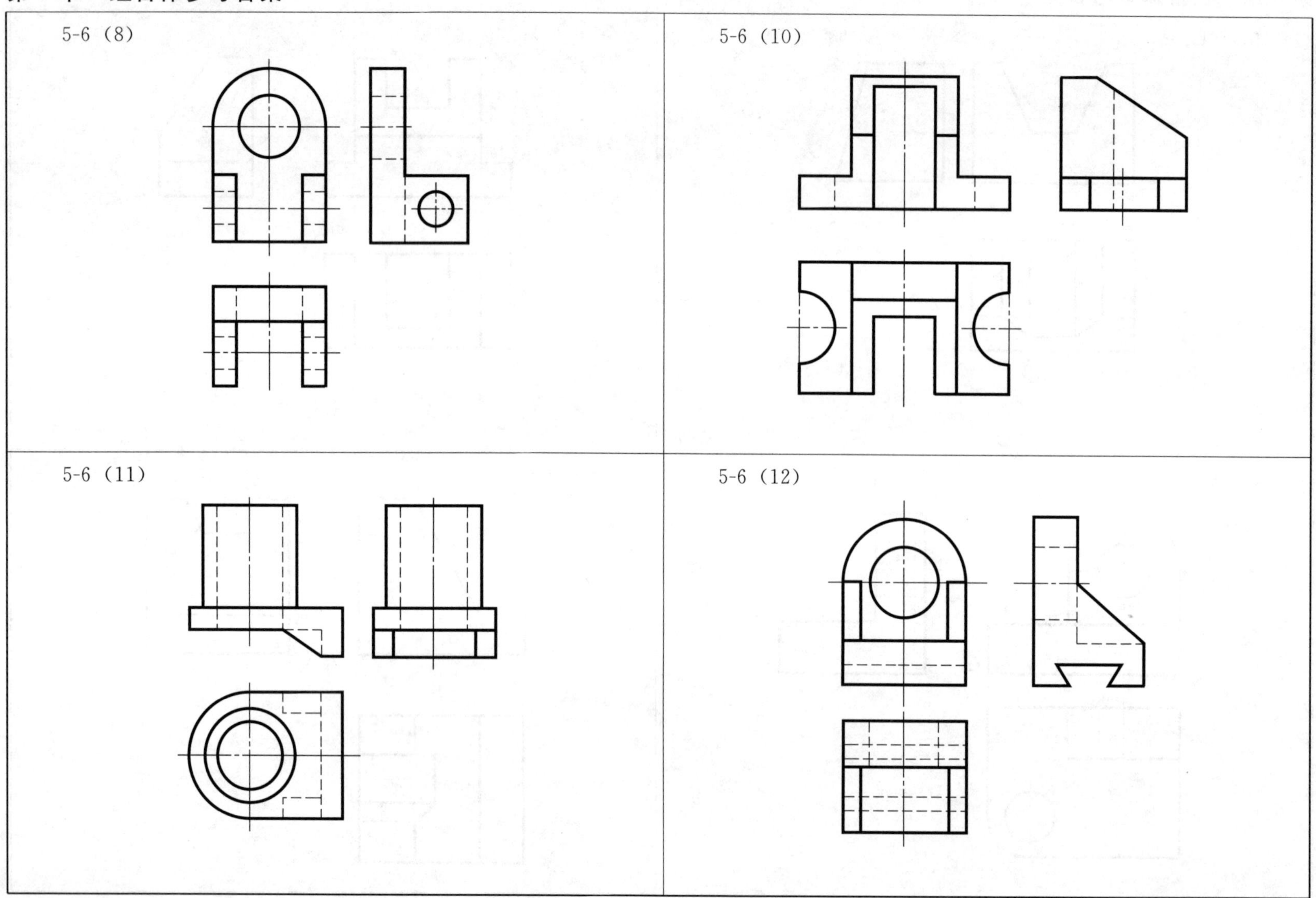
5-6（8）
5-6（10）
5-6（11）
5-6（12）

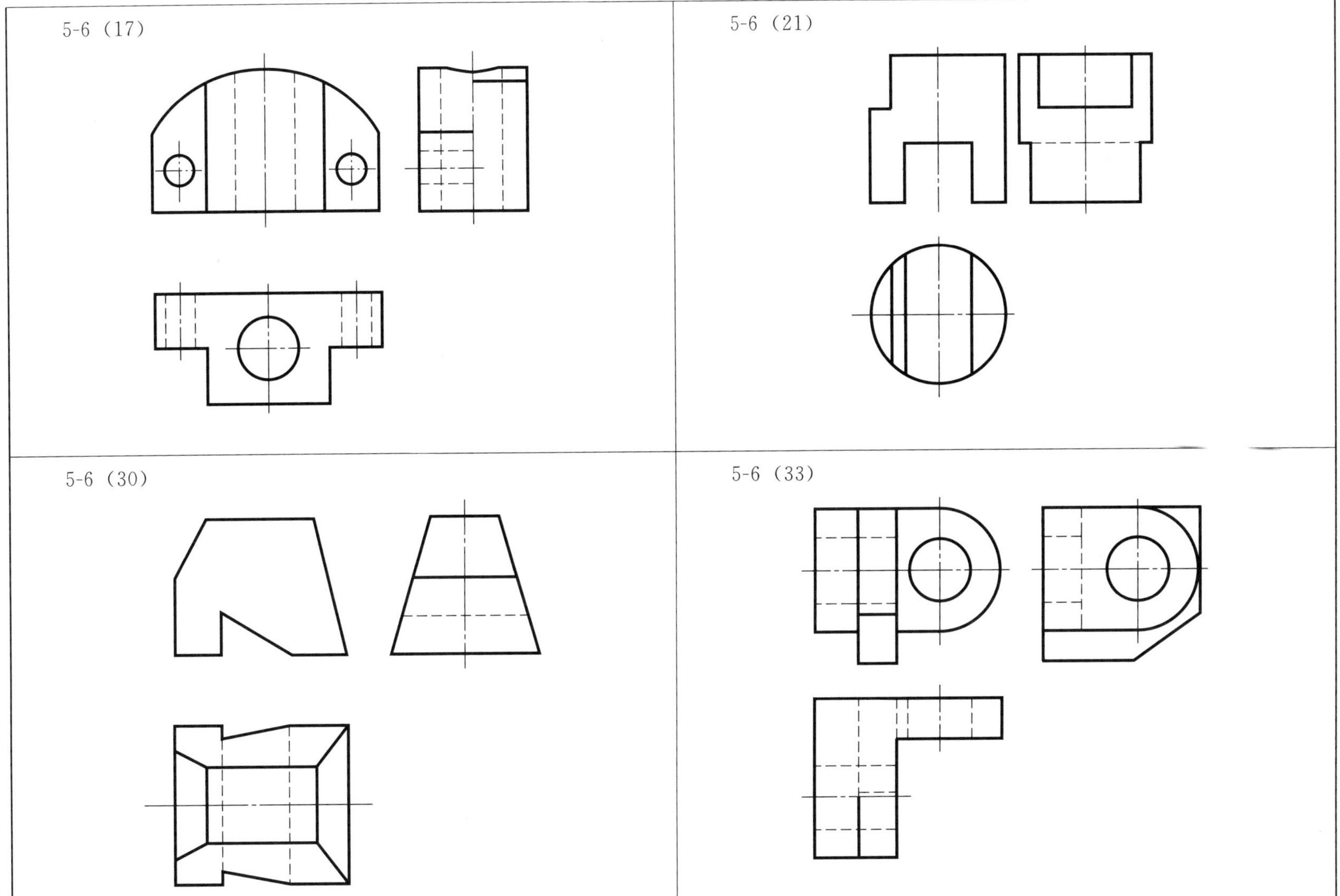
5-6（17）
5-6（21）
5-6（30）
5-6（33）

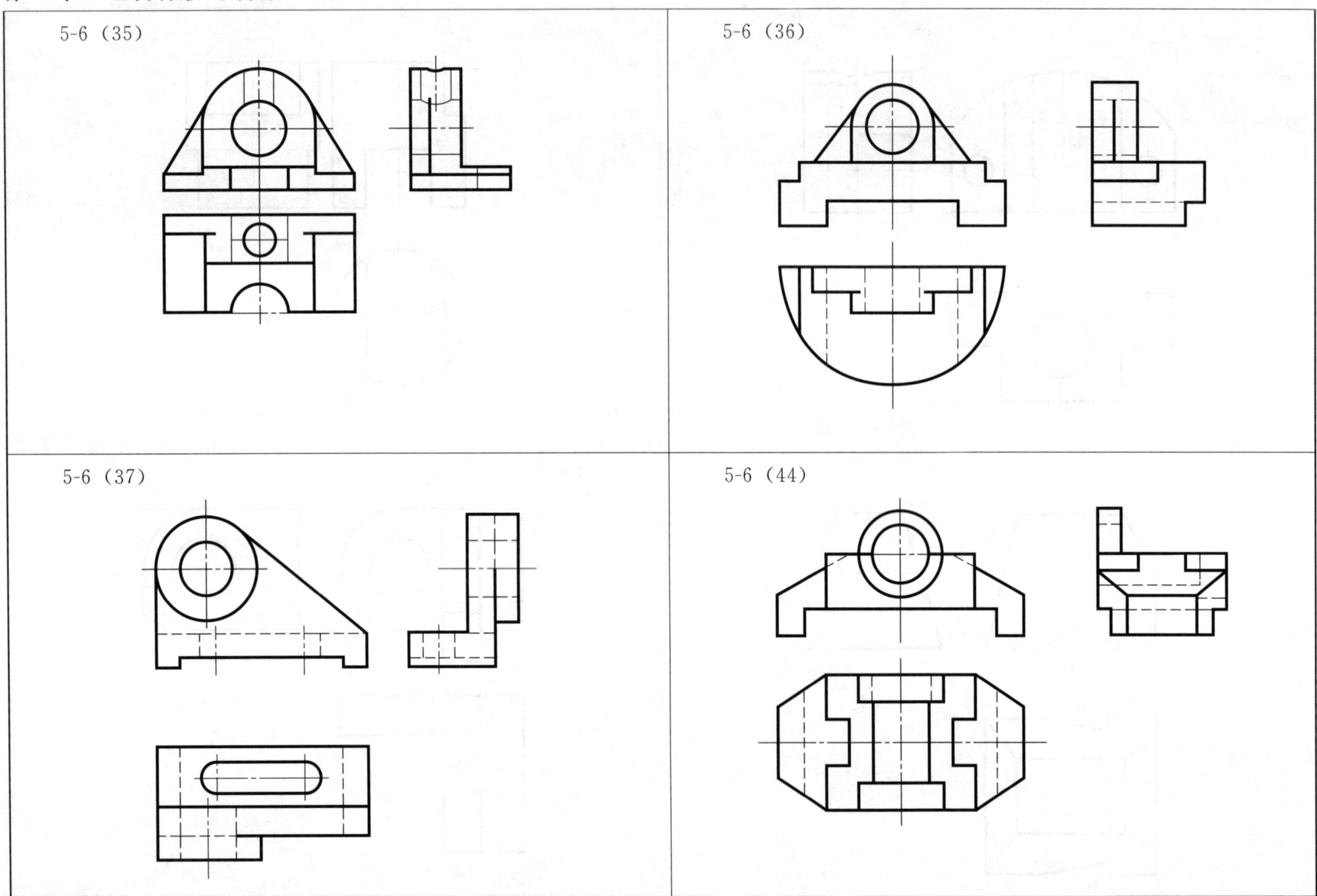
5-6（35）
5-6（36）
5-6（37）
5-6（44）

5-8（1）

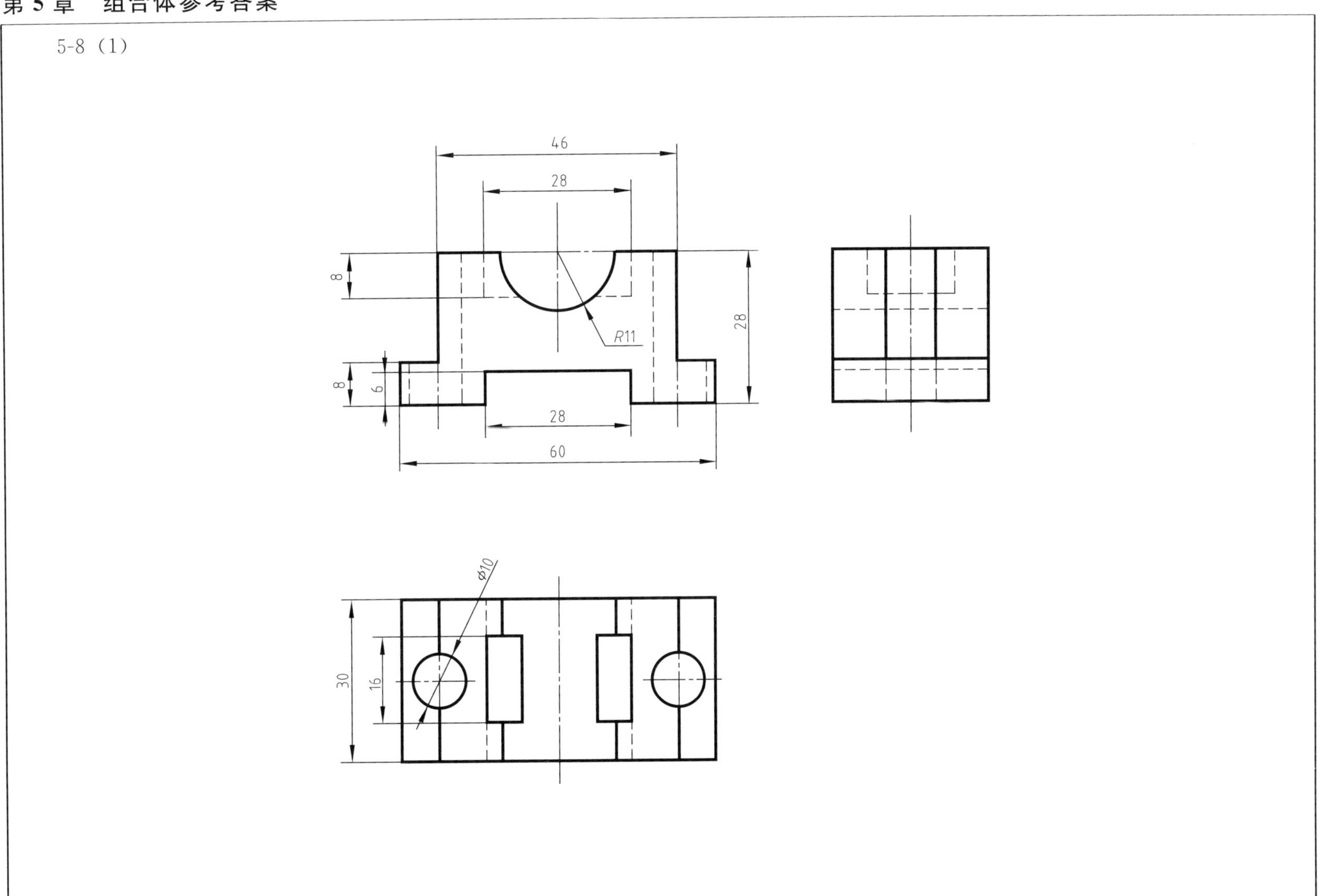

6-2（4）

6-2（5）

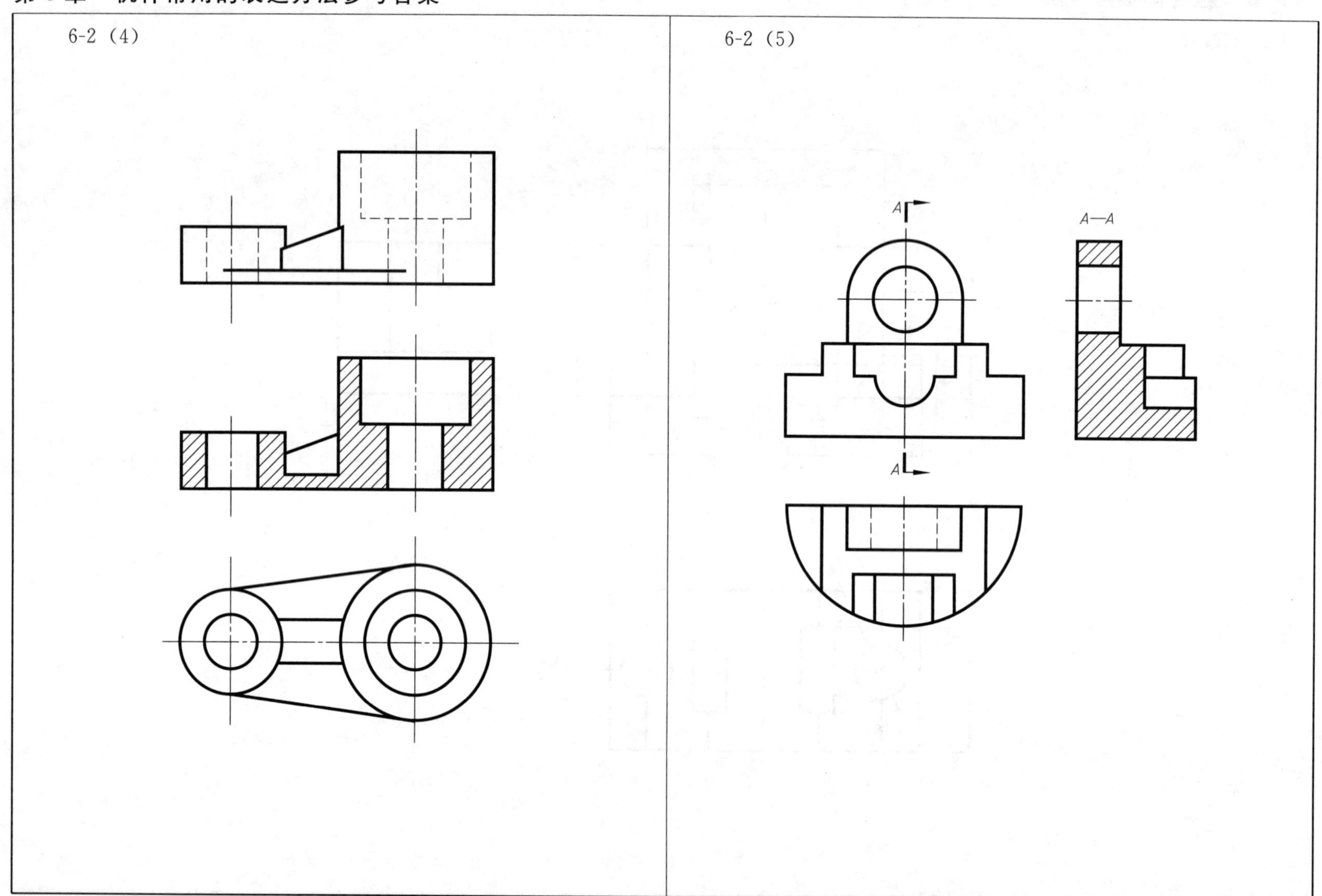

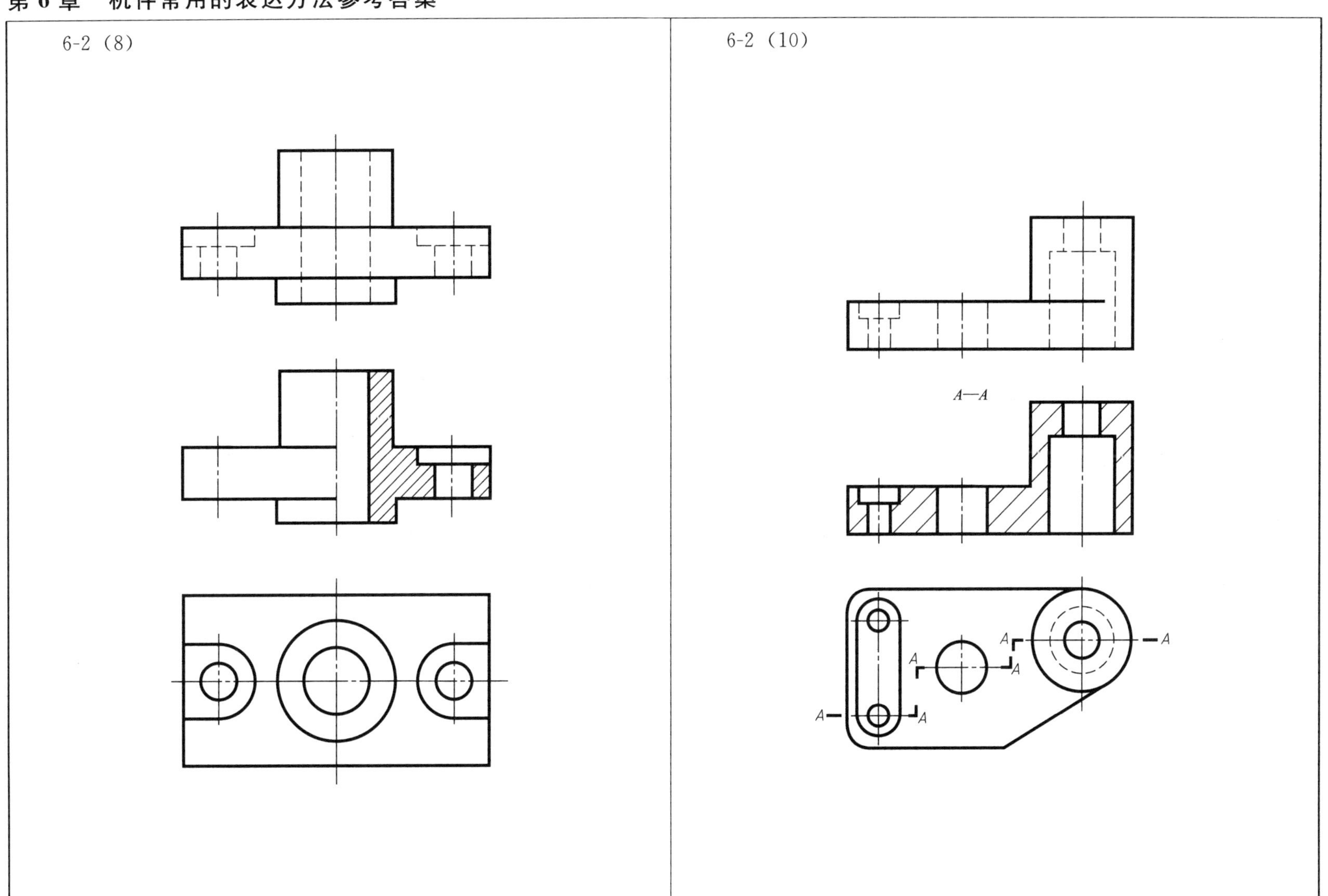
6-2（8）
6-2（10）
A—A
A
A
A
A
A
A

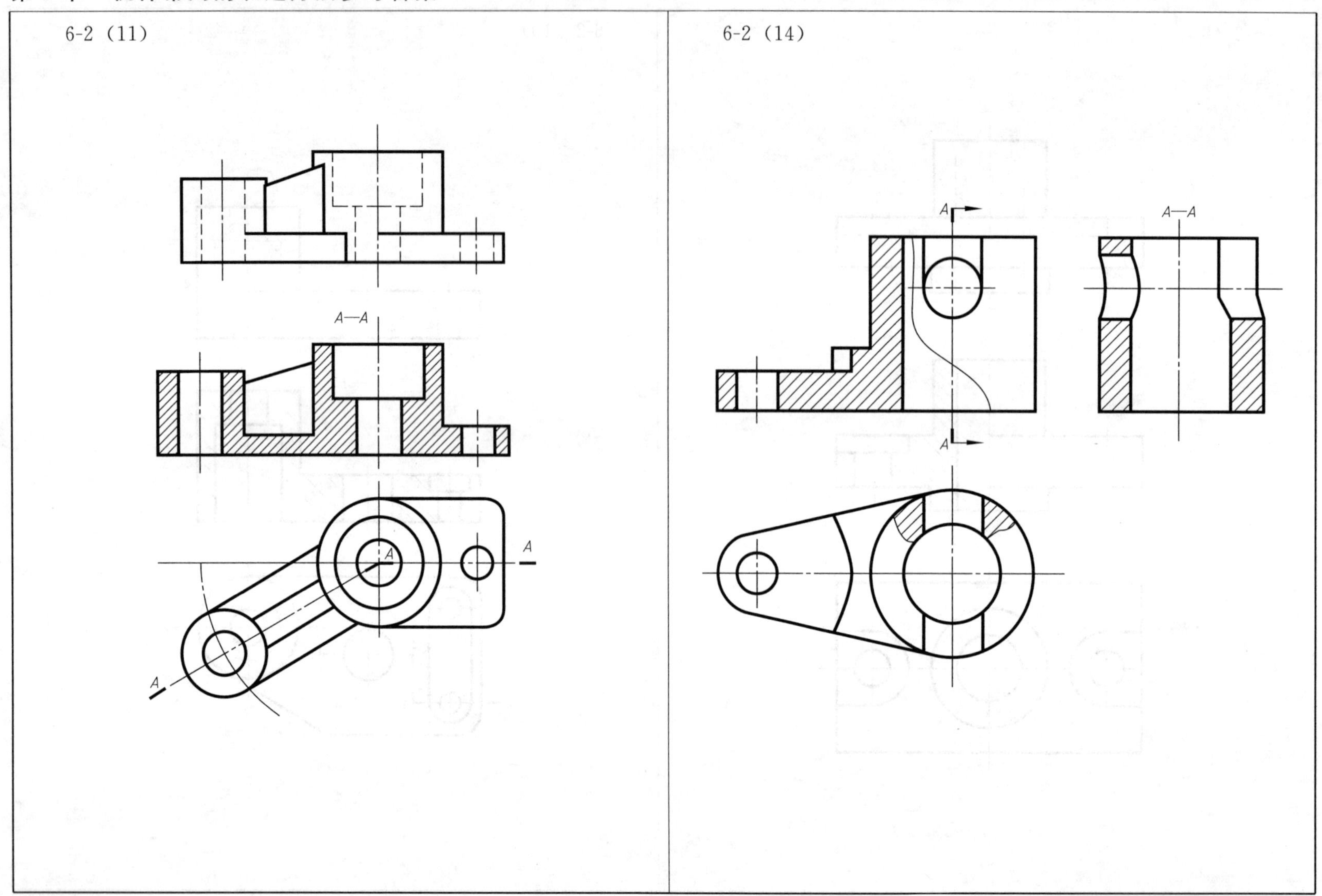
6-2（11）
A—A
A
A
6-2（14）
A
A—A
A

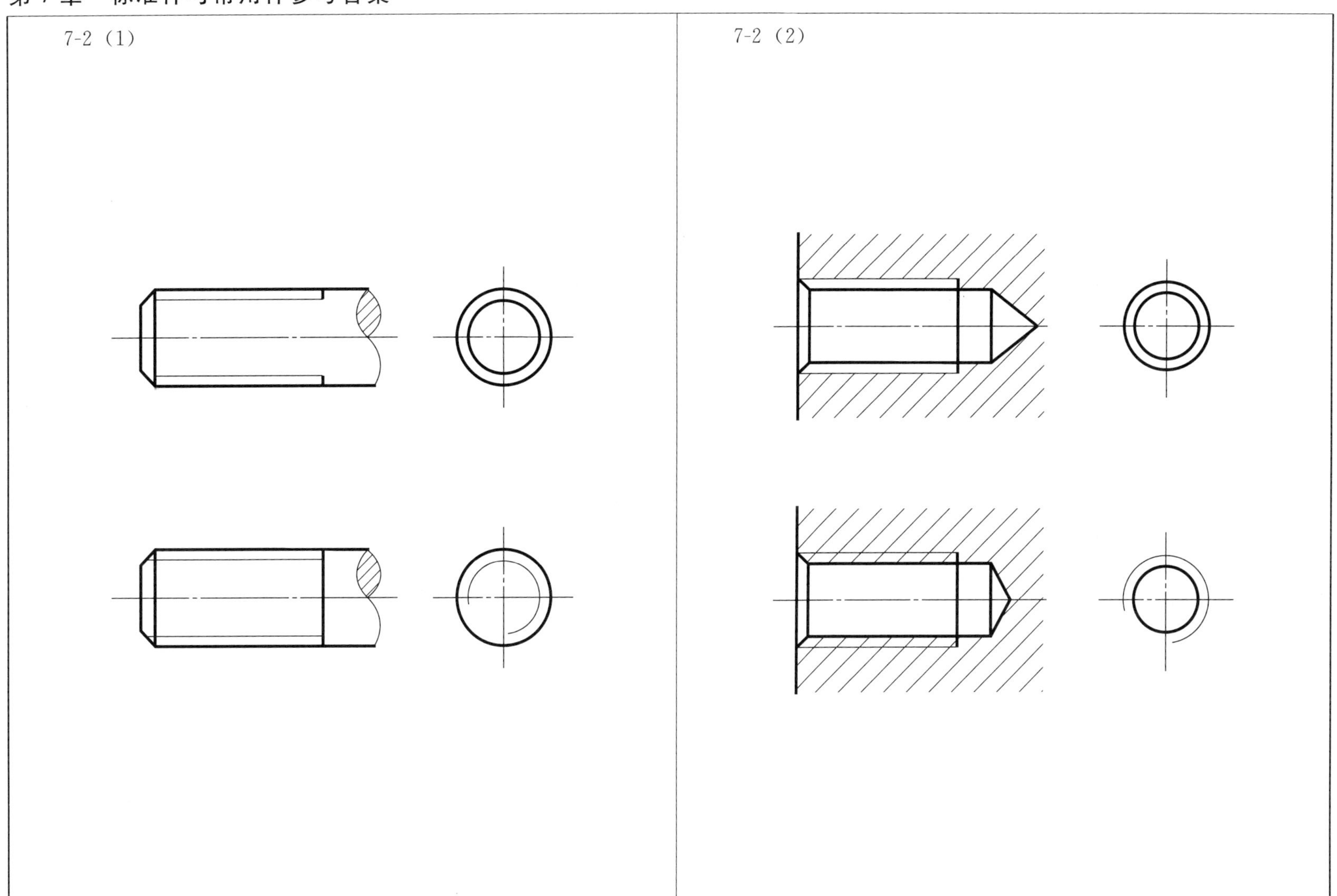
7-2（1）
7-2（2）

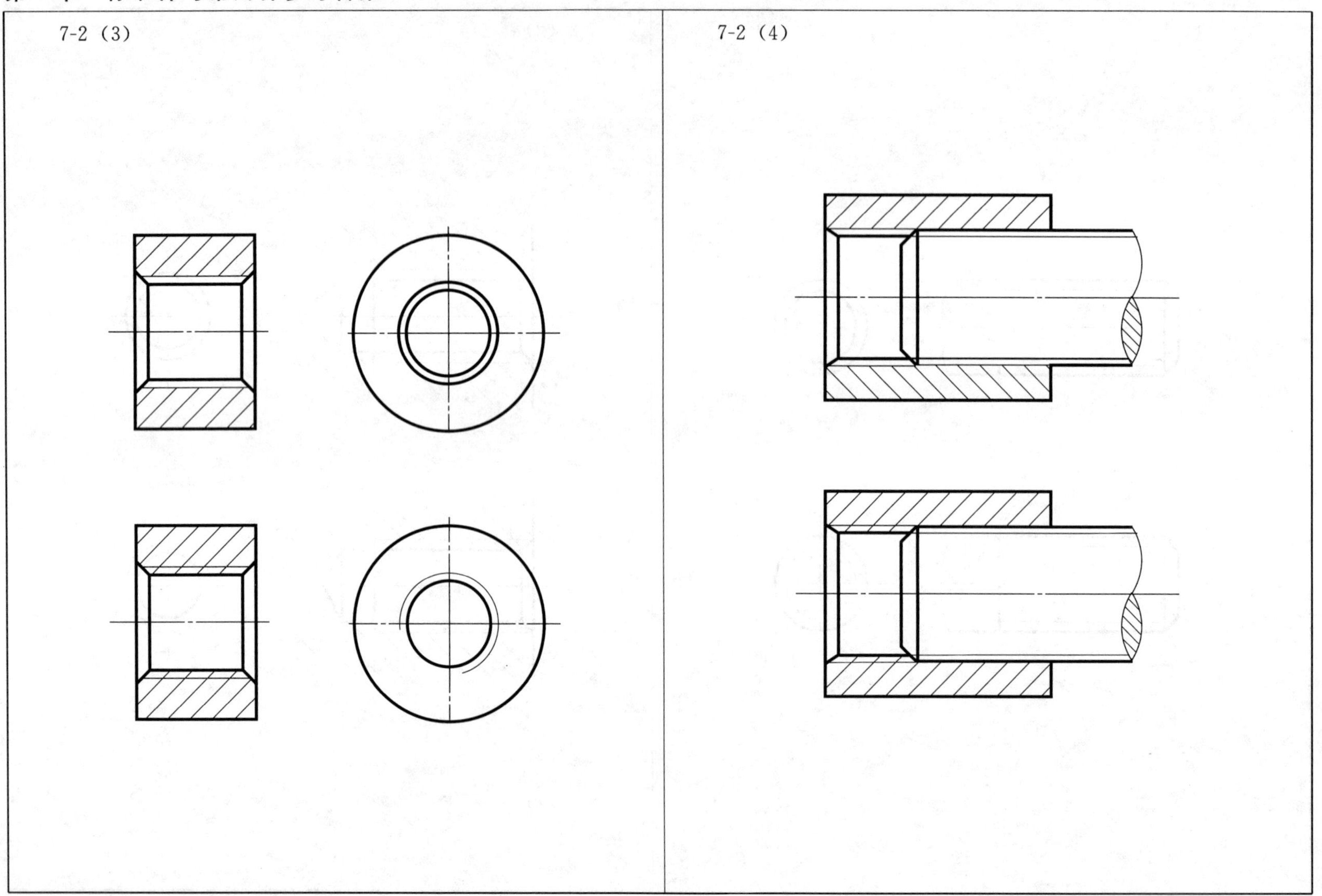
7-2（3）
7-2（4）

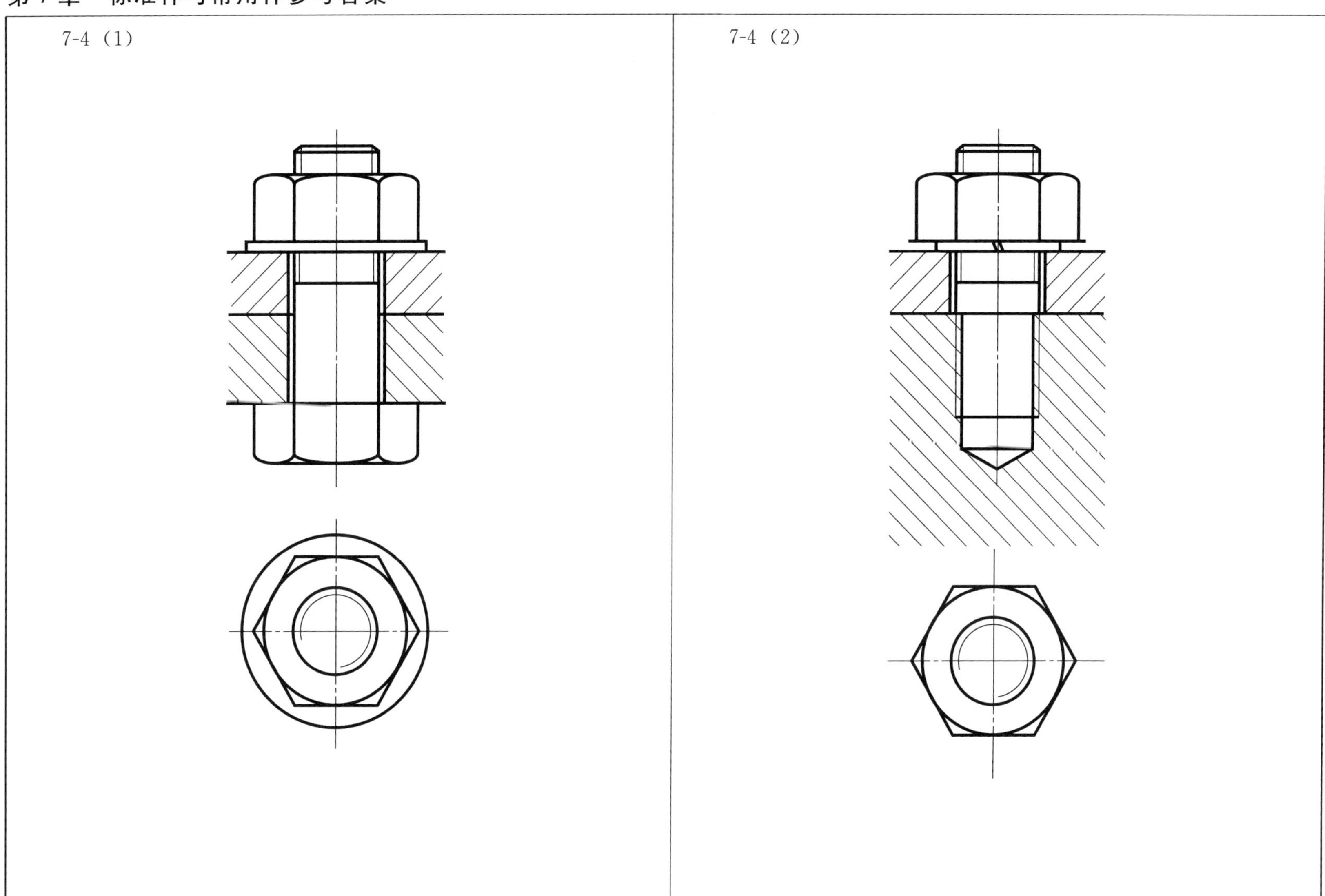
7-4（1）
7-4（2）

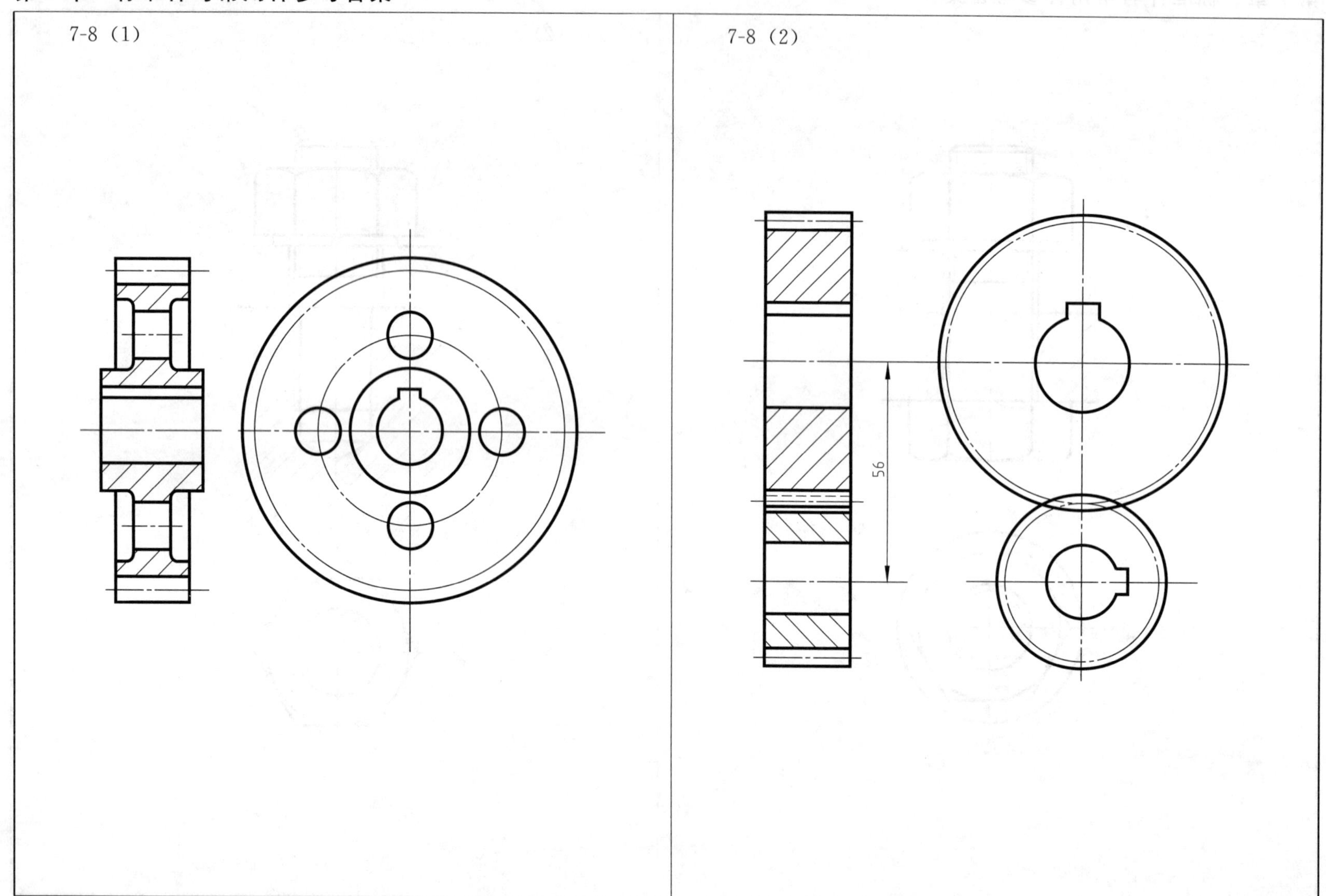
7-8（1）
7-8（2）
56

参考文献

[1] 刘小年，杨月英主编. 机械制图习题集. 北京：高等教育出版社，2007.

[2] 张萌克主编. 机械制图习题集. 北京：机械工业出版社，2006.

[3] 李晓民，马全明，高俊亭主编. 工程制图习题集. 北京：高等教育出版社，2008.

[4] 王春莲主编. 机械制图习题集. 北京：化学工业出版社，2011.